Yoshua

¡Palabra nuestra de cada día!

Yoshua
¡Palabra nuestra de cada día!

Eurípedes Barsanulfo

Prosa poética

Colección especial «Doce palabras amigas»

Psicofonía Eliana dos Santos

Cárita Valencia Ediciones
Libros por panes

Yoshua. Palabra nuestra de cada día.
Colección Especial «Doce palabras amigas».
Eurípedes Barsanulfo | Médium Eliana dos Santos.
Traducción del original en portugués: «*Yoshua. Palavra Nossa de Cada Dia*».
Colección realizada a partir de los volúmenes 1, 2 y 3.
Copyright ©1997, 1998 y 1999 por Cárita Editora Espírita.

Traducción ©2014 Amparo Toldrá Martínez, Claudia Janet Osores Firpo, José Plaza Caravaca, Luciana Reis Gonçalves y Mª Carmen Almudéver Fort.
Revisión: Daniele Marret, José Plaza Caravaca y Pedro Plaza Caravaca.
Proyecto editorial: Luciana Reis Gonçalves y Raquel Plaza Toldrá.
Todos los derechos reservados.

Cárita Valencia Ediciones.
Calle Santa Amalia, 2 sótano 40 · 46009 Valencia
www.amicvalencia.org.es · caritaediciones@amicvalencia.org.es
Tel. +34 634 617 453 · +34 686 179 057
Distribuye: www.libreriaespirita.com · info@libreriaespirita.com

Tercera edición Mayo 2016
ISBN 978-84-942975-3-3

El equipo espiritual que dirige estos trabajos editoriales, recomendó por vía mediúmnica, a través de la médium Eliana dos Santos, esclarecer algunos detalles acerca de la producción editorial de Cárita Valencia Ediciones.

Nuestras obras son traducidas del portugués al español por buenos corazones, personas bien intencionadas e impulsadas por el deber de llevar adelante su conjunto de convicciones. Sin embargo, esclarecemos que se trata de un equipo de traducción y revisión, formado por voluntarios que todavía carecen de la adecuada formación para realizar un trabajo totalmente conforme a los estándares editoriales vigentes en España.

Por ello, rogamos nos disculpen los lectores más críticos en términos lingüísticos, caso vengan a encontrar en estas líneas errores de base, tanto en la lengua de origen del texto, el portugués, como en la lengua de destino, el español.

Asimismo, animamos a toda persona bien intencionada —lectores, revisores, editores, etcétera—, a aportar cuantas sugerencias o correcciones consideren oportunas, con el fin de auxiliarnos a perfeccionar esta obra, así como otros trabajos que esta editorial publica para la divulgación del espiritismo.

¡La desobsesión pide a aquel que se encuentra en el cuadro de las aflicciones obsesivas, los medicamentos de la oración y de la perseverancia en el bien!

Eurípedes Barsanulfo

Eurípedes frente a Jesús... yergue los ojos
y percibe que Jesús está llorando.

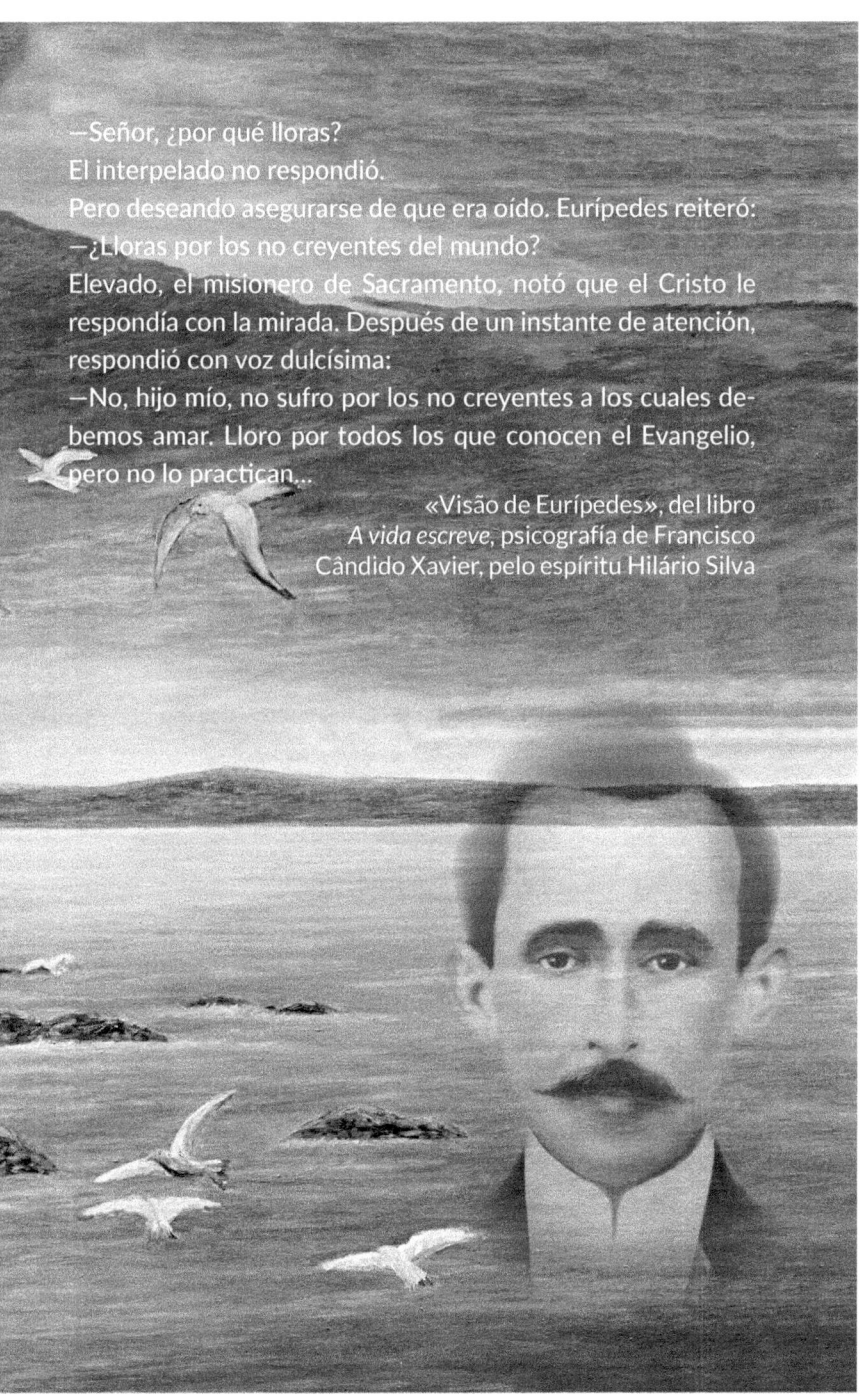

—Señor, ¿por qué lloras?
El interpelado no respondió.
Pero deseando asegurarse de que era oído, Eurípedes reiteró:
—¿Lloras por los no creyentes del mundo?
Elevado, el misionero de Sacramento, notó que el Cristo le respondía con la mirada. Después de un instante de atención, respondió con voz dulcísima:
—No, hijo mío, no sufro por los no creyentes a los cuales debemos amar. Lloro por todos los que conocen el Evangelio, pero no lo practican...

«Visão de Eurípedes», del libro
A vida escreve, psicografía de Francisco
Cândido Xavier, pelo espíritu Hilário Silva

Índice

Presentación	12
Breves líneas sobre la vida de Eurípedes Barsanulfo	15
Prólogo	20
Primera palabra amiga: La noche del alma	22
La súplica del alma - BN 23	28
Palabra espírita: la noche del alma - BN 94	36
Celina: Orando por la Madre Tierra - Cántico 46	46
Segunda palabra amiga: Definiciones	50
El mal: ¿un extranjero? - BN 27	52
Palabra espírita: renuévate - BN 93	58
Celina: La música eterna del Pastor - Cántico 45	68
Tercera palabra amiga: Síntomas	70
Las enfermedades del cuerpo y del alma - BN 26	72
Educar el pensamiento - BN 74	78
Celina: Plegaria de la transformación - Cántico 26	87
Cuarta palabra amiga: Tratamiento	90
Reforma íntima - BN 10	92
El amor del ángel guardián - BN 24	97
Quinta palabra amiga: Oración	102
La oración viva - BN 6	104
La poesía de la oración - BN 8	111
Sexta palabra amiga: Caridad	118
En comunión - BN 5	120
El corazón piensa - BN 15	127

Séptima palabra amiga: Verdad   **134**
   De la verdad: arte de Dios - BN 19   136
   El encanto de la Doctrina Espírita - BN 36   141
   Celina: señales y breves líneas sobre el encuentro   148
   Oración al amor - Cántico 1   152

Octava palabra amiga: Ley divina   **156**
   El arte de vivir con Dios! - BN 13   158
   ¡Acepta a Dios, acepta la vida! - BN 20   164

Novena palabra amiga: Perseverancia   **172**
   El trabajo: una poesía - BN 12   174
   La voluntad de Dios - BN 29   182

Décima palabra amiga: Libertad   **188**
   Generosidad: comprender el error - BN 35   190
   El tiempo. Un presente de Dios - BN 77   196
   Celina: La llama del espíritu - Cántico 29   205
   Palabra espírita: vuélvete libre - BN 91   207
   Celina: El rosario del coraje - Cántico 43   217

Décima primera palabra amiga: Perdón   **220**
   La vida es un acto de perdón - BN 1   222
   El espíritu de espera - BN 34   228

Décima segunda palabra amiga: Fe   **236**
   La fe guiando nuestros días - BN 31   238
   Jesús: pan de vida - BN 32   244
   Del encuentro de Emmanuel   251

Presentación

Las materias que los Evangelios contienen pueden dividirse en cinco partes: Los actos ordinarios de la vida de Cristo, los milagros, las profecías, las palabras que sirvieron para establecer los dogmas de la Iglesia, y la enseñanza moral. Si las cuatro primeras han sido objeto de controversias, la última ha subsistido inatacable. Ante este Código Divino, la misma incredulidad se inclina; es el terreno donde pueden encontrarse todos los cultos y el estandarte bajo el cual todos pueden abrigarse, cualesquiera que sean sus creencias, porque nunca ha sido objeto de disputas religiosas, suscitadas siempre y por todas partes por las cuestiones de dogma.

El Evangelio según el Espiritismo,
Introducción, I - Objeto de esta obra

Origen y contexto de las Buenas Nuevas editadas por Cárita Editora Espírita

Nace, a partir de estas líneas bellísimas, bajo el código moral cristiano, la base sobre la cual tenemos el edificio doctrinario espiritista y la Casa de Oração Fé e Amor, en Brasil, tiene su arte mayor en este punto de vista... A partir de este enunciado la espiritualidad liderada por el apóstol de la caridad, misionero de principios de 1900 —Brasil, Sacramento, Minas Gerais— a través de la médium psicofónica[1] Eliana dos Santos, pasó a dar lecciones de moral cristiana que fueron denominadas por él de Buena Nueva. Semanalmente —en la actualidad suman 900 lecciones— esas palabras espirituales vienen trayendo lecciones en un lenguaje poético y esclarecedor del Evangelio de Jesús, tocando de forma profunda y renovadora, los corazones y mentes. Se trata de textos filosóficos, a la luz de la Doctrina Espírita —codificada por Allan Kardec y ampliada por la literatura de Emmanuel y André Luiz, a través de la psicografía de Francisco Cândido Xavier. Los mensajes son expresiones claras, fuertes, iluminados

---

1 Referencia a la mediumnidad codificada en la obra *El Libro de los Médiums,* por Allan Kardec, como médium parlante.

por imágenes de gran belleza, que refuerzan la fe razonada por parte de todos aquellos que tienen la oportunidad de oírlas o leerlas.

Así viene ocurriendo con los que frecuentan la Casa de Oração Fé e Amor de Campinas, Brasil, ese hecho espiritual: cada semana acontece la grabación de la voz espiritual, en sesiones públicas, dando cumplimiento a la bellísima oración de Cárita: «Dios, que vuestra bondad permita a los Espíritus consoladores derramar por todas partes la paz, la esperanza y la fe». He aquí el destino de esta colección de lecciones espirituales.

Las Buenas Nuevas son mensajes, invitando a la reflexión sobre el significado de nuestras vidas, teniendo como base los fundamentos de la Doctrina de los Espíritus, en los tres aspectos integradores del espiritismo —ciencia, filosofía y religión— abordados armoniosamente en las palabras a lo largo de los últimos diecisiete años. Teniendo siempre presente la actualización de los conocimientos, fundamentados en la fe y en la razón, pero sobretodo en la posibilidad de utilizar la voluntad derivada de este conocimiento como fuerza transformadora del ser integralmente concebido.

Sobresale en sus líneas el contenido filosófico, moral y religioso como eje conductor de ideas que a lo largo de los últimos diecisiete años, animaron y dieron sustancia de eternidad a las almas, muchas veces atormentadas por el doloroso cotidiano, bajo cuestionamientos sobre los dilemas de la actual existencia. Así se sintieron los que tuvieron la oportunidad de oír las lecciones en el ambiente de elevada vibración espiritual del recinto de oración. De la misma forma podrán sentir los que lean este pequeño y valioso libro.

Desde hace 17 años, fueron recibidas del Mundo Mayor 900 lecciones, como ya afirmamos, y estas aquí editadas son las Buenas Nuevas seleccionadas como texto auxiliar para el tratamiento espiritual *Doce palabras amigas* que realiza el Centro Espírita Cristiano Semillas de Fe y Amor, de Valencia, España. Ellas tienen el objetivo de estimular la comprensión y la profundización de cada uno de los temas de las *Doce palabras amigas.* Sugerimos su lectura durante toda la semana o especialmente los lunes.

Recordatorio Amigo

Las lecturas recomendadas son fundamentales para el entendimiento del proceso de la desobsesión, para nuestro crecimiento íntimo, pero también para crear una sintonía con la luz y con el equipo de socorro responsable del tratamiento. A través de todo cuanto hacemos establecemos sintonía: en lo que leemos, hablamos, en nuestras acciones, pensamientos... estamos entrando en sintonía —con ese material—, ¡en sintonía con la luz mayor del cristianismo redivivo!

¡Mucha paz!

Cárita, Brasil, Enero de 2015
Por Eliana Dos Santos

Breves líneas sobre la vida de Eurípedes Barsanulfo

Eurípedes Barsanulfo: el apóstol de la caridad.
Sus reencarnaciones al servicio de Jesús

* Rómulo, el fundador de Roma, en el año 749 a.C., al crear el calendario que dio origen al actual gregoriano, nombró los primeros meses en homenaje a los dioses de su predilección. El mes de mayo fue dedicado a Maya, diosa de la primavera y del cultivo.

* Otros eventos importantes marcan el mes de mayo. Entretanto, para nosotros los espíritas, el primero de mayo hace vibrar nuestro sentimiento en dirección a Eurípedes Barsanulfo, el apóstol de la Caridad, este fiel discípulo de Jesús que reencarnó en la ciudad de Sacramento, Minas Gerais, el 01 de mayo de 1880.

* Así como Allan Kardec que, un siglo antes de la venida del Cristo, ya se encontraba reencarnado en Galia como maestro druida, enseñando y ejemplificando el amor, la creencia en la inmortalidad del alma y la reencarnación, preparándole el camino, Eurípedes Barsanulfo, este admirable espíritu, participó de *A Grande Espera*, título del libro escrito por él, psicografía de Corina Novelino.

* En esa época, él fue un joven religioso esenio, llamado Marcos, que recibió del propio Jesús las enseñanzas de su doctrina. Y al divulgarla fielmente, fue condenado a muerte en la hoguera, por el sanedrín, tornándose el primer mártir de la Nueva Alianza del Amor.

* Reencarnó más tarde, cuando se intensificaron las persecuciones al cristianismo naciente, haciéndose discípulo de Ignacio de Antioquía, en Palestina. Ardiente propagador de la Buena Nueva, en la Judea, donde fue sacrificado. Dice Emmanuel: «En los tiempos evangélicos, Eurípedes fue educado por Ignacio, pupilo de Juan, que se hiciera gran propagador de la Buena Nueva en Antioquía. Adolescente aún, Eurí-

pedes sustituyó al benefactor en la predicación en Palestina, donde mantuvo contacto con Juan y donde fue martirizado». (Revelación de Emmanuel, a través del médium Francisco Cândido Xavier, en el libro *Eurípedes — o Homem e a Missão*, de Corina Novelino).

* Posteriormente lo encontramos, según relato de Emmanuel, en el libro *Ave Cristo*, psicografiado por el querido y añorado Chico Xavier, en la personalidad de Rufo, un esclavo cristiano, sirviendo en la propiedad de Taciano, en el siglo III, sacrificado brutalmente, atado a las patas de un potro salvaje y arrastrado hasta el desmembramiento, por recusar reverencia a la diosa Cibeles, madre de los dioses y la magna mater del altar romano, manteniendo, con esta actitud, la fe cristiana.

* Después de varias reencarnaciones, siempre como siervo de Jesús en los momentos importantes de la historia de la humanidad, el misionero del amor renace en Zúrich, en el año de 1741, con el nombre de Johann Kaspar Lavater, conforme nos relata el espíritu Manoel Philomeno de Miranda, en el libro *Tormentos de la Obsesión*, a través de la psicografía del querido médium Divaldo Pereira Franco.

* Orador hábil y de fácil retórica, Lavater pregonó el amor de Jesús a las criaturas cuando la Revolución Francesa llegó al absurdo de la negación de Dios. Consoló a las masas dando una visión pacifica y amorosa, en sustitución de la violencia y la rebeldía.

* Gran teólogo y filósofo, exento de cualquier prejuicio y desnudo de rótulos religiosos, fue el creador de la moderna Fisionomía, que mereció un profundo análisis de Allan Kardec, en la Revista Espírita de 1860: «Esta ciencia está fundada sobre el principio incontestable de que es el pensamiento el que pone en actividad los órganos».

* Escribió seis cartas a la emperatriz de Rusia Maria Feodorowna, de 1796 a 1800 —explicándole acerca de la vida espiritual—, que figuran en la Revista Espírita de 1868 con el análisis de Kardec: «Son eminentemente espíritas; desenvuelven y esclarecen, de forma tan ingeniosa cuanto espiritosa, las ideas fundamentales del espiritismo, y vienen en apoyo de todo lo que esta doctrina ofrece de más racional, de más profundamente filosófico, religioso y consolador para la humanidad».

* León Denis, en el libro *El porqué de la vida*, publicó esas seis cartas y las analizó, llegando a la siguiente conclusión: «Podemos decir que en ellas está estampada la doctrina espírita, aunque de una forma muy resumida».

* En el volumen I de la obra *Allan Kardec - O Educador e o Codificador*, Zeus Wantuil y Francisco Thiesen, informan que Lavater fue muy amigo de Johann Pestalozzi: «Fue uno de los más queridos amigos de Pestalozzi, habiendo sido un consejero y, a veces un protector. Esta profunda y bella amistad entre los dos perduró hasta su muerte».

* Lavater desencarnó en el año de 1801, dos años después de su exilio en Suiza, en virtud de su lealtad a Jesús, lo que contrariaba el pensamiento vigente en la alta burguesía que se instalara en Francia, después del período del terror.

* En el día 01 de mayo de 1880, reencarnó como Eurípedes Barsanulfo, en la ciudad de Sacramento, Minas Gerais, para ejercer la mediumnidad, rica en dones fenomenológicos: en la psicografía, en la psicofonía, en el transporte, en el desdoblamiento, etc., también en el recetario y en la cura de enfermos, fue el primer médium en recibir al Dr. Bezerra de Menezes, siguiendo con Jesús y Kardec, preparando una nueva era para la humanidad.

* Fundó la primera escuela espírita, en Sacramento, el Colegio Allan Kardec, el 31 de enero de 1907, bajo la égida de María Santísima la sublime Madre de Jesús.

* Eurípedes Barsanulfo desencarnó el 01 de noviembre de 1918, víctima de la epidemia de influenza, la llamada gripe española.

* En el patio de la armoniosa casa y Colegio Allan Kardec, existe un árbol de mango donde Barsanulfo leía y meditaba. Arriba de ella, en la región espiritual, este ferviente discípulo de Jesús construyó un hogar para abrigar a los espíritus que se perdieron en la invigilancia, los obsesados de toda clase, y le dio el nombre de *Sanatorio Esperanza*. Su sublime trabajo continúa más allá de las estrellas.

Ejemplo de amor y humildad, Eurípedes Barsanulfo, acepta nuestro homenaje.

¡Mucha paz!

Cárita, Brasil, Enero de 2015
Por Eliana Dos Santos

Prólogo

Jesús, al liberar al poseído de Gerasa[1] de las prisiones de los enemigos espirituales —tratados bíblicamente por los traductores como demonios—,[2] nos entrega un testimonio de proyección educativo y consecuentemente curativo... ¡Conocemos la importancia de la evangelioterapia en el proceso de alivio de las obsesiones!

Acordémonos de que Jesús después de liberar al mencionado poseído, fue invitado por la ciudad donde el poseído vivía a no permanecer en ella[3], en un claro testimonio de incomprensión de las fuerzas cristianas de acción a través de la fe, o del poder del Cristo en facilitarnos un cambio estructural de los caminos... Así ocurrió con Zaqueo, que reordenó su riqueza en la dirección de los más sufridos; o aún María de Magdala que pasó a acompañar a Jesús en una vida nueva; también con el ciego Bartimeo... Y él, arrojando su capa, se levantó y fue a estar con Jesús; y de los doce leprosos curados, aquel que retornó a Él para seguirlo... *¡Ven y sígueme!*

Antes de pasar a una observación mayor a que se destina la sencilla obra de apoyo al equipo de socorro espiritual, entramos en algunas consideraciones que nos auxiliarán a recorrer las doce etapas de reflexión aquí propuestas, llamadas Palabras Amigas y como son doce, las denominamos «Doce Palabras Amigas», organizadas como indicamos a continuación:

- Primera palabra amiga: La noche del alma
- Segunda palabra amiga: Definiciones
- Tercera palabra amiga: Síntomas
- Cuarta palabra amiga: Tratamiento

---

1 El episodio de los poseídos se encuentra en Mt 8,28-34; Mc 5,1-20 y Lc 8,26-39. Donde San Marcos es el más minucioso de los relatores.
2 Referencia a la terminología bíblica; para el espiritismo solo existen espíritus infelices y estacionarios en imperfecciones de las más diversas, pero todos sometidos a la Ley de Progreso y a la ventura mayor de la superación de sí mismos.
3 Entonces todos los vecinos de la comarca de los gerasenos le rogaron a Jesús que se marchase; porque estaban muy atemorizados. Lc 8, 37.

Prólogo

- Quinta palabra amiga: Oración
- Sexta palabra amiga: Caridad
- Séptima palabra amiga: Verdad
- Octava palabra amiga: Ley divina
- Novena palabra amiga: Perseverancia
- Décima palabra amiga: Libertad
- Décima primera palabra amiga: Perdón
- Décima segunda palabra amiga: Fe

Las consideraciones, en verdad, se dan alrededor de algunas informaciones importantes para el lector que inicia su tratamiento de desobsesión: existen niveles, grados en el campo humano, en lo relativo al envolvimiento espiritual. El tratamiento en cuestión se propone trabajar en la relación influencia-influenciado.

Según el estudio de Roque Jacintho[1], anexamos algunas de sus hermosísimas líneas de elucidación en cuanto a los niveles de envolvimiento —para ese autor son cuatro— estas instancias evolucionan hasta la cuarta: la obsesión propiamente dicha:

Las relaciones del influenciado en el medio en que vive

Para el tratamiento de la obsesión, debemos saber que en las disfunciones o anormalidades del alma en general, podemos identificar una o más de cuatro causas fundamentales:

Origen neurológico[2]: desorden por infección, parálisis general, por sífilis, toxicomanías, demencia senil, arteriosclerosis cerebral, tumores intracraneales, debilidad mental, imbecilidad, idiocia, epilepsia, hidrocefalia, etc.

Origen de perturbaciones transitorias: espíritu perturbado, espíritu perturbador, espíritu recién desencarnado, espíritus amigos, espíritu de familiares.

---

1 «Tratamento da Obsessão», Roque Jacintho, ed. Luz no Lar, capítulo 1 Preliminares.
2 Nota de la editora: desequilibrios de la propia alma

Origen de la autoperturbación: orgullo, vanidad, pereza, avaricia, ignorancia, egoísmo, mala voluntad, etc.

Finalmente la obsesión propiamente dicha.

No cabe duda de que las causas neurológicas están profundamente vinculadas a los desequilibrios de la propia alma, de la presente encarnación o de anteriores. Sin embargo, porque estos desajustes han producido marcas o deformidades orgánicas, su campo de tratamiento deberá ser clínico, aunque auxiliado espiritualmente.

Anotemos igualmente, que las perturbaciones transitorias y las autoperturbaciones son sementeras innegables de futuros cuadros obsesivos o de enfermedades orgánicas de largo curso.

Deberemos ser razonables: el médico promoviendo recuperación física de la criatura y el espírita organizando su recuperación psíquica integral, usando los recursos apropiados como la evangelioterapia; reforma íntima a la luz del Evangelio.

Las consideraciones anteriores son importantes, porque cada ser influenciado a su vez induce la influencia... El tratamiento mira dar al influenciado, la condición mayor de volverse el sujeto de su historia —la individualidad es uno de los paradigmas de la Doctrina Espírita— y por tanto la condición de hacer del paciente de este tratamiento un ser capaz de transformar... Coloca en las manos de quien hace el tratamiento la responsabilidad de su victoria.

Palabras finales: ¡cuenta lo que Dios te hizo!

Jesús aparta a los espíritus infelices acoplados al poseído y su gesto nos conduce a la naturaleza del tratamiento que es ofrecido a cada participante en busca de la paz: ¡la paz de la fe!

Fe en las fuerzas sobrenaturales de la existencia... Ángeles y Espíritus Tutelares al servicio del bien mayor en nombre del Cristo que vino para liberarnos de las ataduras de la ignorancia y por ello fue llamado por los suyos *Rabbuni* o Maestro, educador de almas, ¡verbo vivo de la transformación del alma!

Cárita Editora Brasil y Cárita Valencia Ediciones entregan al lector ese conjunto de reflexiones con el objetivo de aproximar el pensamiento influenciado por seres infelices, a otro grupo de seres: los cristianos en evolución, y a crear en el planeta un sustrato de influencia iluminativa.

Si tuvimos la cura del poseído, por otro lado tuvimos en la Cesárea la fe de Felipe,[1] el apóstol... Y este es nuestro caminar.... avanzar del estado de enfermedad psíquica emocional, de una conciencia sometida a las fuerzas de influencia sutil infeliz, hasta las fuerzas del mundo mayor, ¡que nos convierten en seres capaces de colocar la luz del encuentro con el Cristo en el velador de la conciencia! Fue lo que ocurrió con el poseído que al recibir la cura, se postró delante de Jesús rogando seguirlo. Sin embargo el Cristo solo pide que él vaya y cuente a los demás...

> «El hombre del que habían salido los demonios pidió quedarse con él. Pero Jesús lo despidió diciendo: "Vuelve a tu casa y cuenta lo que Dios ha hecho por ti". Él fue por toda la ciudad proclamando lo que había hecho Jesús».[2]

Así, querida alma que llegaste a este portal cristiano, estamos en la Cesárea actual, *¡podemos encontrar a Jesús!* La voz de Cárita Editora, se hace en torno de la voz antigua y siempre nueva de Jesús: *¡ven y sígueme!* Algunos de nosotros, Felipes de hoy, lo seguiremos... ¡La voz dulce del Maestro nos agrupará y habremos llegado al puerto final de nuestros dolores espirituales! Otros de nosotros seguirán y contarán la gracia recibida de Dios a través de la fe, pues Jesús, en sus curas, siempre nos apuntó: *¡tu fe te curó!*

¡Deseamos a todos la ventura mayor de este encuentro con Jesús!

He aquí nuestro sencillo anhelo al entregar al lector esta publicación. No tenemos pociones mágicas, tampoco fórmulas espectaculares, para solucionar los impases dolorosos de vuestras vidas. Tenemos apenas una proposición... proposición vivida por nosotros: oír la voz del Pastor... y el aprendizaje mayor es seguirla, hacer el camino, dar testimonio. ¡Esperamos que recibáis nuestra paz!

Acordémonos que viene a través de los brazos de Él, que nos dejó dicho: «¡La paz os dejo, mi paz os doy; yo no os la doy como el mundo la da!».

Nuestro tierno abrazo, nuestra eterna gratitud.

Cárita, Brasil, Enero de 2015
Por Eliana Dos Santos

---

1 Felipe, el Evangelista, hizo milagros en Samaria (Hechos de los Apóstoles).
2 Lc 8, 38-39.

Si la luz mayor puede hacerse pequeña vela y venir hasta nosotros en los meandros de nuestra oscuridad, iluminándonos, por otro lado, solo tenemos por deber encenderla y cuidar que las ventiscas no la apaguen... ¡Las velas de las enseñanzas dadas por el cristianismo consolador!

Eurípedes Barsanulfo

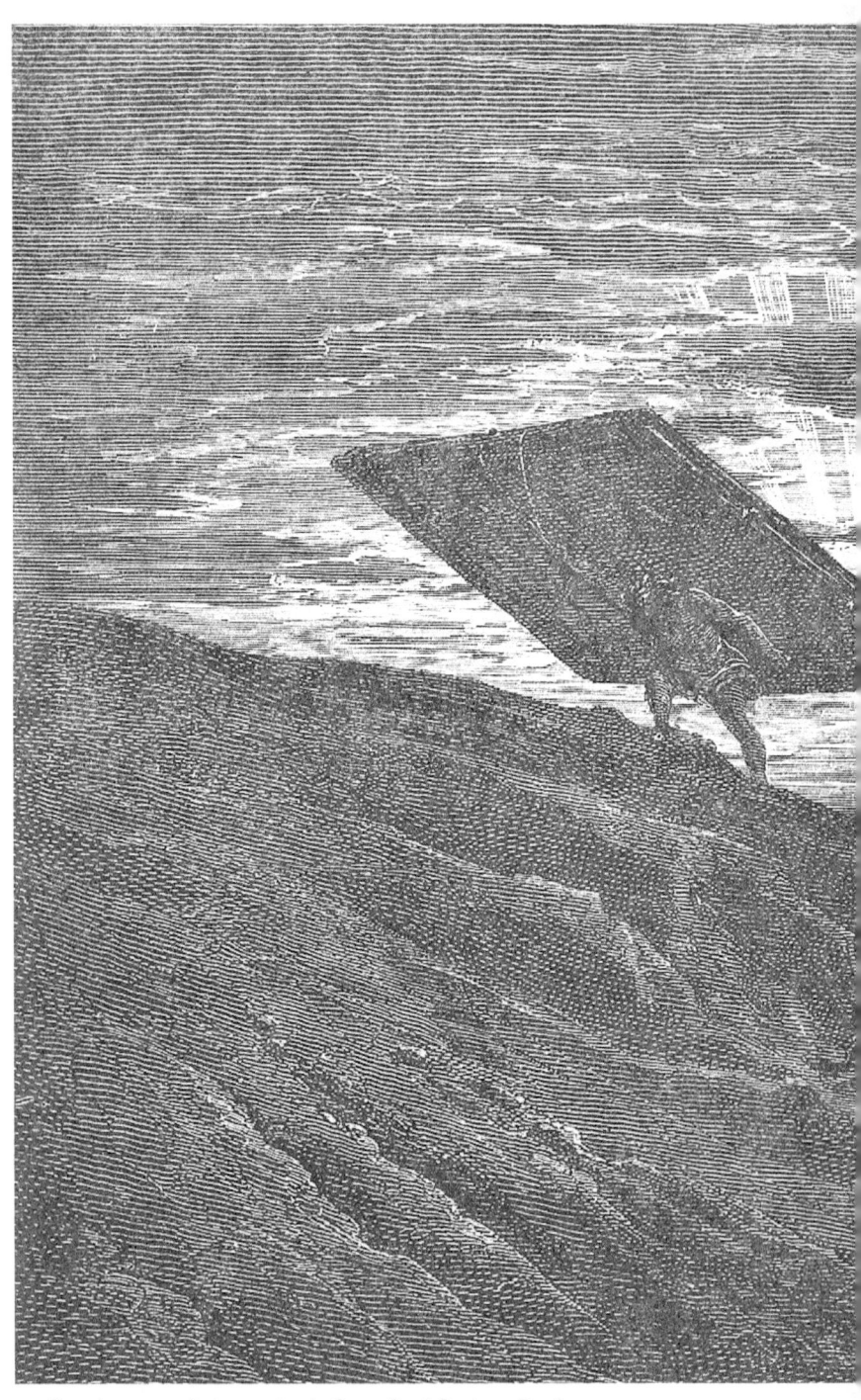
Sansón cargando la puerta de Gaza, Paul Gustave Doré.

La noche del alma
Primera palabra amiga

La súplica del alma

¡Pide la paz... la paz vendrá!
BN 23 - 19/12/1997

En lo más profundo de nuestro corazón, iniciamos la oración de este viernes, escuchando esta música sencilla. La música tiene el don de unirnos y de hacer que nos sintamos envueltos por una luz más intensa y así los problemas parecen más pequeños, y la cruz que tenemos que cargar parece más ligera, ¡sin que vayamos a olvidar los problemas!

Envueltos en este momento, agradezcamos a Dios la oportunidad de la vida, la oportunidad de estar aquí, en este recinto de oración.

Damos la bienvenida a cada hermano que entró aquí en busca de paz. Permanezcamos en silencio, escuchemos con atención. Abramos nuestro corazón como un cáliz, para beber de este momento y alimentarnos de este sonido espiritual traído por las manos humanas.[1]

Este es un momento de oración, dividido en tres categorías por Kardec, nuestro amado codificador. Él lo divide en oración petitoria, oración de agradecimiento y oración de júbilo. Con el paso del tiempo aprendemos que esas tres oraciones son como un triángulo, cuyas puntas se unen en un solo punto, formando una totalidad. No me puedo alegrar ni agradecer si no pido; no puedo entrar en júbilo si no me alegré. El primer paso para que nos podamos alegrar, estar jubilosos, encontrar la paz, es pedir al Señor aquello que necesitamos.

Esa es la medida de la oración, esa es el alma de la oración.

La oración nace para esto, la oración tiene este sentido: unirnos, reunirnos y curarnos, salvarnos.

En un primer momento, hicimos la oración amorosa, hicimos una oración de reunión, una preoración, nos unimos en esa oración cantada

---

1 Referencia a la música interpretada en el recinto de oración.

y en el sonido, olvidando aquello que nos aflige íntimamente, olvidando aquello que nos corta por dentro como una cuchilla.

Todos nosotros, ricos o pobres, negros o blancos, tenemos dolor en nuestro interior. Estando en una situación buena o mala, teniendo o no el pan de cada día, estando empleados o desempleados, siendo o no amados, tenemos dentro de nosotros un dolor que nos corroe, porque este es un planeta llamado de expiación y prueba. En este lugar, en el espacio celeste donde estamos, como espíritus en evolución, es como si estuviésemos en una escuela rígida.

Los problemas que se presentan en el día a día, son problemas serios y difíciles de resolver y depende de nosotros, alumnos, espíritus encarnados. Esos problemas, para que sean resueltos, dependen de nuestro esfuerzo, trabajo, disciplina, constancia y perseverancia. Tengamos esto claro en nuestro interior: «¿No puedo ser feliz?» ¡Puedes! La reencarnación es un proyecto de felicidad ¿y no será feliz el alumno encontrándose cara a cara con el problema?

*****

Imaginemos a alguien que sale en busca de aventuras, ¿no será feliz al tener el mar para aventurarse?

Está claro que encontrará piedras, está claro que encontrará tempestades, contará con mil y un problemas en ese viaje… ¡Pero es natural! El alma de expedicionario, el alma de expedición está allí, ¡preparada! Muchas veces lo que muere en nosotros es esa voluntad de vivir, esa fuerza, ese cántico interior que hace que veamos la vida como una gran expedición.

Veamos el planeta y la vida como una escuela, en la cual aquel día, ¡fui un alumno que no aprendió la lección! ¿Me voy a matar? ¿No voy a comer? ¿Voy a hacer enfermar mi organismo porque no aprendí la lección? O al contrario, voy a arrodillarme durante la noche y pediré al Padre: «*Abre mi discernimiento y mi corazón para que, humildemente, mañana me acuerde y aprenda*».

He aquí la oración petitoria… ¡Y Dios nos da un nuevo día!

El alumno estará nuevamente como un sol, con el pecho abierto, con los ojos atentos a la pizarra, para que el maestro hable y, esta vez, ¡él escuche!

¡Todo aprendizaje está directamente ligado a la capacidad de oír!

*****

¿Cuántas veces no oímos?

Entramos en un recinto de oración, hacemos las oraciones, oímos la palabra[1] y al salir preguntamos: «¿Qué se dijo?». ¡No lo sabemos!

¡Es difícil oír! ¡Oír es un misterio!

Cada uno oye su parte, cada uno oye su momento, cada uno oye aquello que necesita oír. Muchas veces escucha por demás, oye aquello que no fue dicho, amplía lo que oyó.

Tenemos una dificultad intrínseca sin igual en oír, porque tenemos una profunda dificultad para amar ¡y amar es oír!

Cuando amo los vientos, oigo los vientos.

Quien dice que ya no ama los vientos, no oyó el viento pasar.

Quien ya no ama las estrellas, ya no ve las estrellas en el cielo, todo está oscuro, en agonía.

Ya no hay más ojos para ver, ni oídos para oír ¡ni corazón para amar!

Cuando Jesús dice: «Ten ojos para ver y oídos para oír». Él quiere decir: ¡ojos para amar, oídos para amar!

Cuando tengo oídos y oigo la palabra de Dios, en mi interior es como una simiente que florece cada día, ¡tengo una solución para aquel problema!

Si es de noche, enciendo la luz.

Si viene la tristeza, enciendo la alegría.

Si viene el desánimo, enciendo el coraje.

Si se desmorona un muro, ¡enciendo la fuerza y lo reconstruyo, ladrillo a ladrillo!

Y así es la vida, así es Dios, así es la espiritualidad, ¡y así es la ley de amor cuando no estoy enfermo!

*****

Cuando estoy enfermo, veo la noche y me pongo a llorar; veo el muro que cae y me pongo a lamentar... Es más, ¡pongo en el corazón del otro lo que el otro ni pensó, ni sintió!

Cuando veas a un hermano caído en el suelo, no lo compadezcas: ¡levántalo con tus propias manos!

Cuando veas a un hermano llorando durante la noche, despiértalo a la luz de Dios, ¡llévalo donde está la luz!

Esa es la palabra de amor que hace que nuestros oídos puedan oír los vientos pasando... ¡Y nuestra amargura disminuirá, nuestra tristeza será menor, nuestra angustia pasará!

---

1 Charla, prédica, lección o conferencia pública.

1.ª Palabra amiga - La noche del alma

Ese obstáculo durante la expedición, esa tempestad violenta, que hace que me detenga en el camino, es un momento de aprendizaje. Al tener que permanecer dentro de casa, dentro de mi silencio, ¿cuántas cosas proceso, cuántas cosas aprendo?

¡Muchas veces los males son evitados!

Mañana quiero viajar a tal ciudad, hoy se estropea el coche, pierdo mi billete, se me rompe la bicicleta, un familiar se enferma, no puedo ir... ¡Ese mal es menor! ¡Teníamos ante nosotros el aviso de un accidente, al frente la muerte nos acechaba!

Cuando somos sumisos ante la voluntad de Dios, cuando observamos profundamente la voluntad del Padre y la aceptamos, comenzamos a vivir de un modo nuevo, cristiano; comenzamos a restaurar en nosotros la alegría. Ya no tenemos un planeta de expiación y dolor, ¡tenemos un planeta de rehabilitación en un mundo feliz!

En los planetas de mundos superiores, los problemas no acaban. Imposible que acabe un problema, es como si pidiésemos a Dios que cesase el movimiento, que las estrellas parasen de nacer, que los ríos dejasen de correr, que las montañas se extinguiesen, ¡que ya no hubiese nada y cayésemos en una profunda postración!

*****

¡Dios es movimiento!

Observad los astros girando, observad los planetas en el cielo, naciendo a cada instante, ¡en cada explosión!

Pero padecemos una muerte interior —no es externa, es interior— poca disposición para luchar, para vencer, para levantar la cabeza, para salir del atolladero en que nosotros mismos nos colocamos.

Dios no coloca a nadie en un estado enfermizo. Dios no quiere a nadie infeliz, Él es pura alegría, pura vida, ¡pura dádiva!

¡Él está por todas partes!

¡Jesús está aquí! ¡El amor está aquí! ¡La paz está aquí! ¡La cura está aquí!

¡Él no quiere ver a ningún hijo suyo llorando! Todo el mal viene de nosotros mismos. Solo hay un único sujeto del mal, solo hay un único enemigo del hombre: ¡él mismo! El peor enemigo de un hombre es él mismo; ¡no es su padre, no es su madre, no es su patrón, no es su jefe!

*****

En este silencio, entendamos que el inicio de todo está en la oración, en una petición a Dios: «*Padre. Aleja de mí a este hombre viejo, cansado y desvalido; este hombre vencido, este hombre amargado, este hombre sin fuerza, sin alegría, sin paz... Y acércame al niño lleno de esperanza y futuro; haz nacer, nuevamente, la luz que me guía; haz nacer un nuevo ser, ¡una nueva vida!»*

¡Y comienza la oración! Esa oración en la que pedimos con humildad, en la que nos arrodillamos.

Arrodíllate y pide al Padre: «*Ampárame y haz que mi corazón lata en torno a una única palabra, que mi vida gire en torno a un único nombre: ¡Dios! ¡La palabra es Dios! ¡Que me mueva en torno a un único sentido: Dios!»*

Y veremos que toda la vida se transforma, toda la vida es transformada.

¡Bienvenidos a esta casa de caridad! ¡Buenas noches a todos!

Con profunda alegría os recibimos a cada uno de vosotros.

Todavía con más alegría nos gustaría abrazaros a cada uno de vosotros. Agradezcamos la oportunidad de hablar de Dios, la oportunidad de dar una rosa y recibir, nuevamente, el aroma y la fragancia de las flores. Damos gracias por poder mostraros las estrellas del cielo y por poder cantar con vosotros, poder fluidificar el agua, hacer el pase espiritual magnético, leer el Evangelio, ¡trabajar en nombre del prójimo!

Amados hermanos, ved la importancia de la dolencia, de la enfermedad, y aún más, de la humildad de cada uno de los que se adentran en este recinto y piden pase, piden el agua y piden la rosa. Que Dios os pague: sin vosotros no existiría esta casa, no se podría levantar este proyecto de amor en la Tierra. Con cada contribución que dejáis, cada libro comprado, cada ropa que traéis, cada grano de arroz, hermanos, ¡estamos trayendo la esperanza a muchas personas!

*****

No, no borraremos las injusticias, porque no existen injusticias. Esta afirmación parece un absurdo. Pero cada uno está en el lugar exacto. Quien tiene riqueza, la tiene para administrarla bien. Infelizmente no se administra y el problema es de quien la tuvo y no la administró de forma fraterna y divina. Quien no tiene riqueza, viene a aprender a pedir, viene a aprender a vivir con poco, viene a aprender parsimonia, viene a aprender a ser feliz, a ejemplo de Francisco de Asís, ¡que aprendió a ser feliz deshaciéndose de todo lo que poseía!

Francisco de Asís se desnudó, vistió el manto de la pobreza y terminó diciendo que la alegría profunda, la verdadera alegría, ¡estaba en este lugar donde mora Dios!

1.ª Palabra amiga - La noche del alma

Él tenía todo lo que quería, todas las fiestas, todas las guerras del mundo, él lo podía todo, pero nada le dio alegría, nada le dio felicidad, ¡nada le dio paz, solo la vida con Dios! No necesitamos ser tan radicales, pero podemos desprendernos un poco de los bienes que tanto nos hieren, podemos desprendernos de los apegos que tanto nos afligen, porque nuestro dolor nace del apego.

*****

¿Por qué somos víctimas de la obsesión?
¿Por qué somos influenciados espiritualmente?
Porque somos posesivos con los objetos, con las personas.

De repente colocamos una valla en el planeta, en los jardines, en las estrellas y decimos: «¡*Es mío*!» ¡E iniciamos la guerra de posesión y destrucción!

¡No tenemos nada! Ni nuestra disposición ¡porque un día Dios dispondrá de nosotros! ¡Ni la vida! Porque Él puede retirárnosla mañana. ¡Nada es nuestro!

¿Qué es nuestro aquí? ¿Qué es nuestro a no ser nuestro corazón? ¿A no ser nuestra voluntad? ¿A no ser el sentimiento, algo indeleble, que no puedo tocar? ¡Dios retira la materia! Dios nos dio vida material e inmaterial. Lo que tenemos, en nosotros, es una instancia indeleble, intocable —no es palpable—, que se extingue en la materia, en el periespíritu también, ¡en el espíritu no!

La única cosa que tenemos, es una profunda certeza de que somos hijos de alguien, y que ese alguien es superior. ¡Él es Padre! ¡Él protege! Él es pastor, Él guarda sus ovejas de los lobos.

Y si el lobo estuviera dentro de mí, me queda la oración.

¿Qué hará el pastor? ¿El pastor pone al lobo dentro de su redil? ¡No! ¡Él lo expulsará de ahí!

Cuando decimos: «Dios se olvidó de mí», ¡eso significa que no tengo una oveja en mi interior para llamarlo! Al contrario, tengo un lobo dentro de mí, un lobo que lo destruye todo, que lo daña todo. Por eso pensamos que su celo, su sabia distancia, ¡es olvido!

Así también, ¡Francisco de Asís habló al lobo de *Gubbio*![1]

Dios habla a nuestro lobo interior, amansándolo a través de la oración. Emmanuel dice que, cuando un perro ataca, le ocurre algo, porque la naturaleza del perro es ser fiel, amoroso. Cuando nos volvemos lobos,

---

[1] Referencia al pasaje de Francisco de Asís con el lobo, en *Gubbio* antigua ciudad de la Umbría, en la provincia de Perugia en Italia.

atacamos al prójimo, agredimos, ¡hay algo enfermo en nosotros! Es hambre, carencia, hambre de amor, de comprensión, de justicia; perdemos a nuestra oveja interior; no, no vamos a dejar que se instale esa violencia, ¡vamos a orar y pedir a Dios por la paz eterna!

*****

Entended que la oración es el momento en que podemos superar ese profundo dolor.

No penséis que es una tontería llevar una rosa y hacer un Padrenuestro. ¡No lo es! ¡La oración es el canal por el cual Dios llega hasta nosotros! No hay otro canal para que Él llegue, porque Él ya intentó todos los canales y no llegó.

Ahora, sentaos en vuestras casas, respirad, haced silencio y empezad a orar. Pedid… *¡y todo lo demás os será dado por añadidura!* Haced la oración con mucho amor y devoción.

No hagáis las cosas solos, sin conversar con el prójimo; procurad mirar libros, buscar opiniones, buscad a los otros. Erramos menos cuando oímos a personas más sensibles, cuando otras personas nos aconsejan. No hagáis todo solo con vuestra cabeza, porque la cabeza está ocupada por un taller llamado el taller del mal, está ocupada por hermanos, a veces desocupados, que están allí para colocar pensamientos negativos, para quitarnos la paz interior.

Buscad a alguien, el cura de la Iglesia, el pastor, buscad a un médico, un terapeuta, buscad a un amigo amado, concienzudo, sabio… Y entonces juzgad, juzgad ese conjunto de opiniones para alcanzar la verdad, para que erréis menos en vuestras vidas. No es posible que diez personas digan «sí» y solo tú tengas razón. *¿Será que tengo razón?* Tengo que empezar a dudar de que tengo razón si diez personas dicen sí y solo yo digo no. Os lo garantizo, ¡el sufrimiento disminuirá, el dolor disminuirá!

*****

Ahora, recemos un Padrenuestro, oremos en voz baja, nada muy alto. Cerrando los ojos vamos a ver a Jesús, mirad su rostro, imaginadlo aquí, dentro de esta sala, con sus vestiduras blancas… E inmediatamente se enciende una luz, e ilumina esta sala.

Imaginemos en esta sala, una cortina de luz, por todas las paredes, por el techo, como si estuviésemos en una cajita de luz, pequeñitos, y el cuerpo de Jesús inmenso… todos, a sus pies.

1.ª Palabra amiga - La noche del alma

Jesús, con los brazos abiertos, y las vestiduras blancas, va atravesando las estrellas en el cielo… su fuerza espiritual, ¡amados míos! Él es como un sol que nos cegaría si pudiésemos verlo, si estuviésemos ante Él; somos niños ante un ser de luz absoluta, que conoce nuestro sufrimiento, conoce nuestro dolor, ¡nos da la mano y siempre tiene palabras dulces para nosotros!

¡Hagamos nuestra oración en voz baja, amorosos, poniendo a sus pies, nuestro dolor de hoy!

¡Pidamos…!

«Padre nuestro, que estás en los cielos…»

Palabra espírita: la noche del alma

En busca del tesoro
BN 94 - 25/06/1999

Dejad encendida la luz.[1] Este claroscuro es importante para que no perdamos el sentido de la luz en nuestros días. La oscuridad necesita estar dentro de nuestro corazón, necesita estar en lo más íntimo de nosotros, para que oscurezcamos los sentidos visibles y tangibles de la materialidad que tanto nos atrae, que tantas veces nos abaten porque, casi como Ulises amarrado al mástil en el gran viaje,[2] nos quedamos presos del canto de la sirena. Y la sirena de nuestro tiempo es la sirena de la materialidad, del dinero, de la economía, de los placeres del lujo, de la vida material.

Necesitamos oscurecer, o sea, anochecer en nosotros estos valores tan temporales, tan transitorios de la vida material, que tanto poder tiene sobre nosotros y dirigen prácticamente nuestras vidas, que conforman o dan forma a nuestra psique, a nuestra emoción y a todas nuestras decisiones. Necesitamos, sí, oscurecer dentro de nosotros ese gran día de la materia porque somos materia. Mirad la materia a nuestro alrededor, las montañas, las estrellas, los ríos. Estamos aquí dentro de un cuerpo material, esta mesa, esta sala. La materia está ahí, inmensa, a nuestro alrededor para justamente mostrarnos que la materia también es Dios. Él hizo su obra. Se manifestó. El Gran Invisible se hace conocer a través de lo visible. Y Él, volviéndose tangible, construye su mundo, mostrando al hombre que se haga a su imagen y semejanza, y también construya su propio mundo. Pero jamás, en ningún momento, a través de sus enseñanzas —si nosotros supiéramos leer estas enseñanzas—, Él dice que pri-

---

1 La luz había sido apagada, inclusive la del jardín. La entidad comunicante pide dejar encendida la luz del jardín, componiendo un ambiente de claroscuro y prosigue con la palabra.
2 Referencia a la obra *La Odisea*.

vilegiemos ese mundo material en que estamos, ni se tradujo solamente como materialidad eterna, ni dio preferencia a ese mundo material en que estamos.

*****

La materia, con sus límites, muestra a través de la ciencia y de la cultura el mundo insondable y maravilloso del espíritu o de la materia en otro grado, en otro momento de tangibilidad, pero aún inaccesible a nuestros sentidos. Por ello oscurezcamos, sí, aquello a que nosotros damos tanto valor; ¡ni todo lo que reluce es oro! Quedamos presos del oro material, de nuestra juventud, de la vida material. Tenemos poca disponibilidad, en cuanto a cultura educativa, reeducativa, desde la infancia, a través de nuestros hogares, a través de nuestros padres; no tenemos esa cultura que va enseñando a los niños su pasaje, su transitoriedad, la importancia de la vida espiritual, de las virtudes, el ejercicio de la virtud. Ni el padre, ni la madre practican, y con eso no ejemplifican, y también porque no practican, tampoco exigen a sus hijos. Y así tenemos esta cadena de sufrimiento en la cual estamos inmersos.

En esta casa espírita, aquí, hoy, nos reunimos... oímos la palabra, venimos hasta aquí, estamos dentro de un proceso, de una trayectoria, de una estrategia de reformulación de nuestros principios. Todos los que están dentro, en cierto modo, están buscando cambios. Nadie entra en una casa espiritual, espiritualista, espiritista o religiosa si no pasó por la experiencia del ocaso o del oscurecimiento de las verdades materiales. En medio de esta gran noche, en que van oscureciéndose los sentidos materiales, he aquí que van amaneciendo los sentidos espirituales.

Esta es la gran palabra de San Juan de la Cruz: *La Noche del Alma.*

*****

La noche del alma es la noche del alma sensorial... es la noche del alma gustativa, es la noche del alma de lujuria, es la noche del alma egoísta, es la noche del alma no fraterna, es la noche del alma, en fin, de esta alma tan voraz que se olvida que es hermana de todas las demás, y se olvida que es hija de un Padre Mayor que la creó. Esta es la noche del alma sensorial, restricta a los sentidos materiales. ¿Y de qué amanecer? El amanecer del espíritu dominando la materia, conduciendo la materia como un caballero conduce a su caballo o carro, que retiene sus instintos. Pero nosotros estamos, no como el caballero que retiene sus instintos o a su caballo, no. Estamos en aquel movimiento en que el caballo casi nos arrastra, liberado el instinto. [Estamos] arrastrados, golpeándonos en las piedras, derrumbados... Un caballo existe en nosotros... la parte instintiva es un caballo salvaje. El espíritu no consigue domarlo, dominarlo, conducirlo. Lo que da lugar a la expresión popular: *caer del caballo*. La situación y la vida parecen que nos van tirando de nuestro caballo. No. No es la situación, ni la vida, ni Dios, es nuestra poca habilidad en dominar toda esa parte instintiva ligada a nuestro egocentrismo.

En nuestra formación mental, psíquica, en la ley de la cadena evolutiva moral, del progreso moral, he aquí que estamos presos del reino instintivo. Y nosotros no tenemos ese dominio. ¿Qué nos domina? Los apetitos. El sueño, la gula, las necesidades.

*****

Si examinamos el vocabulario con que dominamos la vida, o nos disculpamos de las cosas que no hacemos para Dios, vemos dentro de este vocabulario, en la gran mayoría, disculpas materialistas, las disculpas de los sentidos: estaba con sueño, necesitaba comer, atender, en fin, aquel mundo restricto, el mundo material. Y es por él y en él, que nos estamos alejando de Dios, porque Dios no se restringe a esto. Él es intemporal. Él continúa a través del tiempo. El tiempo se agota, el reloj de arena gira, la materia se extingue y he que allí, del otro lado del mundo, el espíritu, con aquella extraña faz periespiritual de pasmo eterno frente al mundo que descubre ante sí: y la vida no acabó, heme aquí, continúo, vibrante... Y el hambre continúa; ¿y cómo comeré? Y el sueño continúa; ¿y cómo dormiré? Y la sed; ¿y cómo saciaré mi sed? Preso de las contingencias del plano material, no manifiesto tan siquiera la desconfianza de que todo esto pertenece a mi materia y no al espíritu. Y no tengo la menor habilidad, no desarrollé ninguna, la menor de las habilidades para vivir como espíritu. Y paso por un largo período que Kardec denomina «torbellino de la materia corporal».

Inmersos en este torbellino, quedamos allí sufriendo, diez, veinte, treinta años; perdidos en ese torbellino, hambrientos, rebelados, dolorosos. Porque no nos detuvimos a examinar la vida. Porque no anochecemos en el sentido corpóreo. Porque pasamos sesenta, setenta, ochenta años de la vida, dada por Dios, solo acumulando cosas materiales. Primero en la juventud: necesito graduarme, voy a estudiar. Después vienen los hijos, vamos a dar estudios a los hijos. Después vienen los nietos... En fin, siempre tengo una excusa y postergo mi entrega a una vida de virtudes. Aplazo mi cristianización. Aplazo, aplazo y voy aplazando, sin comprender que no puedo aplazar más, porque la vida que Dios me dio, en este momento, en esta presente encarnación, es un instante ofrecido para mi entrega, para mi conversión, para mi encuentro con el Cristo eterno, interno, y para la práctica de la virtud eterna de Dios.

*****

La Tierra cambiará, el planeta evolucionará, pero nosotros tenemos que hacer nuestra parte. Como dice el Señor en el Antiguo Testamento: «Haz tu parte. Yo te ayudaré». *Yo te ayudaré...* Él jamás hará nuestra parte por nosotros. Es necesario que hagamos nuestra parte. Así es que aquel que pone las manos en la materia prima del Señor, tiene toda la ayuda del Señor para crecer. Toda, toda. Aquel que realmente pisa en el terreno del Señor, verdaderamente. No falsamente, no con suntuosidad, tampoco por vanidad, pero pisa realmente, si abandona, si desnuda, vende todo lo que tiene y se entrega al Señor: este tiene la ayuda del Señor, y su vida es crecimiento continuo. Jamás verán a un ser de este tipo cayendo del caballo, siendo derrumbado en los percances de la vida. Es un espíritu que domina la materia. El caballo ya está domesticado. En este carro de la vida, él conduce flores, esencias o leche de vida. O panes. El pan de la vida. Su carro es un instrumento de distribución de fraternidad, de circulación de amor en el universo, en el planeta, o donde él vive, donde él habita, en la calle donde él está. Su vida se transforma en dádiva y oración.

Tenemos en las epístolas en «Hechos de los Apóstoles» un pasaje bonito, hermoso: después de la partida de Jesús, cuando Pedro funda las primeras comunidades; la primera casa del camino, fundada por nuestro querido Pedro, la gran historia, la maravillosa historia, la hermosa historia de Ananías y Safira, que venden lo que tienen, venden su campo y entregan el tributo a Pedro. Sin embargo, le mienten. Mitad de este tributo de la venta, lo esconden para ellos, para sus vidas. Había una mentira en la entrega para el Señor. Y Pedro dice:

—El Señor dice que mientes...

Y Ananías cae muerto a los pies de Pedro.

Entra la esposa, Safira, y también miente.

—¿Dónde está el fruto de la venta del campo?

—Todo está ahí entregado al Señor...

Y no es verdad y Safira cae muerta también.

*****

Ved; ¡qué figura tan fuerte en el inicio de la construcción de las casas del camino, de la construcción del cristianismo! ¡Qué figuras tan fuertes! Y esto se disipó y fue contado por las cuatro esquinas, y allí estaba la prueba de que no se puede engañar al Señor. Aquel que entra para el reino del Señor, engañando al Señor, caerá muerto. Claro que hoy, en los tiempos actuales, eso es una figura simbólica del lenguaje. Pero cae muerta la vivacidad, la capacidad, la osadía de hacer cosas, el coraje. Cae muerta la capacidad mediúmnica. El médium también es aquel que tendrá que vender sus campos para tener que ofertar al Señor. Pero si vendiera y diera la mitad y guardara la otra mitad para sí, su mediumnidad caería muerta a los pies de los mensajeros de Jesús. Aquí estaría muerto. No conseguiría comunicarse, no conseguiría ligarse. ¿Por qué? Porque es mentira. Está engañando al Señor. Mueren en él todas sus potencialidades. La entrega, o es absoluta, o no es. No es posible ser a medias.

*****

Esto se encuentra en «Hechos de los Apóstoles», al principio del cristianismo. Allí se dice, pero ¿qué tiene que ver eso, con lo que hay dos mil años después? Tiene que ver, porque en esta semilla está el fruto del futuro. Esta es la puerta estrecha por donde todos pasarán. Esta es la perla preciosa. Como dice Jesús: «El Reino de Dios es un tesoro que está en el campo. ¿Qué hace el hombre que encuentra este tesoro? Lo vende todo y compra ese campo». ¡Dios mío!, ¿quién es el que encuentra un tesoro y no lo vende todo y compra ese campo? Si no compra el campo con todos sus bienes, entonces es que no encontró el tesoro.

Nuestra gran verdad es que vemos hablar del tesoro, vemos describir el tesoro, leemos la *Biblia* hablando del tesoro, vemos a los espíritus hablando del tesoro, pero en nosotros la noche del alma material aún no se hizo; la vida material aún es un día claro, apenas mañana o quizás mediodía, o las dos de la tarde. Aún tenemos demasiados intereses, todavía es fuerte nuestra vanidad y orgullo. Claro que no podemos ver ese tesoro. Porque ese tesoro solo puede ser visto con los ojos del alma. Y no podemos mentir, porque si mentimos diciendo que vemos y compramos, cuando vayamos a prestar testimonio, como ocurrió con Ananías y Safira, moriremos.

Allí se pierde la habilidad de hacer, de sentir. No se tiene destreza, no se tiene capacidad, no se tiene sabiduría. Allí te mostrarás tal como eres. En la práctica, testimoniarás si realmente hiciste la conversión y si te entregaste al Maestro, si entregaste tu vida o si aún es una coartada, una mentira; si todavía es un negocio que propones a Dios para mejorar tu vida. Y no mejorarás. Puedes mejorar temporalmente, pero a largo plazo lo que dolía, regresará nuevamente.

*****

El espíritu reencarna. Esta es una historia inexorable. Esto es determinante. No adelanta huir para aquí, para allá, intentar engañarse de mil modos, de mil formas. Perderás este cuerpo. Saldrás de la materia. Ese es un instante de tu vida y te encontrarás con la inmensidad del cosmos, ¿y de qué servirá toda tu fortuna material? ¿De qué servirá todo lo que acumulaste aquí? Si no tuvieras paz, no conseguirías entrar en el reino de la paz. ¿Y cómo te presentarás al Señor? ¿Diciendo que vendiste el campo? ¿Mintiendo al Señor? No, porque también caerás de este reino. Descenderás de las colonias mayores, descenderás a los umbrales. Y allí, nuevamente, otro proceso reencarnatorio. Este es el proceso en que estamos inmersos. Atención para esta palabra espírita.

El espiritismo viene batiendo a la puerta de todos, para despertar cada uno hacia esta verdad: *anochezca tu alma material y deja amanecer al alma espiritual...* Alma que ve a Dios en todas partes, ve la dulce brisa y quiere sumergirse profundamente en el misterio divino, quiere sentir a Dios en toda su grandeza... El alma que encontró, ya vio que el mundo material no tiene nada más, está escuálido, hambriento, triste, taciturno; come, se alimenta, se sienta allí... en aquel vacío. Sale, hace cosas para uno mismo y no tiene paz. Cuando se da cuenta, ya está peleando con un familiar, con un abuelo, con un padre, con un tío. Está allí desesperado, atado. Es como si estuviésemos cometiendo un atentado contra nuestra naturaleza íntima. Es como si estuviésemos amputando un miembro. Es como si estuviésemos arrancando un pedazo. ¡Nadie puede estar en paz haciendo esto!

*****

La gran angustia anímica existencial, la gran crisis existencial, es la crisis divina. Lo venimos diciendo a lo largo de muchas palabras, de varios encuentros de los viernes. Pero oíd. Atended bien ese momento en vuestras vidas. Hoy apagamos las luces aquí y pedimos dejar algunas encendidas, porque hay algunas luces todavía, es verdad. No está todo oscurecido. Nuestra alma material, todavía vive. Es muy fuerte. Nos dirige. Es el caballo desbocado que nos derrumba algunas veces, porque él es egoísta, solo piensa en él, pasa por encima de los valles, de las montañas, del prójimo. Él solo ve sus objetivos, no pondera, no comparte, no se entrega; él no puede, no tiene sentido de comunidad, no tiene instinto de comunidad. Él está allí envuelto con su propia supervivencia. Esta es la prehistoria. Esta es la estrechez humana. La actual pequeñez de nuestra propia humanidad.

Abramos nuestros oídos, abramos nuestros sentidos. Dos mil años esta palabra viene siendo dicha de diversas formas, en diversas lenguas, en diversas culturas, de diversos modos. Dios en su infinita bondad y misericordia viene intentando alertarnos y llamarnos para la verdad de la vida en comunidad. Esta palabra de paz definitiva entre nosotros, de compartir y de sencillez. Esta es la construcción de los mundos superiores y felices, donde todo tributo y riqueza humana, se vuelcan para planear la propia sociedad y los beneficios para la vida creciente y emergente de aquella sociedad. La acumulación individual es indebida, porque la propiedad es colectiva.

Dios es el que hace todo y da todo. Tanto es así que la riqueza de la propiedad privada es limitada. Puedes tenerla una generación, pero es muy difícil realmente que los herederos de aquella generación continúen con su fortuna. Generalmente, los hijos y nietos disipan aquello que aquel ser construyó con tanta fuerza, con tanta dedicación. Hasta mismo para probar a este ser que la fortuna es un instrumento en tránsito, en una esfera planetaria que todavía necesita de esta experiencia.

*****

En los mundos mayores, toda la riqueza es planificada de una forma hermosa, pensando en los beneficios individuales, colectivos y de la comunidad. Un mundo que por ahora solo está descrito en sueños, pero que construiremos, haremos juntos, empezando aquí, en nosotros, en esta primera premisa sencilla, simplista, de que atendamos a la verdad y a la grandeza de Dios, dejando amanecer en nosotros: Dios; dejando que anochezca ya, o que percibamos que ya anocheció la verdad de nuestra materia, de nuestra sensualidad y de nuestros deseos; dando apertura y espacio para que florezca esa rosa tardía, esa floración tardía del mundo espiritual aquí en la Tierra; Dios entre nosotros; Jesús entre nosotros... ¡El Consolador vive! *No vendré más en persona, pero en espíritu habitando en cada uno.* ¡Qué mundo maravilloso tendríamos! Cada uno tornándose Jesús. Cada uno tornándose el Consolador. Cada uno tornándose una estrella viva de luz. Cada uno reencontrándose y componiendo un cielo estrellado de bienaventuranzas y grandiosidades.

1.ª Palabra amiga - La noche del alma

*****

Así vamos terminando nuestra amada y hermosa noche. Mucho cariño a todos. Mucha energía para todos esta semana, para los siete días de la semana. Si estás cayendo de tu caballo, acuérdate: es justamente porque el espíritu no está dominando la materia. Si estás en queda, si algo te ocurrió, si la caída está siendo grande, y estás sufriendo y llorando, acuérdate: quisiste, pero no conseguiste dominar el caballo de la vida. Él necesita ser domado por el espíritu. Tú y él se transformaron en uno y él te derrumbó. Él es más fuerte. Pero si fueras espíritu, cabalgarías sobre él con grandiosidad y él jamás te derrumbaría. Serías tú quien lo dirigirías y toda la grandiosidad implícita en él, la grandiosidad de un ser que puede recorrer un espacio inmenso... tú también lo recorrerías.

El caballo es un animal que recorre espacios inmensos. Dentro de él hay una grandeza inmensa. Pero si no fuera dominado por el espíritu... Si estás ahí en la caída, estás sufriendo, aplica esta máxima de la sabiduría: mi espíritu no dominó, dejé que creciera en mí la vida material y Dios me derrumbó... El animal es una parte silenciosa de Dios en la Tierra; atiendan a esta palabra, una parte... No la totalidad divina. Esa fuerza instintiva es una fuerza silenciosa.

El espíritu, Dios —mirad qué cosa dulce, amorosa, grande y dócil—, está allí para dominar por el espíritu de la fraternidad y de la dulzura, de la comunión y del compartir. Esto es lo que el animal acepta sobre él. Hay otra faz de Dios que abandonamos. El domador de caballos es un ser que conversa con los caballos. Es un ser que intercambia y pide, se arrodilla y se humilla ante la fuerza instintiva. Sabe que no podrá luchar con ella. Sabe que no puede perseguirla. Sabe que tampoco puede engañarla, ni esquivarla. Por eso entra en conversación, en un diálogo y acepta aquella fuerza en su interior. Es bonito, es otra cosa; no se trata de dominio; no es tiranía, es encuentro, respeto y fraternidad. Aquel que quiere tiranizar la vida, claro que la vida lo derrumba. Y la queda es importante para que aprendas que tú no dominas la vida. Y para aprender que si la quieres dominar, tendrás que transformarte. El único dominio que Dios permite es el del amor. Y el dominio del amor, es el no dominio. El poder del amor, es el no poder. Es un tipo de poder, el mayor poder. Pero de difícil acceso todavía para nosotros, que estamos acostumbrados al ejercicio continuo del poder: mando y desmando... Ese es nuestra *noure*, campo energético mental, psicosfera poderosa, acostumbrada a ir y venir. Y Dios dice: «No, para, cesa, ahora no dejaré más que sigas como hasta ahora». Y nace aquella enfermedad que te derrumba la vida, aquel acontecimiento que no dominas. Es para que vuelvas los ojos hacia el espíritu. El espíritu dominará lo que no es dominable. ¡Porque el espíritu es de Dios y viene de Dios! ¡Esa es nuestra imagen y semejanza con Él!

*****

Que este texto pueda entrar dentro de cada uno y permanecer en cada uno esta semana. Cantemos a Jesús el Padrenuestro. Prepararemos hoy la música, cantando con alegría esa oración dejada por Jesús. Ahora es la hora en que cantamos, toda la sala componiendo esta comunidad de amor. *Es importante leer las Buenas Nuevas, después, en casa. Las editamos, no para recaudar fondos, pero para que cada uno pueda leerlas. Para que cada uno pueda repensarlas.* Acostaos en vuestras casas esta noche y leed una vez más. Es como deseamos estar: próximos a cada uno, repitiendo esas palabras. La repetición de un tema, de una palabra, es importante para que entren en nosotros. El hábito, la continuidad son estrategias importantes para desarrollar el nuevo hombre. Ofrécete a ti mismo esta convivencia próxima con la palabra de Dios, para que después Dios sea palabra viva en ti... ¡Verbo que se hizo carne!

De súbito, con el paso del tiempo, miras y ves allí la reformulación lista. Cuando antes era una actitud de mando, ahora es una actitud de observación y silencio. Cuando antes era una actitud de desprecio, ahora es de oración y plegaria. Cuando antes era una réplica, una cólera, ahora es mansedumbre, sonrisa y comprensión. Cuando antes era decepción, tristeza, agonía, ahora es comprensión, tolerancia, perdón. Cuando antes era muerte, ahora es vida... Son cambios que van ocurriendo, en un espacio imborrable, misterioso, intraducible e indomable. No quieras dominar el proceso de la conversión y transformarlo en un libreto para ser memorizado como una tabla de multiplicar. Jamás, gracias al buen Dios. La conversión es un misterio. Porque es la oportunidad para que cada uno entre en contacto directo con la esencia divina, con la esencia de Dios... Y solo Dios dice cómo es, cuándo es, quién es. Cesa la palabra del hombre y entra la palabra del Padre, de tu creador.

Por eso, esta noche, la coral cantará aunando fuerzas para que nosotros sepamos entregarnos a ese encuentro mayor con Dios. La noche del alma sensorial, gustativa, egoísta e interesada. Y el amanecer del alma inspirada, poética, fraterna, amable, confiada, feliz. Porque el alma sensorial es infeliz e inquieta; destruye, corroe. Pero el alma espiritual, el hombre espiritual, no. Es la fuente de la vida, y la fuente de la vida es vida, y todo está pleno e inmerso en la plenitud divina.

1.ª Palabra amiga - La noche del alma

Cantemos el Padrenuestro, hijos míos, con alegría y fuerza, entregando nuestro testimonio de la noche a Dios: podemos cantar, cantar con fuerza al Padre que está en los cielos...

«¡Padre nuestro que estás en los cielos!...»

Celina

Cántico 46
Orando por la Madre Tierra

Comunidad amorosa y querida, aquí están pidiendo al Señor que no nos dejes caer en tentaciones; las tentaciones de la vida material sensorial. Que en esta semana, un día, dos, dos o tres horas, podamos soportar las llamadas de la vida material y no atenderlas. Entramos en oración y en plegaria, en júbilo, en cántico e intentemos que aflore en nosotros la respuesta espiritual, donde habría de forma casi automática —teniendo en cuenta el hábito de nuestras vidas y de nuestras migraciones en el mundo material del egoísmo—, la respuesta del mundo material. Palabra por palabra, réplica por réplica, golpe por golpe. Allí sin pretenderlo, vamos perpetuándonos en el mundo material sensorial.

Llevemos esta noche la paz infinita del Maestro. Llevemos esta noche la paz infinita de la propia noche ofrecida por Dios. En ella, nosotros nos reunimos para celebrar la palabra de Dios. ¡Y la palabra, hoy, nos llama para la noche del alma sensorial! Nos despierta y sacude para la apertura y el amanecer del alma espiritual, del alma espiritualizada. Tenemos el alma animalizada, el alma instintiva: esa alma aún egoísta, insensible al grito humano, incluso al grito de las estrellas, al grito de la propia Tierra, de la Madre Tierra, de la ecología, de los animales, de los ríos... Pensad, existe el alma de los ríos, que están siendo contaminados y destruidos. No oímos el grito silencioso de la madre que está gimiendo de dolor. Pero si abrimos y dejamos amanecer el alma sensible, espiritual, oiremos ese gran dolor, ese gemido profundo de la Madre Tierra llamándonos e incitándonos, en el final de los tiempos, a dar el salto necesario para la transformación de este orbe maravilloso, azul, en medio de las estrellas.

1.ª Palabra amiga - La noche del alma

Buenas noches, mucha paz. Nosotros os abrazamos con mucho cariño y con amor. Que cada uno aquí, esta noche, se olvide un poco de sí mismo. Dejad los problemas. Pensad en los ríos. Vamos todos, ahora, aquí, la sala entera, a sobrevolar las florestas y los ríos. Vamos viendo los mares, vamos viendo a esa Madre Tierra maravillosa: vamos entrando en los ríos y aguas, para dejar nuestro amor, nuestra confesión de amor, para decir: «¡Oh, Madre Tierra!, la comunidad de esta sala, esta noche, vibra por ti y quiere transformar nuevamente tu agua, que un día fue, límpida, clara y cristalina, en límpida, clara y cristalina». Esta materialidad, toda sucia, distorsionada y destruida de la Madre Tierra, significa la madre humana, espiritual también, de la misma forma destruida, de la misma forma poseída con violencia. Sin aquella planificación amorosa, de quien cela y cuida, para que los que vengan, también calmen su sed a las orillas de este enorme río de la Madre Tierra.

Hijos queridos, hagamos nuestra vibración, hoy, pensando en los animales, en los insectos, en las estrellas, en las esferas gaseosas, en el aire que está a nuestro alrededor. La Tierra necesita que nosotros vibremos por ella. Despertémonos por la mañana y pensemos: ¡hoy voy a orar! ¿Por quién? No, no por mí, no por mi pariente enfermo, no por las prisiones, no por los hombres que sufren. Vibraré hoy por la Tierra, donde se encuentra esta humanidad, porque la Tierra también está sufriendo, a la sufrida humanidad que hay sobre ella... como el hijo ingrato que se olvida de la madre y del padre que les nutrió la vida. Aquí estamos nosotros con la Tierra, con la materia, olvidados en nuestros corazones. Vibremos por ella. Mentalicemos esa esfera azul de luz que es el planeta Tierra, en el espacio, y elevemos de nuestros corazones, un corazón dorado de luz, para envolverla en mansedumbre y dulzura. Como si pudiésemos componer un ambiente de paz, de algodón, de ligereza y colocarlo en las heridas vivas, en las llagas vivas de los ríos, de los océanos, de las florestas vivas de la Madre Tierra que está siendo destruida por nuestro egoísmo, por ese amanecer aún tan claro, de nuestro egoísmo y materialidad.

Buenas noches, que Dios nos bendiga. Tomemos el pase, vayámonos a casa. Alegrémonos y cantemos, porque la Tierra necesita de nuestra alegría y de nuestra fuerza. Necesita que nos recordemos que ella nos necesita, ya no inmersos en nuestros propios problemas, sino saliendo de nosotros mismos para preservarla, construyendo una conciencia de corresponsabilidad sobre su existencia. ¡Oh, hijos!, tanta lucha, tanta sangre se escurre. Pero aquí estamos, una comunidad espiritual, reunida para llevar el bálsamo del consuelo de esta doctrina amorosa a tantos cuantos lo necesiten.

Cantemos al Señor, a nuestro Pastor, llevando no nuestras llagas, sino las llagas de la Tierra amada. Pidiendo al Pastor que la proteja de nuestra ambición. Que la proteja de nuestra intolerancia. Que la proteja de nuestro odio, de nuestra rabia, de nuestra pequeñez y avaricia emocionales. Porque pasamos veinticuatro horas de nuestro día y de nuestra noche solo pensando en nosotros; preocupados por aquel circuito restricto a nosotros. Quien se despierta por la mañana, mira las nubes y dice: «¡Nubes, yo te amo! ¡Quisiera tanto que tu paz y tu luz descendiera sobre nosotros!». O mirando el cielo estrellado y dijese: «Yo te amo». O aún: «¡Oh, Luna eterna!, qué sonido tan maravilloso compones en el universo».

El hombre necesita salir de su caverna para descubrir el horizonte y aprender que es hermano del Sol y de la Luna... hermano Sol, hermana Luna, hermana estrella. Un francisco vivo en cada uno, celebrando la vida y la grandiosidad de la criatura en el cántico de las criaturas, dejando un poco de sentirse como la única criatura sobre la Tierra, con derechos exclusivos sobre Dios y la divinidad.

Cantemos al Pastor por la Tierra amada sobre la cual estamos pasando en la presente reencarnación, para elevarnos hacia las esferas sublimes del Padre.

El Señor es mi pastor...[1]

Estamos en este valle, caminando al lado de la muerte y con la muerte, acariciados por el dulce Rabí de la Galilea, ¡oh!, dulce Nazareno, piedad infinita, compasión eterna, ¡abrázanos esta noche! Ten piedad de nosotros, Señor. Toca tu harpa eterna. Despiértanos. Tenemos añoranza de tu reino, de tu palabra, del sonido de tu voz; de la grandiosidad a la que nos elevas cuando hablas, cuando pregonas, cuando dices, cuando llamas. Jesús, nadie amó como amaste.

Así cerramos la noche, con un beso a cada uno. La espiritualidad trae el beso del Maestro a cada uno, pidiendo que cada uno lleve su flor, se siente esta semana en su casa y se acuerde de las estrellas, de los ríos, de los océanos y llame la criatura de su hermana. Que sienta que es hermano de todos los elementos creados por Dios.

Id en la paz del Señor. ¡Paz tan necesaria para nuestras vidas!

---

1 Salmo 23:1. La sala canta con la coral, la hermana retorna para finalizar la palabra, dando su adiós dulce e inolvidable.

No hagáis las cosas solos, sin conversar con el prójimo; procurad mirar libros, buscar opiniones, buscad a los otros. Erramos menos cuando oímos a personas más sensibles, cuando otras personas nos aconsejan.

Regreso del Arca a Beth-Shemesh, Paul Gustave Doré.

Definiciones
Segunda palabra amiga

El mal: ¿un extranjero?

¡Es un estadio, no es el fin, es un proceso, no es un puerto de destino!
BN 27 - 30/01/1998

Con la paz de nuestro Señor Jesús, abrimos el trabajo de la noche después de esos momentos tan bonitos, serenos, que van calmando nuestros sentimientos, y nos sitúan ante la grandeza y la belleza del Padre. En este momento tenemos que fortalecernos sacando de nuestro corazón la fuerza necesaria para vencer el mal.

Se habla poco del mal. Poco. Nosotros mismos conversamos poco sobre lo que es, o lo que son, o cómo actúan esas fuerzas en nosotros. Y esa ignorancia respecto a la acción de esas fuerzas en nosotros es la responsable de que decaiga nuestra voluntad de vencer, de que decaigan nuestros sueños; es responsable del principio de la falta de realización humana, o sea, no se realiza lo que se sueña.

Por ignorar el mal que nos rodea, por no ver o no percibir su extensión, por tapar los propios ojos, como alguien que tapa el Sol con un tamiz, por apartarnos de esa verdad que salta a la vista, vamos acumulando una serie de pequeñas actitudes que se van sumando hasta explotar en un enorme y extenso mal que se traduce en desasosiego, angustia, enfermedades nerviosas, ruina financiera, fracasos afectivos y todo el drama humano que nos lleva a las pasiones, que nos lleva al libertinaje, que nos lleva al suicidio, que nos lleva a perder la fortaleza íntima y nos deja entregados a los perros… Es como si entregásemos nuestros corazones a los perros y nos dejásemos devorar por ese mal.

*****

Que la paz de nuestro Señor Jesús —porque él vivió en paz y tuvo paz para ofrecernos— esté en este momento irradiando luz sobre nosotros y para nosotros, para ayudarnos a subir nuestra montaña, a escalar nuestras virtudes, a subir donde necesitamos subir, que es subir más allá del mal.

Las fuerzas maléficas que actúan sobre nosotros, sean cuales sean, la voluntad de morir, el desánimo, la debilidad, la cobardía, la pereza: es necesario poner nombre a esos síntomas emocionales, y no decir simplemente: «¡Me siento mal!».

Esa es una frase que generalmente ocupa nuestra caja mental y nuestros labios: *¡Me siento mal!* Y al decir esa frase necesitamos saber que más allá de esas palabras, existen realidades que todavía no han sido traducidas, ni reveladas. En ese momento hay un conjunto de fuerzas negativas que están asolando los centros de fuerza, están acoplando energías densas al periespíritu, están inoculando sensaciones, sentimientos; están inoculando, principalmente, pensamientos negativos en la mente.

Pienso en el mal.

Y pienso que pensé en el mal; mal que no fue pensado por mí, sino por otro ser, inoculado en mí a través de lo que no vive en mí; flaqueé y dejé que la fuerza vital esencial para la vida fuese nublada, dejé que la luz que vive en mí fuese nublada por una espesa nube oscura, que cae sobre el alma, cubre el horizonte y ya no deja ver nada.

*****

¡Me siento mal! Vamos a empezar a poner nombre a este mal.

¿Qué es estar mal? Estar mal es estar en el mal. Es estar de acuerdo con el mal. Es haber permitido que el mal actúe dentro del corazón. ¿Cómo podemos decir eso de forma tan distante, sin tener noción del peligro que encierra esta palabra? Decir con apatía: «Estoy mal» es como jugar con una serpiente. Es como jugar con el lobo, como si fuese un perrito que te lame los pies. Cuando te sientas mal y digas: «Estoy mal», localiza, párate, retírate de donde estás y averigua qué mal es ese. ¡Dibuja ese mal, disminuye ese mal en el sentido de mirarlo con lupa! Observa ese mal, pero no desde la distancia, como alguien que ve un paisaje a lo lejos. Acércate a ese mal como alguien que enfoca una lupa para divisar toda la extensión en que ese mal está actuando. No dejes que él pase, que salga impune, sin enfrentamiento, en esta caja verbal de las definiciones abstractas.

En cuanto digo: «Me siento mal, incluyo en esa frase toda una realidad que está cambiando, una realidad que se está formando: se desarrollan virosis en ese sentimiento; con ese sentimiento se inoculan bacterias astrales; desórdenes afectivos; tomamos decisiones terribles en ese campo energético.

No podemos sentirnos mal y no detenernos en el camino, como si no hubiese ocurrido nada con nosotros. Debemos parar y decir: «Déjame mirar, déjame definir ese mal, porque este traerá consecuencias sobre quienes están a mi alrededor, sobre quienes viven conmigo».

Generalmente, quienes viven con nosotros son personas amorosas; son los familiares, los hijos, los hermanos, amigos, compañeros de camino, amigos espirituales. Destruyo, y así me convierto en un canal, en un médium del mal. Y quedo impune… como el mal queda impune a tus ojos y quedará impune en el medio en que vives, porque todos respetan el mal, los unos de los otros.

*****

Un ser dice: «Estoy mal»; otro ser dice: «Él está mal», y se aleja. Actuamos como si el mal fuese un habitante familiar. Pero él es un extranjero en nuestra patria, un extranjero en nuestro continente. Debería ser un ser extranjero, sin habilidades, sin fuerza, sin poder para dirigir nuestra voluntad y nuestra facultad de decisión.

Pero no, tras esta frase, tras esta abstracción generalizada, tenemos un mundo concreto de emociones que van desarrollándose y haciéndonos enfermar, hasta que ese mal moral, ese mal emocional, que va destruyendo las fibras periespirituales, alcanza el cuerpo físico causando enfermedades y disfunciones.

Cuando te sientas mal y digas: «Estoy mal», para, porque gran parte de ese veneno destilado por importantes organizaciones tenebrosas, fanatizadas para destruir el ejercicio del amor en la Tierra, se acercan a ti. Son cinco, seis, siete hermanos en sombra, unidos, que te inducen a pensar en el mal, a obrar mal, conducen tus pasos al camino del mal.

Pero tú no paras, solo dices que estás mal y prosigues, aliado, cautivado por él. La palabra tiene el poder de deshacer, como tiene el poder de hacer. Deshacer es un hecho inverso, es hacer al contrario. Hablar mal también es una obra, de dolor y sangre, pero es una obra. Cuando el mal te asole, para, calla, no dejes que sea libre en tu continente.

Debe permanecer preso, bajo siete llaves, con un enorme guardián, un guardián de luz, dulce y cariñoso. Un guardián con una vestimenta blanca, translúcida, libre. Un guardián de paz, un guardián capaz de morir por nosotros. Que dentro de nosotros habite ese guardián para todo y siempre, llamado Jesús, para no dejar que el mal abra las puertas de nuestro castillo y ande por los pasillos como si fuese el dueño, como si fuese un familiar, ¡nuestro hermano!

Así como la enfermedad es extranjera en nuestro cuerpo sano, el mal es extranjero en la génesis del alma. Es un estadio, no es el fin, es un proceso, no es un puerto de destino. No es un objetivo, ni un objetivo de Dios. Pero vivimos como si hubiésemos llegado al fin: *¡Estoy mal, me siento mal!*

Existe una cultura que desarrolla en nosotros la compasión por el mal, la solidaridad respecto al mal: veo una persona mal y siento piedad, la traigo a mi casa, la beso y la abrazo; el mal precisa de mí. No, el mal no precisa de mi cariño ni de mi abrigo. El mal necesita mi fuerza, necesita que le digas: «¡Sal, aléjate!».

Es curioso como el mal no busca personas firmes, fuertes, libres de influencias degradantes. Recuerda que siempre andan en legiones. Cuando encontraron a Jesús preguntaron: «¿Qué quiere el Señor de nosotros?». El mal, cuando encontró a Jesús, huyó de Él y dijo: «Sal de aquí, ¿qué quieres de mí? ¡Déjame en paz!».

*****

Pero albergamos el mal en nosotros. Tenemos una cultura que convierte el mal en bien. El mal encuentra en nosotros un diván y permanece. Entonces, en una corriente de maleficios —oficios del mal— vamos destruyendo la luz que reina en todas partes en la obra divina de Dios. Porque el mal no camina solo. Se mueve en legiones, en grupos enormes. El mal que yo siento, se lo cuento a uno y a otro; necesito diseminar; solo existo si existe la multitud, no puedo permanecer solo; ¡el mal no anda solo!

Imaginen una persona enferma en una familia: ella agrupa a todos a su alrededor. El mal no puede trabajar para el otro, porque exige que todos trabajen para él; se convierte en un tirano. En el hospital, en casa, por ejemplo, tenemos un tipo de enfermo que da órdenes; los enfermeros sufren en los hospitales, a causa del temperamento obstinado de ese enfermo. Lo justifican: «¡Ah! Está enfermo y por eso está así». No, ese es el mal. El mal es tirano, despótico. Está el tipo de enfermo dócil, cariñoso. Pero generalmente está nervioso, irritado: pide agua y quiere el agua ya, tiene prisa, quiere ser atendido… *¿Cómo? ¡Estoy enfermo y nadie me atiende!*

Ahora, esa enfermedad es el mal que habita en él; esa enfermedad es el mal que él acumuló a lo largo de muchos años: convirtió el mal que le era extranjero, en algo familiar. Tenemos una cultura en la que el mal es el bien. Una persona se sienta frente a otra y empieza a contarle sus males; el oyente presta atención y la juzga valiosa porque sufre; la considera víctima absoluta de las circunstancias. Generalmente olvidamos que el sufridor padece los males que él mismo sembró.

*****

Esta noche, amados hermanos, vamos a avanzar en el mirar, subir a ese puesto avanzado de la reflexión y observar… Y dejar de andar en medio del mal como si fuese un bien; parar de acogerlo. Cuando sientas que se aproxima la gripe, un resfriado, enciende la luz del bien. Mantente fuerte y verás cómo el resfriado desaparece. Pero el mal llega y tú empiezas a decir que te sientes mal, ya te sientes febril, te pones la mano en la cabeza, vas a la farmacia y compras multitud de remedios, te acuestas; pasa un mes y la gripe inicial se convierte en neumonía, desgarra el pulmón[1] y todo el mundo dice: «¡Pobre!».

Esa cultura del *pobrecito* es peligrosa, porque nos quita la dignidad, nos convierte en mendigos cuando no lo somos; somos hijos de Dios; criatura del Creador, belleza excelsa, estrella, luz.

*****

Que Jesús nos bendiga, amados hermanos.

Acordaos de que hemos de pasar a luchar contra el mal.

Si llega alguien y dice: «Estoy mal», dile: «¡Yo estoy bien! ¡Qué pena, estoy bien! ¿Vas a ponerte bien conmigo? Dime cuál es tu mal». ¡Examinas y verás que hay pereza detrás de ese mal, cobardía, mentira! Mintió por la mañana y se pone mal por la tarde. ¡Es así! Hay un juego oculto. El mal es consecuencia. Es lógico: ¡hizo un acuerdo con el mal! ¡Tened cuidado! Cuando alguien dice: «Estoy mal», tiene junto a él una pléyade de seres. Llegan a la casa de caridad, empiezan los trabajos, van al pase, a la limpieza espiritual y se van transformando. A veces entran de una forma que desconocemos; tienen delante una legión y algunos de ellos conversan con nosotros:[2]

—¿Piensas que ella se va a quedar aquí? ¡Ella no se va a quedar aquí, no!

—Está bien, llévatela; si Dios te la dio, quédate con ella, señal de que es igual que tú;[3] aquí no disputamos ni peleamos por nada. Es lo que es. —les decimos.

---

1 Todo el auditorio estalla en risas.
2 La entidad se refiere a la erraticidad; se refiere al plano espiritual de las almas depresivas y asociadas al mal.
3 Todo el auditorio estalla en risas.

2.ª Palabra amiga - Definiciones

Y así avanzamos en ese diálogo con las sombras. Preguntamos:
—¿Pero por qué ponerse así de mal? ¡Mira qué dolor! Estás en el mal hace trescientos años y no te veo bien; hace trescientos años que te estás vengando, matando, robando y no estás feliz.
—Me vengué diez veces. —nos responden las sombras.
—¿Estás viendo? Llegarás a la vigésima venganza y estarás con esta misma expresión; mira qué expresión infeliz, ojos hundidos, cadavéricos; ¿eso es señal de que estás bien? Deberías estarlo, pues hiciste muchos males... cuando hacemos lo que nos gusta, aparece la felicidad.
¡Y las sombras vuelven sobre sus pasos y desaparecen umbral adentro! Las colocamos ante el espejo y se asustan, porque el mal abandona el espejo. ¿Y sabéis lo que es abandonar el espejo? Es abandonar la opinión del otro, abandonar el juicio ajeno, dejar de oír al prójimo. Tú ya no oyes a tu padre, a tu madre, a tus amigos.

*****

Hermanos, bromeamos porque el asunto es serio y la seriedad nos lleva a la broma; tenemos salvación; Dios nos salvará; ya salvó a muchos. Hay mundos felices diseminados y ellos han heredado lo que nosotros heredaremos.
Vamos a ponernos contentos cuando nuestro prójimo diga: «Estoy mal». Te sientas con él y dices: «Oh, amigo mío, ¿cuál es el mal?» Y no le des fuerza, no añadas leña al fuego, tira un cubo de agua fría, pídele que ore contigo; verás cómo no quiere y dirá: «No. Estoy muy mal». Dile: «¡Entonces iré a hacer contigo el Evangelio en el hogar!» Y él te dirá: «¡No! ¡No tengo tiempo!».
Observa, él quiere continuar mal. Claro, ¡las tinieblas huyen de la luz! Entonces haz una oración, vibra por él y así ayudarás a que se vaya el mal.
¡Que Jesús nos bendiga!
Cantemos el cántico *Pueblo de Dios*; ¡es una música muy bonita! Cantemos juntos; el pueblo de Dios también vacila en la fe, pero sin embargo se levanta y camina. Recuerda eso con amor. Mucha paz. Este espíritu que os habla es tan ignorante; me denomino el Ignorante Siervo de Jesús. Y esta es una casa del camino y estáis aquí. ¡Juntos venceremos el mal![1]

«Padre nuestro, que estás en los cielos...»

---

1 Referencia a los espíritus aún en tinieblas que acompañan a los asistidos por la casa espírita.

Palabra espírita: renuévate

La habilidad de amar: música de las músicas
BN 93 - 18/06/1999

La música de todas las músicas desciende sobre nosotros, hoy, en esta noche. La palabra musical de todas las palabras desciende sobre nosotros, en esta noche, hoy. La sentencia de todas las sentencias desciende sobre nosotros también esta noche, hoy. La grandeza de todas las grandezas penetra el aura maravillosa de esta noche, también hoy. ¿Qué nombre será este tan grandioso que lo podríamos llamar, síntesis, unión, unidad? ¿Qué nombre este, maravilloso, que guarda todo este sentido de vida mayor para nosotros?

En esta noche podríamos oír aquí las músicas más hermosas de la Tierra. Pero si no oyéramos esa música esencial, si nuestro corazón no estuviera abierto y si no hubiera oído esta música esencial, ni la mayor orquesta del mundo nos podría hacer sentir plenitud, paz, júbilo, encanto. ¿Qué música es esta que, cantada o tocada, puede hacernos sentir definitivamente la plenitud y, volvernos sabios?

La gran cuestión humana en este nuestro tiempo es descubrir la sabiduría íntima, y volverse sabio, es saberse sabio, es construir la sabiduría íntima. Somos almas milenarias, antiguas, lo que nos falta es la construcción de esta sabiduría que nos indicará dónde está la verdad y la vida, en vez de indicarnos la mentira y la muerte. ¿Qué voces son estas que estamos oyendo? ¿Qué músicas son estas que estamos oyendo? Paremos el curso de nuestras vidas para examinar la sonoridad que anda penetrando en nuestro íntimo, por nuestros oídos.

*****

2.ª Palabra amiga - Definiciones

¿Qué música es esta que hace que camine no en la dirección de la vida, sino en la de la muerte? ¿No en la dirección de la plenitud, sino en la del vacío? ¿No en la dirección de la paz, sino en la de la angustia? ¿No en la dirección de la sanación, sino en el padecimiento y la enfermedad? ¿Qué música es esta tan terrible que me separa de los demás, a los que amo, en vez de unirlos a mí; que no me deja ser humano y fraterno con los más próximos, que me aísla? ¿Qué música es esta tan tenebrosa que me conduce y dirige; que me hace menor de lo que soy, de lo que en verdad soy?

Abro los primeros libros de iniciación espiritual, *busco las primeras palabras de iniciación espiritual y allí aprendo que hay luz en mí, allí aprendo que soy un espíritu eterno, allí aprendo que soy el hijo, criatura del Creador;* aprendo que soy un iniciado y me voy iniciando en las verdades sublimes del espíritu. Sin embargo, sabiendo de todas esas cosas, leyéndolas, informándome de ellas, no consigo que me vuelva aquello que tanto leo, que tanto sé y que tanto está en mí. ¿Qué música es esta que me ciega, que me vuelve impermeable y que no me construye ni me edifica? Hay una música tocando en nosotros. Hay una música tocando en nosotros que hace que tan fácilmente nos olvidemos de los principios básicos como lealtad, amistad, y sigamos los impulsos egoístas, olvidándonos de que con ellos podemos herir a quien amamos de una forma casi definitiva. Después de que se golpea una flor en el jardín y se arranca la raíz, ella no nacerá más.

*****

El perdón es una profilaxis muy necesaria: es la profilaxis que antecede al gesto de separación casi final y fatal entre dos. Si no, después de esa separación o de esa ruptura, lo que tendremos es un largo trecho, y un largo camino de reconstrucción, pero muy difícil, dificilísimo entre nosotros. Jesús, cuando nos alertó de forma sabia y profunda para que no volviésemos al amigo enemigo, y para que volviésemos al enemigo amigo, no dijo eso como mera poesía-metáfora, o mero dogma. Él estaba hablando de algo muy profundo que está en el universo. Después de un golpe, de un golpe fatal, después de que destruyo algo, reconstruirlo, a veces cuesta siglos.

¡El perdón exige la reparación!

«Perdonados, pero no limpios», dice nuestro amado y amoroso Emmanuel. La propia conciencia no aguantará vivir sin reparación. No es el otro. Dios ya lo perdonó, el otro ya olvidó la ofensa, el otro ya se iluminó y ya siguió. ¿Pero y tu conciencia? ¿Y el momento en que asestaste el golpe? ¿Y aquella música tenebrosa que te hizo asestar el golpe y lanzar el agua hirviendo a aquella planta hermosa de confianza, amistad y ternura? ¿Cómo puedes cerrar la puerta y salir en silencio, abandonando a los amigos que te aman? ¿Cómo? ¿Sin imaginar que puedes herirlos?

*****

Esta es la palabra de la noche. Necesitamos construir una conciencia de cuánto podemos herir a alguien, con el silencio, con la ausencia, con la frialdad, con el desdén, con la falta de cariño, con la falta de ternura, con la falta de verdad, con la mentira, con la hipocresía, con el interés, con la avaricia, con la envidia. Puedo herir amistades eternas, antiguas. Puedo herir a Cristo... Hay un Cristo en mi amigo, en las personas que están conmigo, que viven cerca de mí. Necesito construir una conciencia de que aquello que hago puede tener en el cuerpo de este otro hermano una dimensión que me costará mucho tiempo recomponer y reconstruir.

Esta palabra es fuerte. A las tinieblas no les gusta oírla. ¡El mal lo pasa mal con esta palabra! Él dice: «No, yo no quiero servir al Señor, no quiero saber de culpas, de responsabilidades, no quiero ver mis delitos». Toda sombra no soporta mirar a su propia sombra. Es lógico, ella tendrá que asumir, y tendrá que llorar, tendrá que rescatar, tendrá que arrodillarse, tendrá que pedir y tendrá que recomenzar el camino... Es más fácil huir, es más fácil sentirse mal, es más fácil morir, es más fácil dar la espalda. Y por eso no construimos esta conciencia maravillosa y grande, que nos podría prevenir de ese momento terrible que pasamos todos, cuando desarrollamos en nuestra conciencia la percepción de cuánto herimos a quien amamos.

*****

Es una mirada de desprecio, una palabra grosera, una falta de gentileza, una carta que no se escribe despidiéndose, una llamada telefónica que podía haberse hecho, una explicación. Cosas simples. Volvamos a nuestra conciencia para esa percepción profunda. Salgamos de aquí esta noche intentando desarrollar esta percepción más ampliada de tener cuidado con aquello que hago y hablo; ¿cómo es lo que estoy dirigiendo? ¿Qué estoy haciendo con las personas a las que amo? Si es que las amo o si es que las quiero amar, o si es que las quiero conducir, o si es que quiero aprender a amar y realmente decirme cristiano, y realmente decirme espírita, y realmente decirme ser un hombre en busca de su crecimiento interior, ¡un alma en busca de su renovación!

2.ª Palabra amiga - Definiciones

Para hacer en nosotros la palabra viva de Emmanuel, de su vasta literatura de renovación mental, es necesario tener conciencia de la acción mental sobre la realidad, para renovar esas acciones. Y no podré renovarlas si no localizo lo que estoy haciendo con mi mente. Es muy importante pasar a tener una conciencia mayor sobre lo que he hecho con las personas que conviven conmigo. ¿He dado a ellas lo mejor de mí? ¿Me he preocupado por ellas? ¿He llevado cariño? ¿Tengo previsto las cosas que pueden suceder y he intentado impedirlas?

*****

Pero no, encerrados en nuestro egoísmo y vanidad, atropellamos a todo y a todos. Tocados por esa musicalidad terrible a quien aún no damos nombre —pero creo que muchos hasta ya la nombraron dentro de sí—, vamos pisando afectos, flores frágiles. Imagina a alguien estrujando flores entre los dedos con rabia, ira: esto es estrujar afecto, amistad, cariño, *cuando la mejor forma de amar, amigo mío, es ser leal, sincero, verdadero.* Esta es la música de las músicas. La música de todas las músicas: verdad. «Conoceréis la verdad y ella os hará libres».[1] Ese es el camino. Para ir al Padre necesitamos pasar por Él, Jesús, y por esa música de la verdad que representa Jesús.

Jesús es el nombre de esa gran música de amor que puede componer conmigo una renovación mental, construyendo la conciencia de que puedo herir, de cuánto puedo herir; y abriendo en nosotros un campo de construcción de habilidades para no herir. No tenemos habilidad en el amor. No somos hábiles, no tenemos habilidades de cómo amar. Somos groseros, inhibidos. Tengo timidez de decir: «Te amo». Muchos dicen: «No sé abrazar, no sé dar cariño, no sé manifestar afecto...», pero sabemos hacer tan bien el mal... Ve qué música tenebrosa tocamos y danzamos sin percibirla. Y cuando vemos, ya la sembramos y herimos a nuestro prójimo. Y herir al prójimo es herir a Dios.

De lo que hacemos, las consecuencias son lo que hay de más esencial. No es lo que hacemos. Todo puede ser reparado, pero ¿y las consecuencias sobre el cuerpo de a quien lo hicimos? Si es en la familia, nuestro marido, nuestro esposo, nuestros padres. Si fuera a una doctrina, es al cuerpo de esa doctrina. Si fuera a una construcción filosófica, es al cuerpo de esa filosofía. Sin que percibamos, aquello que hago va a resonar en la realidad que me rodea. No soy solitario y las cosas que hago no terminan en mí. Mi ser tiene ramificación en el próximo ser y aquel ser, en otro ser. Somos seres de

---

1 Juan 8:32

otros seres. Música de músicas. Color de colores. Somos una unidad de diversidades. Tenemos una responsabilidad profunda con esa sociedad. Es por eso que la palabra espírita es: *¡Refórmate! ¡Transfórmate! Haz al prójimo lo que te gustaría que él te hiciese.* Esta es nuestra palabra, esta es nuestra respuesta al campo social de los desórdenes, de las dichas injusticias, de las luchas de clases.

*****

La palabra espírita dice: echa fuera al tirano interior; al ladrón, al mentiroso, al astuto, al aprovechado... ellos no están solamente allí, en aquellas figuras públicas. Tienes todo eso en ti, porque el hombre es un ser social. Entonces, vuélvete mejor, vuélvete fraterno, vuélvete verdadero, sensato, sabio. En fin, emprende la reforma personal, ve construyendo, renovándote y aumentando el tono vibratorio de amor. *Hablamos de la guerra lejana, en otro país; pero la guerra está aquí, dentro del alma. La hora en que cese la guerra aquí, cesarán las guerras en todo el mundo.* Te elevarás, el planeta se elevará; pasarás de ese momento y ese estadio quedará atrás. Esto aquí será prehistoria, leyenda. ¡Ve tu responsabilidad en ese proceso!

La palabra hoy, más allá de tocar todo eso, quiere traer esta percepción: *hoy lo esencial es percibir cuánto se puede herir a quien se ama.* Esta es nuestra palabra básica para todos. Cuidado, el tono de la voz, las cosas que dices, las que no dices, pero haces. ¿Por qué herir? ¿Por qué no amar? ¿Por qué no te capacitas en el amor? ¿Por qué no te preocupas por el otro, en el sentido de dar al otro lo mejor? Al amar, serás amado. Al servir, serás servido. Este es el gran poema. *Si quieres dar alegría a las criaturas, al Creador y a sus criaturas, coge tu cruz y sigue el camino de la verdad, sustenta tu cruz.* ¿Qué impide desenvolvernos en la habilidad del amor? El peso de la cruz. Nos encontramos presos del peso de nuestra cruz.

*****

Primero, huimos de todo modo de entender que tenemos esa cruz. Intentamos huir, dando mil vueltas filosóficas y racionales, huyendo del hecho de que todos, [incluso los] niños, jóvenes y ancianos, tenemos algo que pasar debido a la edad moral de la Tierra. Entonces construimos esa conciencia, pero después, no queremos cargar con nuestra cruz, nuestras responsabilidades. Queremos echarla sobre el hombro del otro. Entonces nos volvemos irritables, intolerables, negativos, depresivos, enfermos, porque no queremos cargar con nuestra cruz, o entonces reclamamos

2.ª Palabra amiga - Definiciones

por tener que cargarla. Pero es nuestra, nosotros la construimos. Si tuviésemos la habilidad de cargar con la cruz, tendríamos la sonrisa en los labios constantemente. Entonces, quien tiene la sonrisa en los labios constantemente, está ofreciendo al otro sonrisas, y no espinas. Está ofreciendo al otro oportunidad para el amor. No está hiriendo a nadie y está desarrollando la habilidad de amar, amando. Estás con su cruz, con sus espinas. Pero el otro es el otro. Te encuentras con él y él también lleva su cruz. Y los dos, unís las manos para hacer una tercera cosa. Y así salís fortalecidos, cada uno para su travesía.

*****

Hay una oración de San Francisco que dice esto: «Hermano, da gloria al Señor, cogiendo tu cruz y cargándola con amor». Sin embargo, cargamos nuestra cruz con rabia, expresando esa rabia de diversas formas en nuestra vida. Inutilizándonos, volviéndonos a veces incapaces. Hombres con tantas habilidades, personas con tantas capacidades, de repente atrofiados en el simple día a día, sin grandeza, sin consecuencias, sin conseguir mezclar las horas y construir cosas. Es una forma de decirle a Dios: «No estoy feliz con la cruz que Tú me diste, ni con esta realidad, ni con todo esto». Entonces no me siento ágil ni amoroso, y en casa me despierto con aquella expresión facial por la que todos saben que no estoy bien, y ya lanzo aquella primera palabra áspera. Opto por el silencio, quieto, sin ofrecer amor, porque no tengo, estoy nervioso, colérico, estoy encerrado en mí, rebelado ante la cruz que tengo que cargar. Sea la soledad afectiva, sea aquella carga financiera, sea lo que fuera, es mío, es mi pasaje, es mi travesía.

*****

Esta casa espírita viene trayendo, poco a poco, cada semana, estas palabras de amor. Hablamos sobre educación. Hablamos de en qué debemos convertirnos. La semana pasada trajimos la palabra de la ampliación de las conciencias.[1] *Hoy hablamos de la habilidad de servir y de amar, que está ligada y circunscrita a la habilidad de soportar la propia cruz.* ¿Es una dolencia, es una enfermedad, es una pierna que se paralizó, es tu oído que ya no oye más, tus ojos que quedaron ciegos, la esposa que te dejó, el amor que ya no te ama, el alma gemela que cayó del pedestal y que no es aquello que pensabas que era? *¿Cuál es tu cruz? Coge tu cruz y sigue el camino, la verdad y la vida.* Aprende a ver dentro de ti mismo que existe una fuerza sublime,

---

1 Buena Nueva 92 «Palabra espírita: ¡amplíate!», del 11 de junio de 1999.

profunda y encantada, y que la cruz es tuya. *Cárgala en paz, con gratitud.* Es imposible a la conciencia moral que cometió el mal, salir de ese estrangulamiento sin cargar la propia cruz. El alma cometió un delito, golpeó a alguien o a algo: construyó una cruz. La conciencia moral solo va a sentirse en paz cuando termine de cargar esa cruz y aquel peso salga del alma. Cuando se repare el proceso, *entonces tu cruz es tu liberación.*

*****

Pero no, tú no entiendes nada de esto, y lanzas todo para lo alto y te encuentras luchando contigo mismo, buscando condiciones irreales —no condiciones ideales de vida, sino condiciones irreales de vida. Un sol que no quiere iluminar, una planta que no quiere extender sus ramas ni dar frutos. Un río que no quiere dejar correr sus aguas. Así es cómo nos volvemos e interceptamos el flujo natural de la vida: negándonos a crear, a estar, a amar, a sonreír, a construir.

En nombre de Dios, esta noche, cada uno aquí presente; los que vinieron por primera vez, tal vez no entiendan, porque no vienen siguiendo nuestros caminos, pero quien ya está en la comunidad espírita de esta casa y viene a través de la Escuela Emmanuel, a través del estudio, de la lectura de estas Buenas Nuevas, construyendo la ampliación de su conciencia, volviéndose un hombre de bien, *escucha la palabra de hoy: planifica.* Siéntate en tu recinto íntimo, en tu cuarto, en tu cama, pon las manos en tu cabeza, mira las estrellas por la ventana y haz la planificación. *Planifica amar...* Mañana voy a amar mi trabajo. Voy a ir a la escuela y voy a sonreír. Voy a llevar esta flor para alguien. Voy a dejar la casa arreglada para que mis familiares lleguen y vean la belleza. Voy a resolver rápidamente ese problema para que la persona llegue y vea que está resuelto.

*****

Pasaste un día amando. Esto es amar. Y ahí verás que lo que viene para ti es lo que retorna de Dios: el universo entero cantará de alegría al verte en esa música de todas las músicas, que es el amor. Dios es amor y Jesús es el amor viviente, el amor vivo, el amor en acción. Música de todas las músicas, grandeza de todas las grandezas, color de todos los colores. Luz de todas las luces. Es esto que queremos dejar en cada uno esta noche, con bastante simplicidad. Sabemos que es difícil, pero este es el camino. Estás más cerca de lo que imaginas. Deja de pasar la mano por la cabeza. Deja de alentar tus propias perezas. Hay dentro de ti una capacidad inmensa de realización. Da las manos a quien lo está intentando.

2.ª Palabra amiga - Definiciones

Fortalece ese espíritu de equipo. Busca al equipo. No hagas nada solo. Porque el enemigo te aísla para que, aislándote, pueda tener más poder sobre ti y dirigirte. Es en la comunión, en la participación que te proteges de las sombras. Es reuniéndote y juntándote que podrás salvarte.

*****

En el gran diluvio, Noé puso en su barca todas las diversidades. Ve ¡que imagen simbólica, anunciando lo que debemos hacer en el diluvio de nuestras emociones, cuando nos desbordan las dificultades! ¡El Arca de Noé! Reunirnos con todas las cosas, subirnos a esa arca: y la comunidad espiritual de plegaria y oración es un arca construida en el espacio tenebroso y oscuro del umbral, para que puedas penetrar y ganar en nitidez, grandeza, luz, discernimiento para construir esa renovación mental propuesta por la espiritualidad mayor, ser feliz y hacer felices a todos los que te aman. Eso es volverte oración viva, en silencio, andando, actuando. Como es toda la naturaleza: oración de Dios para nosotros.

Cerramos nuestro encuentro. Pedimos a todos ir preparando el Padrenuestro de la noche. Vamos a cantarlo. Después cantaremos: *El Señor es nuestro Pastor*. Elevemos nuestro pensamiento en Jesús, agradeciendo todas las lecturas que penetraron en nosotros. La lectura del Evangelio, la lectura de *El Libro de los Espíritus*, la psicografía hecha, esa historia singular de los hermanos que jamás se unirán, porque no supieron perdonar. No entendieron la cruz y no sabían de la habilidad de amar.

Cerrando el encuentro, preparándonos para la música de la noche, vamos entendiendo esta palabra mayor: palabra de todas las palabras, que es el amor. Y perdonar es sinónimo de amar: *para que no te suceda que el enemigo te encuentre y te entregue al juez. Y así vengan los cobros. Fue por no amar, fue por falta de esa habilidad, que nos encontramos en el actual estado planetario, con estas actuales dificultades y atrofias emocionales.*

*****

Todos los presentes en esta sala, están en ese estado evolutivo, por no tener noción ni conciencia de cuánto herimos al otro y de cuánto clavamos en el otro una serie de sentimientos muy dolorosos; es por lo que estamos aquí, casi impresos, como una hoja impresa de amarguras, tristezas, decepciones. Porque no tenemos la conciencia aún construida de cuánto cuidado debemos tener con el prójimo y de lo que hacemos en el prójimo, *estamos aquí cosechando de vuelta las amarguras que sembramos a lo largo de muchos siglos. Esa es la más pura verdad. Sin ella no te liberarás nunca*, no te fortalecerás tampoco nunca. Tendrás compasión en exceso. La compasión que es autocompasión. Y la compasión en exceso es un juicio del juicio de Dios, se está diciendo que Dios te juzgó y te sentenció erróneamente. Esta es la verdad. *Estás negando la cruz que tú mismo edificaste.* La compasión tiene que ser exacta, resoluta y activa. La compasión es la base del amor, pero tiene que ser exacta, invitando al otro a caminar, a trabajar, a hacer su parte. Jamás llevando al otro a tener conmiseración íntima, a sentirse tratado injustamente ante el eterno y el creador.

*****

La palabra más amiga que puedes decir a alguien que sufre: «*Es justo lo que sufres; voy a darte la mano, voy a ver lo que hago, pero es muy justo*»; localicemos ese sufrimiento, tal como nos enseña Emmanuel: «Detrás de todo ese dolor, hay una gran bendición», veamos qué bendición hay detrás de esto. Porque la vida larga, sosegada, sin compromiso y sin deberes, vuelve al ser pequeño, avariento, perezoso, egoísta... Pero la vida llena de tribulaciones, deberes y obligaciones, lo vuelve aplomado, rápido, ágil: desarrolla la habilidad del amor. ¿Entonces, dónde está la verdad? ¿Dónde está el verdadero amor? Mira bien, piensa para decidir tu estrategia de vida y qué hacer con tu vida ante el prójimo. Intenta olvidarte un poco de ti mismo, intenta olvidarte de tus intereses, y piensa en la obra: lo que es bueno para la obra, lo que es bueno para Jesús, lo que es bueno para Dios.

Cuando una situación llega, mira inmediatamente: mira para ver lo que Dios quiere ahora. No es lo que yo creo, lo que yo juzgo, lo que yo sé, sino lo que Dios quiere ahora:

Déjame intentar ver, ¡oh, Señor!, con tus ojos buenos y santos, eternos y bondadosos, toda la bondad que colocas en esta situación y que aún ciego, no consigo delinear, ver, catalogar, discernir y aceptar.

Y después de aceptar, transformar. Nadie transforma nada que no acepta. No puedo transformar ese ambiente si no tengo el ambiente aceptado en mí. Si no acepto esa casa como mía, no la transformo. La aceptación, la resignación es la base de la transformación. Solo puedo actuar y transformar algo que está aquí, conmigo, y lo acepto entero y pleno en mí.

Aceptemos esa cruz para que la transformemos en luz.

Cantemos, amados, a este Padre nuestro maravilloso... Mirando al cielo, e imaginando a Jesús en este techo descubierto, como si los ojos del cariñoso Rabí pudiesen entrar en nuestros ojos, y sus manos pudiesen estar tocando nuestra piel y nuestro rostro, como si Él pasase ahora la mano por nuestra frente y rostro, e inclinásemos los pómulos de nuestro rostro en la palma de sus manos. Ahora, en este instante, una entidad de luz está haciendo exactamente esto en el rostro de cada uno en la sala. Una mano de luz está pasando así por tu frente, y está descendiendo y apoyando la mano en tu rostro: inclina tu rostro sobre esa mano. Ella va diciendo: «Descansa tu pensamiento, deja tu corazón latir, amar, entrégate… Dios tiene una ordenación sublime donde solo ves caos y desespero, muerte y vacío». Y así anclados en esta mano de luz, que sustenta nuestra cara, cantemos la oración sublime, dirigiendo al Maestro amado todo nuestro amor, toda nuestra pasión.

«Padre nuestro, que estás en los cielos…»

Celina

Cántico 45
La música eterna del Pastor

Gracias a Dios. Aquí estamos envueltos en esta luz amorosa del Maestro Jesús y en nombre de nuestra amada Madre Santísima, damos continuidad a la noche. Sintamos ese bálsamo consolador eterno, de esa doctrina maravillosa que nos trae de vuelta la palabra redentora del Maestro, hace dos mil años. Sintamos esa luz que nos consuela, esa luz que nos alivia. Esta oveja serena y amorosa, que ofrece su lana para cubrir las cicatrices y las llagas traídas por el orgullo y el egoísmo de nuestra alma. Cantemos así envueltos en esta noche y en este júbilo celestial, la música eterna del Pastor que no deja que nada nos falte. Y encuentra las aguas tranquilas y dirige la nave de nuestra embarcación, a veces tan sufrida, herida y angustiada.

Preparemos, joven coral, una música, para que yo cierre la noche, ofreciendo a cada uno este momento. Esta es la hora para que salgamos de nuestro egoísmo y podamos celebrar a Jesús con todo nuestro amor. Cantemos juntos, todos, oyendo, agradecidos. Vamos a agradecer cantando. Esta es la hora de dar nuestra parte…

El Señor es mi Pastor; nada me falta…[1]

¡Oh, qué hermosa sala!, que maravillosa expresión de amor. Que ese cántico que salió de cada corazón, se perpetúe esta semana. Cuando el mal se aproxime a ti, cuando aquella sugestión te deje allí, entregado, entristecido, canta esta música en alto. Ponte hacia fuera, como si el pecho se

---

1 Salmo 23:1-6.

abriese, tus pies se estirasen, tu cuerpo se lanzase a los cielos. Grita con todo tu cariño y canta. Y Él devolverá para ti la paz a tu corazón.

Inmediatamente la renovación mental ocurre. Inmediatamente te elevas a las esferas de luz. Inmediatamente llega el auxilio de los buenos espíritus. Inmediatamente dejas aquella sensación de náusea, angustia, tristeza, rabia o dolor para atrás en tu historia. A tu biografía, a tu historia, vendrá una historia de luz al cantar al Señor, nuestro Pastor excelso.

¡Buenas noches! Ya alargamos en demasía nuestro evento. Jesús, gran ser de luz, nuestro Padre, guía, Maestro amado, novio, amante, esposo, ese ser maravilloso, nos recibe como somos; nos ama como somos. No, Él no tiene ninguna ilusión sobre nosotros; jamás en momento alguno Él está amando lo que Él no sabe, ama lo que Él sabe... sabe de nuestras demencias, dificultades, egoísmos, orgullos y vanidades. Asimismo, como Padre confiado, nos abraza, nos recoge y dice: «Hacia adelante, hijo mío, no pares nunca tu camino. Aquí estoy Yo, el Pastor, y tú volviéndote oveja, con seguridad te llevaré en mis brazos hasta el divino amor».

¡Mucha paz y que Jesús nos bendiga!

Baruch, Paul Gustave Doré.

Síntomas
Tercera palabra amiga

Las enfermedades del cuerpo y del alma

¡El dolor es un ángel que trae en sus alas la liberación!
BN 26 - 23/01/1998

Con la paz de nuestro Señor Jesús, iniciamos nuestra sesión espiritual y de amor, de encuentro amigo, de curas. Damos por iniciada la sesión, este encuentro, esta conversa amiga, serena. Conversación serena, porque es un momento en que descansamos el fardo. Descansamos del pesado fardo de las agonías cargadas a lo largo de muchos años.

¡Buenas noches! Un fuerte abrazo, profundo, cariñoso, una caricia. La gentileza amiga presente en esta Casa, incorporada por los médiums, viene señalando día a día, un marco de esperanza y un testimonio de devoción fraterna entre los hombres.

El dolor es una constante en nuestras palabras. Ha impregnado la mayoría de nuestras palabras en este recinto de oración.

A pesar de que huimos de él, el dolor es el tema central de nuestras vidas. Es la fuerza, la energía que nos mueve hacia la verdad.

*****

Observamos el movimiento de la vida… Las personas avanzan en busca de la alegría. Pasan años girando en torno de las fiestas, danzan, se alegran, parece que están bien. Un día, el dolor las visita. El dolor hace que ese movimiento cese. El dolor las reúne en un movimiento de superación y crecimiento. El dolor es un parto. Pare una etapa nueva en nuestro día a día.

Esta hora duele. Difícil hora la de parir un alma nueva. Nos resistimos. ¡El dolor duele más!

3.ª Palabra amiga - Síntomas

Todavía no comprendemos que el dolor es un ángel que trae en sus alas el vuelo de la liberación del alma presa en los momentos materiales, en los momentos superficiales de la vida.

*****

Entramos en el dolor y salimos de él sin preguntar o intentar conocer su significado. La medicina de la Tierra es limitada, no aporta explicaciones más profundas sobre los dolores que padecemos en el nivel físico inmediato, como cálculos renales, una crisis cardíaca, una encefalitis.

Los dolores que se van distribuyendo a lo largo de nuestro organismo, tienen su origen en un desorden moral, emocional y espiritual. Todavía no tenemos una ciencia que reúna ética y salud. No hay una evaluación moral que haya sido relacionada con las enfermedades físicas. La mayoría de dolencias presentes en nosotros comienzan muy atrás, al ir sumándose las actitudes morales que reunimos en emanaciones energéticas a lo largo de muchos siglos y que desembocan en la enfermedad del cuerpo físico.

Puede ser una ceguera repentina a los 30 años, a los 15, a los 12. Puede ser una parálisis que nos asalta. Un cáncer que nos alcanza. La causa viene de atrás, porque el alma no genera una dolencia en pocos años de vida, en una reencarnación. La dolencia es una organización somática de orden moral presente en el espíritu. La enfermedad es una manifestación de la dolencia moral, que logra visibilidad al ser somatizada. O sea, el cuerpo asume la dolencia del espíritu, para mostrar al espíritu qué es lo que este tiene dentro de sí.

*****

La dolencia es un libro de liberación moral para quien tiene ojos de ver, ojos de leer. Podemos hacer terapias preventivas a través de la lectura de la dolencia física; relacionando el cuadro psíquico moral con enfermedades físicas, tendríamos, después de algún tiempo, un cuadro genérico de pronósticos. O sea, viendo el perfil moral,[1] ya tendríamos una especie de dibujo futuro de la enfermedad que se presentará en el organismo físico. Adoptaríamos entonces una actitud preventiva respecto a las actitudes morales, para no enfermar.

Eso sería una maravilla. En los mundos felices es así. Ya es así. La medicina se amplía con la ética en sus cuadros de diagnóstico, pronóstico y tratamiento. Parece una utopía, una palabra vana, mas es así.

---

1 Ver la relación entre valores inferiores y enfermedades, organizado por Ney Pietro en la obra «Reforma íntima», editado por la FEESP—Federación Espírita del Estado de São Paulo, Brasil.

La dolencia es el resultado de las actitudes morales que somatizan en el cuerpo la desviación que traemos en el alma.

Es como si cogiésemos un texto, una poesía, una historia hermosa y la imprimiésemos, la grabásemos en una obra de arte, en la materia bruta, en la piedra, una litografía, por ejemplo.

Nosotros tenemos una litografía del cuerpo: la carne, la materia amada del cuerpo; es como si fuese el papel donde escribimos la historia de nuestro espíritu.

Escribimos una historia trágica, triste.

Hoy estamos con angustias, dolencias, depresiones.

*****

Vamos a escribir una historia bonita, de amor. Nuestra invitación para hoy: ¡hagamos una historia de amor, de verdad! Emanaciones mentales de esperanza, sueños. No es broma, cuando cogemos los sueños y elaboramos un proyecto para mañana, para dentro de 10, 20 años… Proyecto es proyectar, es lanzar algo al espacio. Es soltar en el espacio materia anímica, materia mental, energía fluida constituyente de todas las cosas, de la emanación del Creador. El proyecto es este: balas sueltas en un disparo amoroso, en lugar de trágico y desamoroso. A partir de ahí nos curamos.

La cura pasa por el amor, por la historia de amor que ocupa el lugar de la historia de dolor. El dolor físico, moral o psíquico es el fin y no el comienzo de nada. Es la punta, en el gran mar de glaciares. Es la puntita de aquella isla de hielo que ajustará el profundo bloque en los antecedentes de la vida.

Regresamos al mundo material.

Estamos en un sistema de justicia, cumpliendo un ajuste. El dolor es justo. El justo dolor. El dolor que nos ajusta nuevamente y nos abre el camino para una esperanza real.

Salimos transformados cuando salimos de un período de enfermedad —profundamente transformados—, de un accidente, de un peligro; radicalmente transformados. A veces incluso se altera nuestra fisonomía.

*****

Mucha paz en el corazón de cada uno.

Estamos aquí en una casa de cura, en un recinto de oración, para que con nuestras oraciones elevadas al altísimo se cumpla la petición, ¿qué petición? ¡El fin del dolor!

3.ª Palabra amiga - Síntomas

¡Oh, Padre, escucha mi súplica!

En la plegaria somos suplicantes, suplicamos a Dios que ese proceso que esparcí, que solté en el universo y que vuelve a mí con la ley de causa y efecto, que sea alterado, disminuido, apaciguado.

Juntos en esta plegaria, nos reunimos para apaciguar este dolor, esta distorsión, esta deficiencia. La deficiencia moral antecede a la deficiencia física. No estamos hablando de miembros deficientes, o de una deficiencia cardíaca, renal, hepática, ósea, cerebral, motora.

¿Qué es la deficiencia?

Analizando esta palabra, significa que algo está por debajo de lo que podría ser; significa que algo está alterado. *Id*, sin embargo, dice nuestro amado Maestro. *¡Id y no pequéis más!*

En el adulterio y en el apedreamiento, tenemos sufrimiento moral. Una persona fue apedreada porque hizo aquello que consideró que debía, mas iba contra la ley y fue sentenciada. En ese momento Jesús no habló de la sentencia apedreamiento, dijo que sólo podría apedrear quien estuviese libre de pecado.

Y le dijo a ella: «¡Ve y no peques más!».

Así Él también le dice al ciego: «No puedo curarte, falta una luz en ti». La luz moral. Vamos a oír su palabra, resonando durante estos dos mil años y que, en este instante, llega hasta este recinto de oración.

¡Yo iré, sí, iré y no pecaré más!

O sea, aquellas emanaciones mentales negativas, que emití durante muchas vidas, voy a concluirlas. ¿Cuáles son? Esencialmente son simples. No son muchas. Es parar de pensar en el mal del prójimo. ¡Parad! No imagináis cuánta energía segregada en el centro de fuerza cerebral y en el cardíaco se está propagando en el espacio, como si fuesen antenas, o ventosas alcanzando al prójimo.

Quien piensa mal e incluso habla mal del prójimo, está atrayendo mal para sí. Suelta la palabra y esta vuelve. Es tan sencillo: vivir el bien, pensar el bien. Es cambiar el lema, es cambiar apenas. Y la historia de amor estará escrita por todos nosotros, juntos. Esa historia no se hará en solitario. Es preciso unirse a otros que también quieran escribirla; haremos un equipo y escribiremos una nueva historia. No solo para nosotros, sino para la historia de la Tierra. Una historia de amor de la historia humana. Construiremos una historia de amor... ¡Mirad qué hermoso proyecto!

Salgamos hoy de aquí —a pesar de que los dolores no están curados, porque todavía no pudieron ser curados, porque el laboratorio creador de la dolencia aún está presente en el organismo psíquico— dando inicio hoy a esa escritura de liberación del dolor.

Muchas personas pasan por la sala de cura, las dolencias son tratadas, y vuelven después de unos meses, un año, dos años: «El espiritismo no curó».

No, no es eso. Tú provocaste nuevamente la dolencia. Tenemos un caso en el que el paciente producía piedras en la vesícula. Le curamos varias veces, hasta que le dijimos: «Necesitas una dieta rigurosa, si no cambias tu alimentación, continuarás produciendo las piedras. La generación de la dolencia física está en el espíritu. "Cuidaos, id y no pequéis más." ¡Cambia! Cambia tu régimen alimenticio, cambia aquello que pones dentro de ti. Selecciona más para no engullir piedras. Es preciso separar. Bondad no significa permisividad».

Bondad no es que abramos la puerta para que entren todos los bichos. No, tenemos que cerrarla y algunos tienen que salir, si no nos devorarán. Es preciso tener un criterio justo respecto a la actitud de bondad.

Así van pasando los siglos y las experiencias se van organizando... La experiencia del bien se va asentando en nuestro organismo y vamos superando las dolencias.

Alimentarse de dulzura y dejar que solo los mansos se adentren en vuestro recinto y no los que tiran piedras. Ese es un criterio profundo de amor al prójimo. Es que nosotros no entendemos y confundimos bondad con ausencia de criterios de separación del trigo de la paja.

Ved que es un largo aprendizaje, mas comencemos hoy. Salgamos de aquí con ese proyecto de esperanza de realizar una historia de amor en nuestra vida: ¡haré una historia de amor en mi vida!

Tomad esta decisión. La podéis tomar, es simple. Está en las manos de cada uno de los aquí presentes: *no dejaré que las piedras se adentren en el recinto de mi alma. No dejaré que me hieran. No heriré a nadie.*

Y veréis cómo la salud se irá restableciendo, naturalmente, espontáneamente. Las lágrimas cesarán. Los dolores se calmarán. Es como si aquel lago tempestuoso, aquel río voluminoso, cayendo en un abismo tras otro, encontrase una colina, una pradera para descansar su trayecto.

Esta *Casa do Pão*, esta Casita de Eurípedes, quiere ser apenas una campiña, un lugar para descansar de esa violenta trayectoria, desasosegada, competitiva, que cada uno aquí estableció como meta y que hoy cambiará: la meta será una historia de amor escrita por mí, escenificada por mí, realizada con mi amor, con mi mujer, con mi marido, mis hermanos, mis hijos, mis colegas de trabajo. Una historia de amor en la verdad, con Cristo, todos los días de mi vida.

Érase una vez un hombre que se despertó por la mañana, dio la mano a Jesús y pasó el día con Él, como quien pasa el día con un amigo muy íntimo. Se levantó y se sentó a la mesa e imaginó a Jesús a su lado. Cogió el pan, la leche, recibió a la esposa y a los hijos. Solo él veía a Jesús a su lado, quería contarlo y no podía, no lo conseguía; salió a la calle, vio a sus amigos y a Jesús a su lado.

Imagina a alguien contando esa historia

Imagínate contando esa historia.

Él anda contigo. Si supieseis el susto que os vais a llevar cuando desencarnéis, por tantas veces que ese Maestro de amor, en vuestras noches más profundas, en vuestras terribles angustias, estaba allí a vuestro lado. Diréis: «No es posible que esa grandeza estuviera tan cerca de mí».

¡Él estuvo y está! Él se hace pequeño entre los pequeños, porque así es su amor por nosotros. Mucha paz.

Cantemos el Padrenuestro.

Hagamos la oración esta semana, impregnados por ese sincero deseo de hacer una nueva historia de vida. Sentaos con vuestros amigos y con vuestros hijos y decid: «No, no gritéis más, no golpeéis la puerta, no pataleéis, no me miréis con ese gesto hostil, no merezco lo peor de vosotros, merezco lo mejor, vosotros sois mi familia, sois las personas que quiero bien, sois mis amigos de trabajo, de camino espiritual; os miraré como Jesús me miraría en este instante». Veréis la fuerza y el poder de la energía que sale de eso, que emana y sale en dirección a los otros y retorna para nosotros.

«Padre nuestro, que estás en los cielos...»

Educar el pensamiento

El trigo no es el pan
BN 74 - 05/02/1999

Permanezcamos en silencio, continuando con nuestra noche. Y en nuestra noche, hambrientos de esperanza y de paz, de salud y equilibrio, podemos colectar o pescar —como pescadores—, traer de la red de nuestra ansiedad, el pez vivo, el alimento vivo del que tenemos necesidad.

En silencio, porque el silencio es condición de la oración, de la plegaria, del vaciamiento íntimo de nuestra alma, para que la palabra sea semilla acogida. Y después, durante los días de la semana, que la palabra, esta semilla tratada a través de la plegaria, de la oración, de la constancia, de la perseverancia, crezca en su potencialidad, y se torne en aquello que debe tornarse, dando a cada uno aquí lo que cada uno vino a buscar.

Cuando salimos en alguna dirección, en busca de algo; cuando decidimos, dentro de nuestra casa, ir aquí o allí, una serie de relaciones estuvieron presentes en esa toma de decisión. Cuando decidimos dedicar los viernes para venir a una casa de oración, o para irnos, en vez de a la casa de oración, a otro lugar... Cuando tomamos una decisión, estamos en esa decisión, rodeados de presencias espirituales, de influencias espirituales. Y si mi decisión priorizó venir a un recinto de plegaria y oración, esto es señal de que estoy rodeado de presencias que sintonizan y emiten energía en busca de Dios: energía de paz, de luz y de oración. Podemos tener un canal de evaluación de quien anda con nosotros, de quien está con nosotros, a través de esas decisiones.

Es difícil venir a una casa de oración. Muchas trabas para llegar a esta casa de oración... muchas dificultades, muchas luchas. Luchas externas: parientes, amigos... Luchas íntimas: pereza, indolencia... duda, vacilación. En todo esto, no estás solo. En todo este universo que rodea al alma, hasta tu decisión de venir a esta Casa en busca de paz, en busca de respuestas, en busca de vida, ¡hay otras presencias que te acompañan!

Hijos, hay una cosa importante que la doctrina viene revelando y sobre la que los espíritus vienen hablando. Y también esta casa espírita viene deshaciendo la ilusión que tenemos de que podemos estar solos en algún lugar, o de que estamos solos en algún tiempo o en alguna condición... ¡o en alguna acción!

Es una ilusión pensar que tomamos decisiones solos.

A veces hasta tenemos el hábito de decir: «Voy a estar solo para decidir mejor».

Cuidado con estas palabras: *voy a estar solo para decidir mejor.*

Esta situación es una artimaña. Tú no estarás solo. Estarás solo, pero con algunas influencias que en lo invisible estarán más fácilmente en posesión de tus canales mentales, como alguien que tiene la posesión sobre una emisora de radio, por ejemplo; hay aquel micrófono, y él domina la emisión de quien habla.

Cuando dices: «Voy a estar solo para mejorar», difícilmente mejoras, porque entras en un envoltorio preparado por entidades espirituales y con entidades presentes. Esas entidades, hijos amados, en su mayoría son entidades sombrías; ellas necesitan apartarte, separarte de tu consejero, de tu amigo, de tu grupo, de donde vives; separarte de aquellos que podrían argumentar contigo, o que podrían mostrar una nueva cara a la situación que se te presenta difícil, o compleja. Solo, eres presa fácil en las manos de esa telaraña planeada por seres calculistas, fríos... que preparan realmente tu caída.

*****

Esta es la traducción intelectual, científica, moderna, contemporánea, de los llamados temores de los antiguos talismanes.

Allan Kardec esclarece a través de los espíritus esa cuestión de los talismanes y del miedo que provocan; indica que es inútil ese miedo, porque el talismán no hace nada por sí mismo. ¡Claro que no! Pero, cuando tú, a través de un objeto entras en su emisión energética, estás cohabitando, viviendo con innúmeras gotas de pensamientos, innúmeras formas; ¡un océano de energía de aquel mismo tenor! Supongamos que te encuentras colérico e iracundo... Que has sido ultrajado en tus sentimientos más viriles, más dignos. Y sientes, en aquel arrebato de venganza, una voluntad inmensa de hacer valer tus valores, tu verdad, tus opiniones. Está claro que en ese momento, si tuvieras un objeto y transportaras toda esa energía hacia ese objeto, él se encontraría con esa carga energética; y si otra persona lo tocara, entraría en aquel campo, si ella creyera en esto, se contaminaría.

El hombre es el conjunto de sus creencias y el conjunto de sus credibilidades.

¿Qué es una credibilidad, una creencia?. ¡Es aquello a lo que doy crédito!

Das crédito a A, B, C, D... Voy a dar crédito a los Espíritus Amigos. O sea, voy a dar un voto de confianza. Yo también participo, abro mi corazón para que aquello se adentre en el recinto íntimo de mi alma.

Verdad esencial, hijos míos: no estamos solos.

Estamos bien acompañados o mal acompañados. Nunca estamos solamente acompañados, ¿cierto? Jamás solamente acompañados. No es posible la neutralidad. Cuando anunciamos ciertas decisiones de vida, estamos tomando esa decisión con una red implicada de almas que son afines con nosotros.

Por eso, a veces, resulta tan difícil abdicar de ciertas decisiones tomadas, o declinar ciertas decisiones. Generalmente, cuando una persona toma una decisión que le contraría y contraría a mucha gente, tiene vergüenza de admitir el cambio de esa decisión, y, a veces permanece en esa decisión, agravándose a sí misma, solo por el orgullo... Porque no tiene la humildad de volver atrás en la decisión que tomó, incluso cuando supone y constata que está errada, o que va a perjudicarse...

*****

Queridos hijos, a través de esa artimaña del orgullo exacerbado, las almas oscurecidas, sombrías, van dominándonos, retirándonos de la paz y de las venturas que tanto ansiamos.

¡Hijos, no hay energía más densa, volátil, e intensa dentro de nosotros, que ese deseo intenso de ser feliz! Todos traemos ese deseo intensísimo de felicidad. Pero parece que cuanto más deseamos ese estado de plenitud, más nos apartamos de él, porque no estamos atentos a estas peculiaridades, a esos matices de la realidad.

¡Apenas es mediodía, Sol claro. Aún en pleno mediodía, Sol claro, si tuviera un árbol muy frondoso frente a mí, yo no vería la claridad. Si tuviera cuatro paredes también continuaría oscuro a mediodía... Entonces siempre estoy rodeado... puedo estar rodeado de espíritus evolucionados, que me proporcionan la visión de mediodía, porque me respetan y están en un proceso de respeto ya interiorizado... Entonces, no podré

3.ª Palabra amiga - Síntomas

acceder a aquel mediodía, no podré verlo, porque estaré invadido por las ansiedades.

*****

¿Qué es lo que os preocupa?, decid amigos míos, ¿Qué es lo que os preocupa? Qué es lo que os ocupa antes de que ocurra? ¡Aquel algo generalmente indeseable que aún no ocurrió! Miedo de que no ocurra lo que desearíamos. La idea ocupa el espacio donde algo podría existir: he aquí la preocupación; ¡ella va construyendo una caja mental, un andamiaje energético, que hace que ocurra lo que tal vez no fuese a ocurrir! ¡Es parte de la estrategia de las sombras y de las entidades sombrías, colocar e inocular determinados tipos de ideas en nuestra mente! Y el ser va pensando y dando vida mental a aquella idea. Comparte con un amigo menos noble y esa persona ya concuerda con ella, al revés de meditar que puede ser una inoculación, un virus... un virus astral, un virus de pensamiento inoculado, puede no ser nada real; ella comparte sin meditar la validez de esa idea, y se vuelve más una masa mental. Además de eso, decenas de entidades que inocularon ese virus permanecen allí al lado. Ya tenemos una asamblea de espíritus pensando la misma cosa. Entonces aquella emisión se materializa, porque lo que pensamos acontece. Lo que pensamos es materia aún en términos energéticos, que condensamos independientemente de la cantidad, ¡como nube acumulada al caer las lluvias! No era para que ocurriera. ¡Hiciste que ocurriera porque no estás precavido contra el poder de tu mente!

¡Amados hijos, en nombre de Dios, estamos en el fin de un tiempo y de una cultura de dos mil años que ya nos llama la atención hacia el poder de nuestra mente, hacia nuestro poder mental!

Muchas cosas no sucederían en nuestra vida. Muchas tragedias, muchas discusiones y disfunciones, muchas enemistades... Si hiciésemos ese aprendizaje y tuviésemos esa concepción del pensamiento como energía.

*****

Las sombras, entonces, para que nos encontremos solos con nuestros pensamientos —jamás estamos solos— nos dan la ilusión de que estamos realmente solos, y nos apartan de aquellos que podrían traer ponderación, podrían suavizar aquella situación, podrían parar: ¡no! Espera... Saca esta leña ardiente de este fogón. Quemarás la comida. No es así. Retira, no es este el momento... Pondera, puede no ser nada de esto... ¡Y alejan a una persona de la otra para que las dos jamás se encuentren, por si acaso encuentran esclarecimiento una con la otra!

Esta es la técnica y la táctica de las sombras, para que te aísles, para que no ganes paz íntima y seas presa fácil de esas emisiones mentales inoculadas. Tú no las compartes con tu prójimo, no las colocas fuera y tomas decisiones solo, ¡es una gran equivocación!

Queridos hijos, cuántas separaciones. Inmensas separaciones de matrimonios que se amaban. ¿Cuántos noviazgos cortados, así? Prometedoras almas que tenían contratos inmensos. Contratos, promesas de amor y de cumplimiento kármico entre sí... ¡Cuántos matrimonios deshechos por celos inoculados, mentiras terribles! ¡Pero la esposa que ignora todo esto, va acogiendo aquella sugestión, cada vez más, y aquello va sucediendo! La pareja, el marido, o la mujer también van tomando de aquellas emisiones o sugestiones inferiores. Entidades perversas van aumentándolas, intensificándolas; y aquella sugestión se vuelve realidad en aquel hogar, en el seno de aquella familia.

Desconfiar, mis amados hijos, es la base, el lugar propicio para dar lugar a la destrucción... ¡Para construir la destrucción! Plantar el desplante del afecto, de la fraternidad y de la comunidad... La desconfianza no es así: *estoy desconfiando*, es así: un pensamiento que se inoculó en tu cabeza. Aquella persona salió y emitiste una sentencia sobre ella. Y si te parases para hacer una oración, para orar, para pedir socorro, o llegases a aquella persona: escucha, me pasó esto por la cabeza... Por los ojos sabrás si aquello es una percepción real, una invención o una emisión mental energética que herirá, o será un dardo enviado a aquella alma. Y el enemigo que está allí a la espera —porque las moscas solo merodean lugares fétidos, sucios; cuando hay una emisión de pensamiento negativo, se ensucia el alma y las moscas, que son elementos que se posan y viven de esas suciedades, de esas infecciones, vienen—; estas entidades, entonces, tienen acceso a nosotros.

*****

La palabra de esta noche, amados hijos, nuestro encuentro de este viernes, es esta clase, esta educación del espíritu para la mente: ¡eduquemos la mente, eduquemos el pensar!

¡Salgamos de aquí hoy, construyendo en nosotros esa desconfianza de la confianza!

Desconfiemos cuando confiamos que aquella emisión es real. ¡Es un microbio exterior inoculado en el alma! ¡Un microbio de la disensión!

!Un microbio de la separación! Y él va a desenvolverse, e irás a desentenderte con alguien y separarte.

La obra de la sombra es la separación, el aislamiento. ¡Jamás reunión, comunidad, fraternidad, danza, unión, abrazos o nupcias! ¡Las Bodas de Canaán! ¡Nupcias!, ¡Jesús… Nupcias, casamiento! Es unión. Frutos, hijos. ¡Es crecimiento, pone la mano y crece! Él prolifera, tierra fértil. ¡Es casamiento, confianza, amor!

Todo esto no está cuando nuestra mente está llena de dudas, de desgarramientos y desconfianzas. Entonces basta que aquella amiga —que algunos años fue tu amiga— llegue, y comienzas a pensar algo negativo sobre ella. ¡Alguien inoculó aquel pensamiento! ¿Es verdad, no es verdad… lo que te interesa es o no es verdad? ¡Basura! ¡Pones un basurero dentro de tu organismo!

*****

Hijos, tomad la decisión: ¡no, no quiero basura! No dejéis que nadie llegue a vuestros oídos y que os cuente algo sucio de otro. Decid:

—Yo no soy el basurero; el basurero pasa a las cinco de la mañana, a las cuatro de la tarde… No soy basurero. No quiero esa basura para mis oídos, no quiero a mi alma agarrada a esa basura… ¡porque contamina!

¡Oyes aquel hablar inferior y cuando encuentras a aquella persona, ya tomas ante ella una cierta prevención!

¿Qué es prevenir una dolencia? ¿Es impedir que ella ocurra?

Pero aquí, estamos haciendo la prevención del afecto, la prevención de la amistad, las prevenciones de la confianza. ¡Estamos previniendo para que el afecto no ocurra, para que la confianza no se establezca, para que el amor no suceda y salve al planeta y a todos nosotros juntos!

—¡Mira, estoy previniéndote… —dice aquella voz insidiosa y preocupada. ¡Oh, qué voz terrible!

—¡No, no estás previniendo, estás intoxicándome!

¡Aquella persona es capaz de traicionarme, o traicionar, engañar…!

¡Solo me traicionará si soy traicionable, o sea, solo me sucederá aquello que Dios permita que me suceda!

¡Y conviviré con los ladrones, con los mentirosos, con los asesinos, con los proxenetas, con los mercaderes del templo, y conviviré con toda la humanidad, porque un día todos seremos ángeles… centelleantes esferas vivas de amor en medio del cosmos absoluto de Dios! ¡Este es el fin de toda vida! ¡Y si por ahora la sombra progresa, y si yo veo el tallo del lirio dentro del pantano, esto no me da el derecho de imaginar que ese lirio jamás nacerá!, o de condenarlo a la vida fétida del interior del pantano.

*****

¡Amados, coged sabiduría de esto! ¡Educad vuestros sentidos para eso! Esa es la verdadera educación: escuela del alma ¡Educación! Porque te levantarás mañana, encontrarás a tu colega que hablará de tu amigo... «¡No! ¡Habla con él mismo! Esto solo le interesa a él. ¡Decide con él!» ¡Porque en el momento en que hablas de alguien, a espaldas de alguien, esa energía hace que participes del robo! ¡Es un saqueo afectivo! ¡Robaste del otro el derecho a la verdad! ¡Te tornaste ladrón, bajaste tu patrón vibratorio! Y allí tu día está deshecho, y las angustias visitan tu corazón. Te encuentras triste, sombrío. No puede ser así. Jamás seremos felices así.

¡En los mundos superiores y felices, en los mundos ya de regeneración, el primer paso en la educación del alma son los oídos... y la boca, la lengua... ¡La palabra! ¡Tanto la que sale de la boca, como la que entra también por mis oídos!

¡Puedo, amados hijos, controlar también mis oídos. ¡No quiero oír esto! Podemos decir a una persona, sanar su locura, su preocupación, y su prevención:

—¡No quiero oír esto!
—Es tal persona.
—¡No tengo, no tengo tiempo para esto! ¡No podré ayudarte en esto!
—Ah, tal persona está con un problema.
—¡Recemos por ella! Vamos a emitir buenos fluidos para sacarla de esto.

¡Pero hacemos lo opuesto! ¡El obsesor de aquel ser necesita de un número considerable de médiums, médiums de energización, a veces incluso para matar! ¡Programar un accidente por ejemplo!

Hay una historia terrible: un grupo de amigos que al salir de la vida en la materia, subieron a las colonias espirituales y se encontraron extrañados cuando vieron el número considerable de asesinatos que había en sus fichas. «¿Pero cómo? ¡No matamos a nadie!».

Y fueron llevados para las pantallas de revisión mental; en ella constaba que en una reencarnación, reunidos, habían aportado masa mental y participado así de decenas de asesinatos; con aquella energía emitida hablando juntos, principalmente de forma colectiva. Cuando estás con dos, tres, cuatro, cinco amigos, aquella energía mental creada, es llevada por las sombras, y forma parte de estrategias de suicidio, estrategias de enloquecimiento, estrategias de retirada de seres que tenían proyectos, a veces ampliados, de vida en la tierra.[1]

*****

Eduquémonos en esta doctrina de amor.

¡Conozcamos esta doctrina que nos revela la importancia de nuestro crecimiento en la percepción de que la harina de maíz, hijos míos, no es el pastel de maíz... Que el trigo no es el pan! ¡Amados, es importante percatarnos de que existe, entre la obra y la materia prima de la obra, alguien que la hace. Y se llama trabajo, y este trabajo es energía, y esta energía, eres tú!

Mi amado amigo, mi amada amiga, mis amigos aquí presentes en esta sala... ¡El pan no saldrá si no coges el trigo, lo amasas y lo transformas... transforma la harina; él no vendrá a través de teletransporte hasta tu mesa; es preciso transformar la harina en pan, ponerlo en el horno y servirlo a la mesa!

¡Ese trabajo, esa labor, es tu creación!

Por tanto, que todos os concienciéis de la importancia de vuestras obras o acciones en el bien y en el mal. Para que no os convirtáis en el talismán de la tristeza, de la muerte, del desencanto y del desengaño en la vida de nadie.

Para que no te conviertas en un talismán de sombras, de llanto y de lágrimas, o sea que cuando alguien te vea, huya y se entristezca; cuando alguien diga tu nombre, seas sinónimo de perturbación y fracaso.

Que no seas un talismán de tristezas, sino un administrador de esperanzas y de vida.

¡Buenas noches! ¡Que Dios nos bendiga y nos guarde! Preparémonos para cantar esta oración del padrenuestro, bella y maravillosa.

Y así, en esta educación, hombre educando a hombre, lo invisible educando a lo visible, la materia al espíritu, el espíritu a la materia; en ese abrazo familiar, espírita cristiano, estamos construyendo despacio nuestro mundo mejor. Y ya colocándonos en las listas e hileras de las reencarnaciones en mundos de recuperación y felices.

Haced vuestras historias. ¡Escribid con vuestras manos, con vuestras tintas! Eres un talismán de Dios en la Tierra, la imagen de algo bueno y hermoso. ¡Eres la obra del Creador!

---

1 El auditorio se queda en silencio.

Cantemos el padrenuestro con ardor… ¡Y que esta lluvia fértil nos traiga luz!

Gracias, amados amigos. No nos apartemos, reunámonos cada vez más, estrategia de amor, comunión… Comulguemos ahora pues la hostia del cántico…

«Padre nuestro, que estás en los cielos…»

Celina

Cántico 26
Plegaria de la transformación

Vamos entonces a las despedidas. Con alegría y paz, muchos sonriendo... Hijos, está todo dicho con tanta grandeza, que solo resta colocarnos en esta mesa y tomarnos esta cena de palabras y bendiciones, esclarecedor mensaje.

Tomemos hoy la decisión acertada de cambiarnos el hábito de hablar, y pensar, entendiendo que nuestro pensamiento es acción que transforma el trigo de la tolerancia en el pan de la vida; o el trigo del amor en el pan del afecto; o el trigo de la fraternidad en el pan de la solidaridad.

Nuestro pensamiento y nuestras emisiones mentales son las manos de Dios retirando del trigal todo el alimento que va a bendecir la vida o no bendecir, caso de que entremos en el campo de los trigos de las maldades y de las sombras, y recojamos de ahí el trigo taciturno de la desconfianza, del miedo, de la envidia y de los celos...Y no amasemos el pan de la discordia y de la separación, o el pan de la desventura, del dolor, de la avaricia y de la traición.

¡Ve, el trigo no es el pan!

¡Qué cosa tan hermosa! ¡Qué lección tan maravillosa! Guardemos esto dentro de nosotros hoy... Ni consigo orar hoy a Jesús, porque este enunciado, esta palabra tomó mi alma y me dejó parada.

¡El trigo no es el pan!

¡Dios nos da todo el alimento, la obra es nuestra, nuestra responsabilidad!

Oremos entonces a Jesús:

—¡Jesús, que yo pueda mirar los trigos de tu mansedumbre, mirar los campos de mi Dios, con los trigos de la ternura amiga y de la verdad. Y que yo pueda, Jesús, tener fuerza para cocinarlos de estrellas y bendiciones. Transformar este trigo de la amistad en el pan de la confianza, y alimentar a mi familia y a mí misma, para que, los días dados por Dios, Jesús, sean vida, sean vivos, sean belleza y bondad!

¡Que Dios nos guarde! ¡Buenas noches! ¡Leed, releed, mirad nuevamente todas estas palabras, estudiad! Como el jardinero se inclina sobre aquel pedacito de tierra, inclinaos y regad, cultivad, volved, mirad… ¡Recordad: el trigo no es el pan! Y esas enseñanzas son los campos de trigo. Pero, para que ellos se transformen en pan de la vida en tu alma, es necesario estar con él, amasarlo y moverlo, trabajar sobre él con ahínco y continuidad.

Bendita escuela Emmanuel, que Jesús nos proteja en esta Casa de Eurípedes.

Buenas noches. Un gran beso en el corazoncito de todos.

¡Cantemos a María!

Hermano Lázaro y nuestro hermano pequeño, Luiz Otávio; perdón, nuestro gran Luiz Otávio, recibe nuestro beso; trabajemos con amor.

¡Ana! Cantemos a María…

Érase una vez un hombre que se despertó por la mañana, dio la mano a Jesús y pasó el día con Él, como quien pasa el día con un amigo muy íntimo. Se levantó y se sentó a la mesa e imaginó a Jesús a su lado. Cogió el pan, la leche, recibió a la esposa y a los hijos. Solo él veía a Jesús a su lado, quería contarlo y no podía, no lo conseguía; salió a la calle, vio a sus amigos y a Jesús a su lado.

Imagina a alguien contando esa historia

Imagínate contando esa historia.

Jesús en la casa de Marta y Maria, Paul Gustave Doré.

Tratamiento
Cuarta palabra amiga

Reforma íntima

¡El amor: el amor entre los hombres!
BN 10 - 22/08/1997

He aquí que se hace silencio en medio de la noche. He aquí que se hace silencio en medio de nuestra alma. He aquí que se hace silencio en la noche de nuestra alma. He aquí que se hace silencio para que, definitivamente, yo pueda oírte, mi Dios. Por primera vez, en medio del vocerío que toma cuenta de mí, ¡he aquí que se hace el silencio!

Los días y las horas pasan durante la semana; las semanas pasan en el curso de los meses; los meses pasan a lo largo del año; los años pasan en la eternidad; las voces múltiples de los deseos sacuden y estremecen el espíritu, arrastrándolo ahora aquí, ahora allí, como si fuese paja al viento.
He aquí que se hace silencio, ¡por primera vez, en medio de mi alma!...
¡Oh, Dios mío!, las voces cesan, las múltiples voces que me llaman en direcciones a veces opuestas, y que desgarran mi piel íntima, porque ¿cómo puedo mirar al cielo queriendo mirar la tierra? ¿Cómo mirar con mis dos ojos, uno hacia las estrellas y el otro en dirección a los pantanos?
Mis dos ojos miran en la misma dirección. Tengo la ilusión de que miro las estrellas, pero en verdad estoy mirando los pantanos, oyendo las voces seductoras de la materia, limitado y confinado en su prisión...
Toda materia sin espiritualización, sin movimiento espiritual, sin un algo de divinidad, es como si fuera un cadáver, es como si fuera una flor fuera del cáliz y el cáliz fuera del tallo y el tallo fuera de la raíz y la raíz fuera de la tierra.

*****

La materia nace permeable, entrelazada, unida a esa esencia, quintaesencia, halo universal, fluido ininterrumpido de vida divina. Pero las voces de la materia muerta y los cadáveres se asoman vivos y danzan como fantasmas frente a mí, y yo me arrastro y me dejo guiar por ellos. Por eso me entristezco, por eso los dolores nunca cesan y este planeta, el planeta Tierra, este lugar, este hábitat, tan originalmente bello y azulado creado por Dios, no gana su condición de regeneración.

Este nuestro hábitat, la Tierra, continúa en su condición de un planeta donde los hombres aún luchan entre sí, y aún no luchan para volverse más humanos, más fértiles de ternura, más unidos, como los dos ojos en la cara mirando las estrellas que centellean en el cielo, en la noche.

*****

¡Hermanos amados, buenas noches! En este viernes iniciamos esta lección, trayendo esa verdad simple, pero difícil de ser escuchada por nuestros oídos porque esa verdad es la música de la materia muerta, no de la materia viva o vivida; he aquí que esa materia es como un elocuente movimiento arrastrándonos, como si un batallón de fuerzas redujera nuestra voluntad del bien a la nada y nos arrastrase para ese cántico mortal.

Hablamos de las voces del instinto, hablamos de las voces de los deseos sensuales, hablamos de las voces de los deseos hasta incluso los espirituales, hablamos de las voces que piensan únicamente en sí, que se colocan como el eje del universo, como el centro de la Tierra, el centro del mundo, el centro del movimiento, del propio movimiento del movimiento de las cosas.

Apenas tenemos noticias de Dios porque nadie jamás lo vio. Dios se manifiesta y habla en las cosas creadas, pero un padre cuando ve a su hijo reducido a la supervivencia animal, llora por ese hijo. Porque un padre crea al hijo para la grandeza mayor, para la grandeza espiritual, para la grandeza afectiva, para la grandeza humanitaria y social. Un hijo es, en verdad, la nostalgia de la especie. Un hijo es la utopía que un alma soñó, pero no consiguió realizar.

Todos somos hijos: proyecto de amor de un ser que reencarnó y soñó para nosotros lo mejor y lo más grande. Pero permanecemos allí, avariciosos presos de los apetitos inmediatos de la resolución de la vida y olvidamos que comer, dormir, trabajar; no son gestos suficientes. No son gestos que nos hacen felices, porque si lo fueran, todos los que trabajan, duermen y comen serían felices. Todos los que tienen su mesa abastecida, todos los que tienen su campo sembrado y su granero lleno, serían felices.

*****

La felicidad está más allá de la posesión o de la propiedad colectiva o privada. La felicidad no está entre las cercas ni en las cosas que yo retengo con mis dos manos; como las estrellas que miro en el cielo no están en mis ojos, por más que yo las mire. La felicidad está, hermanos amados, cuando yo me vuelvo una estrella centelleando junto a las estrellas.

En ese sentido humano, igualitario y fraterno, yo me encuentro en la santa paz de Dios. Esa es la santa paz de Dios, no hay codicia. La codicia es la madre de los vicios excelsos. Es la que nos aparta de lo más sagrado de nuestro corazón, que es el sentimiento de hermandad.

Sin embargo pienso en el hombre como mi enemigo. Alocadamente, pienso que no dependo de él para existir. Enfermizos, proseguimos en el estado de infelicidad. Nacen las dolencias. Por eso venimos hablando de forma continuada en nuestras comunicaciones espirituales, para alertar de que es esencial la reforma interior, la reforma íntima, el cambio del alma. Sin esos pasos, ese padre que soñó para su hijo la grandeza moral, la grandeza filosófica, la grandeza espiritual, llorará, derramará lágrimas al ver a su hijo sujeto a la pequeñez humana, sujeto a la mendicidad moral, afectiva y espiritual.

*****

Los hombres son nuestros amigos y hermanos. Así el Padre nos hizo a todos.

Hoy aquí, en nuestro encuentro espiritual, en este momento de plegaria, de oración estamos recibiendo una oportunidad de repensar la vida, una oportunidad de pararnos y detenernos de la prisa con que veníamos caminando.

Hay tiempo para todo. Deja que el silencio se haga en lo íntimo de tu corazón, silencia esas voces que te arrastran de aquí para allí, pues cuando miras, la vida pasó, la vejez llegó, y los días no fueron vividos ni percibidos como días de presencia divina, días en que los ángeles estuvieran presentes con nosotros en nuestra cena esencial de respirar; alimentarse y despertarse.

Nuestros párpados se abrieron, nuestros ojos vieron la luz. Es una cena, es un alimento. Vamos a sensibilizar un poco más nuestra voluntad, nuestras sensaciones. Levantémonos del suelo, salgamos de este estado casi animal.

Dejemos, hermanos amados, de ser como aquel mono que imita y salta de rama en rama y de árbol en árbol saboreando los frutos, llenando

4.ª Palabra amiga - Tratamiento

su estómago y después, cuando está lleno, cambia de árbol. Una migración de insatisfechas voluntades se van estableciendo en los días de la vida; van sacrificando la vida. Descendamos de ese árbol, andemos por el suelo. Somos un árbol: nuestros pies pueden ser raíces, nuestros ojos pueden ser la copa del árbol, nuestra obra puede ser los frutos, flores y sombra para los que pasan.

*****

Podemos cumplir el sueño de nuestro Padre; podemos alegrar a nuestro Padre que está en el Cielo y por todas partes; podemos realizar en el día de hoy una grandeza, perdonando. Una grandeza podemos realizar hoy y ahora, olvidando una ofensa, compartiendo lo que poseo, abrigando a quien tiene frío, alimentando a quien tiene hambre ¡Ah!, ¡claro que puedo ser humano, un poco más cada día! No hay argumento que me diga que yo no puedo ¡No hay nada que me detenga a no ser yo mismo!

Mi alma ha escuchado en la gran noche las múltiples voces, pero no escucha el silencio que es una oración y que nos invita a estar enteros y llenos de la vida elaborada, dictada y creada por el Creador. Por el único, el gran salvador: ¡Dios nuestro Padre!

*****

La lección de la noche, esta noche, así cierra su palabra, dejando estas líneas pequeñitas. Es como si nuestra alma quisiera llorar a los pies de cada uno de los aquí presentes, para haceros recordar que hay alas en vuestros pies. ¡Por tanto, volad sobre vuestras miserias! ¡Creced sobre la pequeñez! Levantaos de ese sepulcro y ved la belleza que hay en cada uno, porque Dios os hizo depositándoos la savia esencial, única, maravillosa, que se llama vida, espíritu, llama eterna. No empobrezcáis vuestro tesoro, no tiréis arena sobre la piedra preciosa que lleváis dentro de vuestros corazones.

¡No os enterréis vivos! ¡No dejéis que os entierren vivos! No dejéis que esas voces os entierren y así, no podáis realizar vuestros sueños de cantar, danzar y hacer una obra, criar un hijo, hacer una comunidad, ser un hombre bueno, crear un hombre nuevo, con los vecinos, en el barrio, en la ciudad.

¡Esa es la revolución moral exigida para el siglo y por el tiempo!

Es solo esto: volverme mejor en mi jardín, para que mi jardín se encuentre con el próximo jardín y, dándonos las manos, hagamos una lluvia de soles y luces, alegrando al gran Creador de todas las cosas.

Cada uno aquí puede hacer su parte; nadie está mutilado, paralizado ¡Acordaos! Este es el mensaje de esta noche: *¡oh, espíritu, despierta de tu sueño!*

*****

Esta noche pasará y la mañana maravillosa estará brillando en el horizonte. Las aves vienen y cantan. La Luna brilla y baila en el cielo. Las voces de los hombres en fiesta corren y atraviesan el día. La belleza se esparce y se difunde. ¡Reunámonos para celebrarlo en esa comunión, en esa hostia viva, que en el cuerpo de Cristo, la sangre de Cristo, vive! Es esto lo que Él quería: llorar con los que lloran, danzar con los que danzan, alegrarse con los que se alegran. ¡Él apenas nos enseña a ser humanos y hermanos!

Ese es el sueño de Dios para nosotros. Solo es eso. Perdónanos la emoción... traigamos a Jesús, el dulce Rabí de Galilea, en nuestros corazones. Cuando Él oró al Padre, solo, en el monte de los Olivos, su cara bañada de lágrimas, por la soledad absoluta con que Él sabía que viviría su dolor, delimitó para siempre nuestra historia y dejó esa hostia maravillosa, ese cáliz sagrado que todos buscan y que está dentro de nuestro pecho, en el corazón de nuestra vida.

Ese es el cáliz en el que podremos guardar el líquido esencial de vida y para liberarnos de todo lo que nos enferma. ¡Paz al corazón de todos! Cantemos la oración en nombre de Él, para la nostalgia que traemos, por esa nostalgia tan grande de Él, esa nostalgia profunda del dulce Rabí, del dulce Nazareno que, con tanta grandeza, descendió hasta nosotros, para decir apenas esto:

«Ama a tu Dios sobre todas las cosas.»

Y el otro gran mandamiento:

«Y al prójimo como a ti mismo.»

Revierte el amor del Padre en el amor a tu prójimo, porque es así que el Padre, que está en el Cielo, lo ama.

¡He aquí el secreto, he aquí el gran misterio! Toda la palabra ya está dicha. Intentemos recordarla, intentemos ejercitarla y vivirla en nuestros días.

¡Cantemos juntos el Padrenuestro!

«Padre nuestro, que estás en los cielos...»

4.ª Palabra amiga - Tratamiento

El amor del ángel guardián

¡Sigamos esta paz, a este cuerpo de paz, Jesús!
BN 24 - 09/01/1998

La bienvenida de nuestros Ángeles. Mis muy estimados y amados, cómo podría expresar mi amor a cada criatura que está aquí dentro, sino llamándoos mis bien amados, como un mensaje sencillo de cada protector, de cada ángel guardián aquí presente, en el recinto de oración, ¡al lado de cada alma que aquí se adentró!

Y cada uno de los que aquí se adentró, tiene a su lado un espíritu que sonríe, incluso hasta llora, le envuelve amorosamente, le abraza y dice: «¡Buen año!».

*****

La oración es una experiencia del corazón.

Cada criatura que se adentró en el recinto esta noche recibió el abrazo de su protector espiritual, de su ángel guardián, de él recibió la oportunidad de una conciencia tranquila y feliz en este año que se inicia.

Esta es la oración del corazón, la experiencia del corazón: un abrazo, una conexión, un gesto silencioso… El año vendrá, en el sentido de los días que están por venir. Dios nos da, al inicio de cada año, la oportunidad de 365 días para rehacer todos nuestros sueños…

Estos 365 días dados por Dios nos enseñan que tenemos horas y más horas y más horas para recomenzar nuestro proyecto de vida, todo lo que trajimos de tantas y tantas vidas.

No somos apenas 20, 30, 40, 50, 60 años de vida. Somos millares de años organizados en una experiencia reencarnatoria, tenemos la bellísima oportunidad de reconstruir los destinos y de consolidar la vida de forma rica, amorosamente rica, fraternalmente rica, solidariamente rica.

Riqueza en el sentido de abundancia de ternura, en el sentido de abundancia de amor, en el sentido de abundancia de gestos de amor para con el prójimo.

Tenemos, entonces, 365 días para estar juntos, el ángel guardián y yo, unidos, abrazados en un proyecto de amor para la vida.

Si hasta ayer nuestra vida no era amorosa, no importa, ¡hoy puedo recomenzar!

Nunca olvidéis esto: por muy tenebrosa que haya sido la noche, ayer, ¡hoy es un nuevo día!

Mañana también será otro día.

*****

Y así, con Dios, tenemos el profundo concepto de eternidad: tenemos ante nosotros todo el tiempo del mundo, y eso significa tiempo... tiempo para recomenzar y transformar...

La vida no se limita al momento actual, en el cual, muchas veces, angustiado y deprimido por circunstancias hostiles, me veo abocado a actitudes que no me gustaría tener o que no imaginaba que aún existieran en mi corazón.

Son pruebas de nuestra vida, pruebas que el espíritu necesita pasar para, realmente, salir de esta encarnación con las virtudes consolidadas en lo más profundo de su carácter, en lo más profundo de la experiencia como principio vital, como principio inteligente, anímico, vivo, como criatura que Dios sopló y puso a andar, para prosperar y estar en el planeta.

Mis muy estimados y amados, como dice cada ángel guardián que entró aquí:

—¡Queridos, amados!

Cada uno aquí tiene mucho más que un espíritu interesado en su crecimiento, en su evolución. Un espíritu que está aquí, por ti. Un espíritu que, cuando caes, te agarra para levantarte. No, él no apuntará tu error, no hurgará en tu herida, no pondrá el dedo en la llaga: te levantará nuevamente y seguirás, y lo conseguirás: ¡seguirás con Dios! Él te lleva de la mano hasta que ya no experimentes nunca más ese territorio trágico y dramático del dolor.

Ese territorio, ese continente, quedará como una especie de prehistoria, como una especie de leyenda, como una especie de mito, como una especie de pasado, ¡mundo remoto de fábulas terribles!

*****

Hay mundos, mis hermanos amados, de los cuales aún no somos merecedores, mundos llamados felices, donde no hay oprimidos, donde no hay afligidos, donde no hay llagas. Y ya no hay espacio para el orgullo y la vanidad. Ya no existe el sistema de esclavitud o de sometimiento de un hombre por otro hombre, o de un hombre por él mismo, porque no hay mayor esclavitud que la que ejerce un hombre consigo mismo, hacia él y hacia su conciencia, preso, subyugado, oprimido con las esposas del orgullo y la vanidad.

Aferrados a un sistema de orgullo y vanidad, todo duele. La vida pierde encanto y belleza, el don de la vida pierde su esencia, todo oscurece. Se pierde la mirada y no se ve la grandeza del Sol de la mañana.

Se pierde el corazón y no se siente la vibración de Dios resonando en la existencia misma de las cosas dispuestas en el paisaje, en su existencia pura y simple. Se pierde, en fin, el motor esencial de la vida, que es la propia vida.

Esclavizada y aferrada a la vanidad —como un alma a la picota— allí se azota, se martiriza, es una especie de capataz de sí misma. La conciencia se convierte en latigazos dentro de tu vida, que no te permiten alcanzar la paz, no te permiten el bálsamo de la paz. Las manillas más crueles son las de la conciencia culpable, porque no hay cómo arrancarlas.

Vivir en la verdad... vivir en verdad. Esos son los cánticos de la criatura, del hermano Sol y de la hermana Luna, del hermano pájaro, de la hermana agua. Ser lo que se es. Cristalina presencia. Y así estamos en el Reino de Dios.

*****

¡Buenas noches a todos! Con la paz de nuestro Señor Jesús, un himno, una música de sabiduría para guiarnos. Vamos con la paz de un himno de amor —esa luz encarnada en la música, que se hizo carne; en el poema, que se hizo vestidura material, en un himno de sabiduría inmenso que tomó cuerpo y anduvo por el planeta— sigamos esta paz, a este cuerpo de paz, ¡Jesús! Llevémosle con nosotros, renacido, para que en estos 365 días Él dance, baile, cohabite, nos dé la mano, nos abrace, nos acaricie, nos guíe, porque Él dice:

—Yo soy el camino, la verdad y la vida, nadie va al Padre sino a través de mí.

El Padre es felicidad, armonía y paz.

¿Quién no quiere ir al Padre?

Todos nosotros, criaturas, queremos ir a la matriz generadora de nuestra perfección, de nuestra grandeza. Preparémonos amados hermanos, para la oración del Padrenuestro. Olvidémonos de las angustias, porque luego entraremos en el pase, en la sala de cura, en la orientación espiritual. No cambiaremos las cosas hoy, mañana, ni después; tenemos 365 días, tres mil días, tres millones de días. *Dios es eternidad. Lo importante es comenzar.*

Comencemos hoy, vamos a dar las manos a Cristo y a ese ángel guardián que vino a recibirnos para el año, besó nuestro rostro, nos acarició en lo más profundo, se abrazó a nosotros, con ese amor, con tanta nostalgia.

Somos acompañados por seres que nos aman con un amor tal cual Cristo nos amó. Seres que irían hasta la muerte por nosotros. Seres que no dudarían en caer en nuestro lugar, morir en nuestro lugar, herirse en nuestro lugar. Pero ellos no pueden. Es nuestra hora de aprender, de caer, de ser heridos, de crecer, de renacer. Pero ellos están aquí con nosotros, ayudándonos a cargar la cruz. Soplan con fuerza, acordamos y proseguimos, aunque sea con los ojos en lágrimas, ¡proseguimos! ¡Son nuestros protectores!

Bien amados protectores que en Cristo Rey, en Cristo Santísimo tienen la divina misión de asistirnos, de guiarnos y de esperarnos con los brazos abiertos hasta el fin de nuestra jornada. Como el ángel que acompañó a Tobías en la travesía del desierto, él solo se dio a conocer a la llegada. Al llegar, le veremos con los brazos abiertos, luz, pura luz, abrazándonos... llama incandescente de amor eterno.

Este es el Reino.

Cantemos el Padrenuestro. Cantemos juntos, lentamente, serenamente, dejando salir de nosotros esta oración, como si la recitásemos, como una música profunda para el Padre de todos, volviéndonos hermanos, hoy, en esta cena sacramental de puro amor, de pura devoción.

«Padre nuestro que estás en los cielos...»

Líbranos de esa pequeñez que hace que nuestros ojos no vean tu grandeza, tu excelsa grandeza y bondad que se derrama en vida, en paz, en armonía y cura, sobre todos nosotros, todos los días.

Que tengamos abundancia de ternura, hartura de generosidad.

Que en la despensa del palacio íntimo de nuestra alma y de la casa interior de nuestra moral, en las estanterías, sobre el kilo de la caridad, la lata donde guardamos el azúcar de la dulzura, de las palabras dulces que debemos dirigir al prójimo todos los días de nuestra vida.

4.ª Palabra amiga - Tratamiento

Mucha paz y que Jesús nos bendiga.

Sin música, hagamos el Padrenuestro desde el fondo de nuestro corazón, en esta noche.

«Padre nuestro, que estás en los cielos…»

Isaías, Paul Gustave Doré.

Oración
Quinta palabra amiga

La oración viva

La oración viva: en verdad, hablar a Dios
BN 6 - 11/07/1997

Así, con nuestro corazón enternecido, y sintiendo dentro de nosotros esa vibración que desciende a través de nuestra hermandad, sintiendo esa vibración que va en este momento a reunirnos y atarnos, ¡como una cinta ata las flores esparcidas al viento!...

¡En este momento, una fuerza o un hálito pasa por nosotros! Sintámonos abrazados por ese halo: nuestro protector, el ángel de la guarda. Sintámonos anclados, fuertemente contenidos en la lección de la noche, en esta nuestra palabra amiga.

Esta noche dejemos para atrás nuestra historia triste de abandono, nuestra historia de orfandad.

Sintamos en nosotros como si una vibración nos tocase, labios invisibles nos besasen, brazos que no vemos nos acariciasen, sonidos que no oímos nos susurrasen, cantando, a nuestro íntimo y a nuestra alma, la palabra de amor eterno...

*****

Como si los vientos nos dijesen: «*¡Hijo mío, hija mía, yo os amo!*».

¿Estás solo? ¿Nadie te da la mano? ¿Nadie te comprende? ¿Tu soledad es terrible? ¿El dolor va más allá de lo soportable? ¿El camino te cansó y tus hombros se doblaron? ¿Tus ojos están pálidos y húmedos? ¿Tu corazón ya no late alegremente?

Es hora entonces, de que sientas que hay algo que debe cambiar en tu vida. Es la hora en la que debes parar tus pasos para oír, más allá de la materia, la voz suave de su amor, aquel que jamás te abandonó en ningún momento, aquel que estuvo contigo antes de que descendieras a la Tierra, aquel que contigo, allí en el Cielo, en las colonias espirituales y en los mundos mayores, ¡planeó tu viaje reencarnatorio!

¡Él nunca se olvidó de ti!

¡Él está en este momento, a tu lado! Es Él quien te sustenta en las horas de dificultad. Es Él quien te abraza en las horas en que piensas y sientes que llegaste al límite de lo soportable.

Sí, a veces sentimos que estamos en el límite de lo que podemos soportar…Es imposible caminar, ¡pero, aún más, imposible permanecer! ¡Estamos en el límite de lo posible!...

Aquella situación se prolongó a lo largo de décadas; aquella situación no se resuelve y yo me siento desfallecido e impotente. Es en esta hora, hijos amados, ¡que podemos sentir y ver la mano de Dios sobre nosotros!

¡Sentir, percibir y seguir!

Pero lo de sentir y percibir, hijos amados, nosotros podremos comprobarlo. Comprobarlo a través de la cura, a través del testimonio, a través de los cambios de las cosas en nuestra vida, a través de una rotación… Como si nuestra vida girase, como si del vino se vertiese agua, como si la piedra diera pan, como si la espina diera una flor, nosotros sentimos el cambio de aquella situación límite en el momento en que decimos: «Padre, yo no soporto más este dolor. Padre yo no soporto más caminar con esta espina. ¡Padre, yo no soporto más esta prisión!».

¡Pero es necesario decir eso, hijos amados! ¡Es sinceramente necesario decir eso, desde el fondo de nuestro corazón! La plegaria tiene que tener esa cualidad.

¡Es necesario llegar a este umbral, porque ese es el umbral de la verdad! ¡Y en ese umbral de la verdad, el Padre nos escucha, el Gran Invisible responde, resuena, dialoga con la oración! ¡En este momento, hice una oración! ¡Esta es la verdadera oración!

Es cuando ella es sentida aquí, dentro del pecho, y sale de nuestra alma como un grito atravesando la noche, o el día, o las horas de nuestro desierto.

*****

Muchas veces, oramos hacia dentro. Desfallecidos, nos rebelamos en una oración nefasta, ¡una oración terrible de muerte!

Enfermamos, enloquecemos, nos suicidamos negando aquella prueba expiatoria, negando aquella cruz que está a nuestro lado, que es un hijo problemático, un marido que aún no comprendió los designios bellísimos de la fidelidad, o una mujer que aún no comprendió los designios amantísimos de la lealtad...

Por no conseguir esa verdad delante de Dios, nosotros, en nuestro orgullo, enfermamos el espíritu o el cuerpo. Entramos en llanto convulsivo. Entramos en lamento infinito, en lamentación revoltosa, a pesar de disfrazarla; y, aquí y allí, ¡vamos envenenando nuestros días y los días de quien nos rodea y los días próximos de quien está próximo a nosotros!

Hacemos eso en vez de callarnos delante de aquella prueba, en vez de dilucidar en la conciencia de nuestra alma que aquella prueba nace justamente, porque es la cosecha de nuestra siembra. *¡Esa prueba fui yo quien la diseñé, quien la proyecté, quien la planté!*

En vez de asumir la responsabilidad en ese destino, delante del cual me encuentro, huyo, cobardemente; me escondo. Al esconderme, pierdo la llave para abrir la puerta, permanezco preso en esa celda de la mentira y no tengo con qué salir... ¡porque la llave que podrá venir, de fuera hacia dentro, se llama verdad!

*****

Cuando no hay verdad...[1]

Por ejemplo, un plato sobre la mesa sin alimento: por mucho que juegue o finja que estoy comiendo en ese plato vacío, ¡no puedo salir saciado de esa cena! Yo saldré hambriento tal cual entré, ¡por más que yo haga toda la escena de que me estoy alimentando! Así es la oración sin verdad.

El vacío continuará en mi corazón y continuaré desgarrado, dividido, angustiado y continuaré arrojando al universo ¡mi angustia, mi dolor, mi espina!

Cuando decimos: «Arrojando al universo», estamos hablando sobre un espacio más allá, un palmo delante de la piel que cubre nuestro cuerpo. Aquí, a un palmo más allá de la nariz, del corazón, del brazo, el universo comienza.

Por cierto, pegado a nuestra piel, ¡el universo se expande!

*****

La oración hijos amados, es la oración que traemos hoy a vosotros y que puede reuniros como un lazo reúne pétalos esparcidos al viento.

La oración es un lazo que puede reunir a los distintos seres que cargamos dentro de nosotros, los distintos sentimientos que, muchas veces, afloran en nuestra alma durante el día, durante la semana, durante los

---

[1] La grabación del mensaje se interrumpe, con la consecuente pérdida del texto.

meses y los años que Dios nos da para vivir... Esa oración es la oración viva: *¡en verdad, hablar a Dios!*

*****

La oración es una seda clara, brillante, que va haciendo, tejiendo y recogiendo savias de luz en un haz unido, para que nosotros podamos vivir bien. ¡El dolor, la enfermedad, la muerte, nacen cuando ese lazo se deshace!

Así, esparcidos y enloquecidos, vamos decayendo, poco a poco, en enfermedades nerviosas, en enfermedades psíquicas, en enfermedades físicas, hasta que llegamos a la muerte y salimos de aquí hacia el umbral y ¡allí continúa el mismo desgarramiento!

El desgarramiento continúa porque esa cinta llamada oración, que nos reúne en un ramillete posible para tranquilizar la vida, si no está aquí en este momento, instalada en nuestra alma, no estará tampoco después de la muerte del cuerpo.

*****

La reencarnación es, en este momento, mi oportunidad de aprendizaje, ¡es mi mayor aprendizaje!, aprender Dios...

¡No, Él no está en las cartillas, en los libros, en las letras escritas!

Él está en la vida, en las páginas de la vida...

Él está en el libro de aquel momento en el cual yo me encuentro con el otro, cuando yo pongo en práctica las cosas en las que yo creo y en las cuales yo me reconozco: ¡lo que soy! ¡Porque yo no puedo hacer aquello que no soy!

¡La oración, hijos amados, puede llevar a cada uno de este recinto a salvarse, a curarse!

La palabra bien dicha, la palabra de amor, la palabra que evoca la petición de cura, la palabra que sabe perdonar, la palabra que sabe amar, esa palabra, saliendo del fondo de nuestro corazón, llega hasta el Gran Misterio; siembra.

Es una cuestión matemática. ¡Es un efecto material! *La palabra puede ser medida.* La energía emitida por nuestra alma, circula por el organismo y sale por los labios, alcanza al prójimo y reverbera, es una corriente eléctrica, hijos amados, es una corriente eléctrica que va circulando y va alcanzando a las personas, va alcanzando el corazón de las personas.

¡Nosotros estamos unidos en el lazo de esa oración!

*****

En vuestras casas, en vuestros hogares, reuniros y cuando os juntéis con vuestros familiares, acordaos de ese lazo y decid: «¡Voy hacer un lazo para reunir a mi alma y para que yo tenga pedazos de luz, floraciones de perfumes suaves para ofrecer a mi hogar, esta noche!».

Despertaré y también me adornaré con ese lazo en este día.

Andaré por las calles y entraré en mi trabajo y también estaré con esa cinta, con esa seda, con esa luz brillante que encierra en sí misma, el sentido de unidad y de unión, de comunión y hermandad, que reúne la gran palabra que iniciamos en la lección pasada,[1] ¡llamada familia!

*****

¿Queremos solucionar los problemas? ¿Queremos palabras y respuestas para los problemas familiares vividos? ¿Conyugales, filiales?

¡Olvidamos que la solución está, en primer lugar, en reconocer la palabra de Dios como el primer remedio para la solución de aquel conflicto, de aquel problema, de aquel desencuentro!

¿Hasta cuándo iremos a los médicos de la Tierra en busca de soluciones que no están allí?

¿Hasta cuándo caeremos en la mesa de cenar o del almuerzo comiendo hartamente, desordenadamente para engañarnos a nosotros mismos?

¿Hasta cuándo saldremos corriendo hacia las calles y avenidas?

¿Hasta cuándo aplazaremos nuestra lucha íntima, final y definitiva?

¡Dios es nuestro Padre y su palabra puede salvar, llenar la vida, iluminar el alma, llenarla de sentido! Y ese vacío que cargo puede ser sanado en este instante; y esa enfermedad que traigo puede terminar en este momento; este corazón sangrando en el pecho puede estancarse ahora, ya; y esta columna que no se yergue, que se dobla por el peso de las humillaciones que sufro, por el peso de los ataques que soporto, ¡puede, en este momento, erguirse!

Esa es la oración profunda que aprenderemos aquí, y continuaremos llevándola dentro de nosotros, y pasaremos los años de nuestras vidas, aprendiendo.

¡Aprenderemos a hablar la verdad a Dios!

¡Aprenderemos a hablar la verdad a nosotros mismos!

Aprenderemos que esa oración, ese lazo, no puede ser falso. No puedo simular que me alimento: mi estómago no se saciará si el alimento de la

---

1 Se refiere a la Buena Nueva 5 *En comunión*.

mesa fuera fantasía, si allí no estuvo realmente el pan para que mi cuerpo se sienta alimentado y sustentado.

*****

¡Hermanos amados, nuestro espíritu anda anémico! Nuestra vida espiritual está desnutrida. Nosotros estamos en una desnutrición crónica, profunda…como los bebés que nos encontramos por los barrios más pobres.

Así es el aura de cada uno de los que se adentran en el recinto, que aparece por primera vez; desnutridos, pero de una subnutrición dolorida, pues se flagelan de compasión y hacen llorar a Jesús… ¡El alimento cae al lado, se derrama, se pierde, enmohece! ¡Eso es un hambre causado por la pereza de alimentarse, por el descuido, por la mala voluntad!

El alimento está en la mesa: los campos de trigo de la oración de Dios, de la luz de los espíritus del bien, de la ayuda espiritual, caen sobre nosotros como una lluvia continua, como un río o un mar inmenso. Y nos quedamos indiferentes a esa gran siembra de amor, a ese gran campo de alimento… ¡Desnutridos y anémicos, vamos a la mengua y a la muerte espiritual!

Cadavéricas, escuálidas auras rayando una delgadez espiritual que llega a aquellas descritas en las zonas de hambre desesperadas, solo vistas en los grandes campos de concentración , solo vistas en los grandes campos de hambre de este globo terrestre…

*****

Hijos amados, esta descripción os puede asustar, pero esta es la verdad: no tenemos alimento espiritual en nosotros.

Al finalizar la lección de esta noche, tan solo media hora después, el conflicto volverá al alma. ¡La falta de fe se instalará en los corazones! ¡El desespero os cogerá de aquí a dos minutos! ¡La palabra grosera y la falta de delicadeza, de no compromiso, de egoísmo y orgullo, volverán a la estacada!

¡Esa es la verdad! ¡La oración tiene que salir de dentro de nosotros! Esa es la oración viva: *Dios Mío, aquí estoy yo, tu hijo hambriento. ¡Existe un pozo, yo paso cerca y no paro a tomar agua! ¡Quítame esta ceguera! Dame fuerzas para que yo me levante y me alimente de este pan sagrado que es Tu palabra de amor…*

¡Y que Tu amor caiga como estrella fugaz continua, de luces, sobre mi cabeza, sobre mi vida, sobre los días de mi vida!

*****

Que la paz del Señor de la vida acaricie nuestros corazones en un gran abrazo, en este momento.

Que la paz del Señor de la vida nos guarde en esa impresión sincera de lo que decimos a cada uno.

A partir de hoy, orad como quien tiene hambre. Hablad con Dios como quien gime. En el silencio de vuestros recintos y allí, en el fondo de vuestras almas, hablad con Dios como quien agoniza, y veréis que seréis atendidos.

¡Él escucha al hijo que habla con verdad!

¡Jamás en tiempo alguno, en la historia de la humanidad de este orbe y de los mundos de regeneración y felicidad, hubo una plegaria que no hubiera sido atendida *cuando realizada con esa esencia!*

Buenas noches, y que Dios nos guarde para siempre en su bondad, en su compasión y misericordia, porque de ella necesitamos en este instante...

¡Todos nosotros, toda la Tierra, toda expiación, toda prueba, todo dolor... necesitamos, Dios amado, de Vuestra grandeza!

¡Cantemos juntos!

«Padre nuestro, que estás en los cielos...»

5.ª Palabra Amiga - Oración

La poesía de la oración

¡Una semilla de los cielos cultivada en nuestro día a día!
BN 8 - 01/08/1997

Y así hermanos, con la gracia del buen Dios, con la gracia y alegría de esta noche, vamos a pasar a ese momento de oración y de introspección, como si nos adentrásemos en nosotros para oír otra voz.

Las voces se encuentran... ¡De lo invisible para lo visible y de lo visible para el Gran Invisible!

Esta celebración y esta música, significando lo que es amar, invaden así el gran espacio que está a nuestro alrededor. Es como si nuestra voz y nuestra garganta fuesen una especie de jardineros del amor y de la paz, sembrando tales vibraciones en el espacio invisible, o en el espacio que llamamos el umbral, lugar entre lo visible y lo invisible, delicado pasaje entre lo que se ve y lo que no se ve, entre lo que existe materialmente y lo que existe inmaterialmente.

En este momento, la música y la voz de todos traspasaron ese límite y plasmaron en lo invisible una oración, un momento de luz, un momento de paz; los hermanos desencarnados aquí presentes, sintieron profundamente esa emanación.

La oración es algo más allá de aquello que se habla con los labios. Ella está en la verdad, no en lo mucho que se dice, pero sí en las entrelineas, entre lo que se va a decir y lo que realmente acaba por ser dicho. Está en el cuanto[1] de emoción que sale de nuestro corazón, en el cuanto de emoción que sale del estómago y va subiendo accionando nuestras cuerdas vocales, saliendo en el tono de la palabra.

---

1 Es un término utilizado en la Física que procede del latín *quantum* e indica la cantidad indivisible de energía, proporcional a la frecuencia del campo al que se asocia.

Esa es la oración que realmente llega a lo invisible y convoca al bien, al corazón de esa humanidad desencarnada de sus muchos dolores. La oración solo tiene sentido y alcanza su fin, cuando es hecha con esas vísceras, cuando es hecha con esa intimidad, con sentimiento… Cuando se dice con el corazón, cuando sale del corazón.

*****

Mil veces hacer silencio —el silencio es una oración— antes que orar mecánicamente, obligatoriamente. Cuando nos sentamos en nuestros hogares, cuando salimos de aquí llevando las flores y haciendo nuestra oración, tengamos el cuidado de hacer silencio, acaso la palabra no salga del fondo de la emoción, de la verdad, del corazón.

Cuando el corazón se encuentra perturbado, cuando el alma se encuentra rígida, hacer silencio.

Es preferible, por ejemplo, mirar una flor y sentidamente olerla, o contemplarla apenas, suspirar profundamente y decir:

—Dios mío, mírame en este instante en que no consigo al menos hacer una oración, tan aturdido estoy por los acontecimientos de mi vida en este día. Os pido, que seas paciente un poco más, más allá de esa paciencia que ya tienes para conmigo en este instante. Estoy tan dominado por la angustia, tristeza y desolación… que no consigo orar.

En un momento de oración como este, la persona, el alma que así se dirige a Dios, no blasfemó, no dijo el nombre del Señor en vano, o no dijo el santo nombre del Señor en vano.

*****

Muchas veces los hermanos siguen en la siembra y en la vida religiosa y enferman, pierden el sentido de la fe. Y dicen: «Tengo orado y no me curo». ¡No es verdad! ¡Esa alma ha blasfemado! Y ha atraído para sí dolores más profundos, porque no es posible —en un terreno como ese— actuar sin verdad, sin emoción.

La verdad tiene un cuanto de emoción y de razón; está en medio, es el termómetro, el evaluador de esos dos canales. La pura corazonada es instintiva y peligrosa, porque avanza a ciegas: ¡es parte de la verdad! Lo racional es peligroso también: él puede ser cortante como una lámina fría.

En medio de esas dos fuerzas está la verdad esencial que prolifera la vida y desencadena en nosotros pacificación y cura.

Esa verdad es esencial, es la oración para sanarse.

Ser verdadero cuando se ora, es condición para alcanzar el objetivo de transportar nuestras angustias hacia niveles de sanación en el Plano Espiritual.

*****

Haciendo una imagen bien real de las consecuencias materiales de esa oración con realidad: es como si existiese un gran mar de tristeza y barqueros de luz lo atravesasen, llegando al continente de nuestra alma y recibiendo esas tristezas, colocándolas en esa canoa, dejándolas en las profundidades de esas aguas de claridad, luz y sol.

Pero si el barquero pasa a por nosotros, en la margen del continente de nuestra alma y nosotros no estamos allí de verdad, él se irá de vacío...

Si yo no hablo de la verdad, ese barquero no recibirá ese cuanto de energía triste, angustia, revuelta dolorosa, no podrá disolver esas energías mortales en la luz de la verdadera oración que es hecha por seres en el Plano Espiritual y en las colonias espirituales de los Mundos Mayores. Es como si en aquella semana yo no hubiese orado, ni recibido la cura para mi alma.

Ved entonces la importancia de no hacer la oración sin más, sino de cómo hacemos esa oración.

Sentados en vuestras camas, en silencio, contemplen la noche —un poquito nada más— antes de acostaros. Mirando las estrellas, en el caso de que ellas estén; si estuviera lloviendo, mirando la belleza de la lluvia que cae. Si pudierais, oíd una buena música suave, mirad la mirada de Cristo hacia vosotros.

Tened en vuestra casa, en vuestro cuarto, un pequeño lugar de ofrenda —llamado antiguamente oratorio—, lugar de oración. Mirad hacia esa cara sagrada, la del dulce Rabí de Galilea, dejad que Él mire en vuestros ojos. Ese es el momento de la oración: la hora en que se hace el silencio, porque el silencio es una oración.

*****

Pedid permiso, al padre, al marido, a la esposa, al hermano, al hijo; ellos se acostumbrarán a vuestro silencio, a vuestro momento de oración y, con eso, creáis dentro de vuestra casa una cultura llamada divina, un lugar con Dios todos los días de vuestra vida.

Imaginad a vuestro hijo, desde pequeño, viéndoos hacer el silencio... Un niño que ve a su padre contemplar las estrellas, ve a su madre al acostarse mirar la cara de Cristo, o la ve sola, mirando el cielo; en su expresión no hay lágrimas, ni dolor, pero sí éxtasis, alegría, por estar en contacto con Dios...

Imaginad eso irradiando sobre los ojos infantiles uno, dos, diez, quince años... ¡Él será, ciertamente, un adolescente que traerá otras marcas y otras directrices en su corazón!

Ved la importancia de nuestra reforma, la importancia de nuestro gesto humilde, cotidiano, para que podamos construir un nuevo reino. Hermanos, un nuevo reino, un nuevo hombre. La nueva Tierra no brotará de un estallido.

Ella es un arte, sublime, largo, demorado y continuo.

Ella es un trabajo futuro, es el trabajo del futuro hoy, en el presente, así como el pasado fue el trabajo del presente ayer.

¿Estáis cansados? Acostaos, pensad, hablad con Dios en lo íntimo y veréis que, el descanso vendrá y despertaréis bien. Recibiréis la cura a la noche, pues sabréis beber del cáliz de luz de aquel barquero que pasó y vino a vuestro continente, tal como una persona que está en tratamiento, visitada regularmente por una entidad espiritual que llega a su casa, entra en su recinto y le espera tras el sueño, regularmente durante años.

*****

Hijos, al entrar aquí, tendréis una posesión prolongada de amor...

El amor, dicen, es frágil. ¡No lo es! ¡Es el más fuerte sentimiento!

Él es perseverante, él no cuida apresuradamente, ¡él sabe lo que será! Él sabe lo que ha de ser porque es, siempre fue. Por ello no tiene prisa, ni preocupación, 'pre-ocupación' una ocupación antes de que el hecho llegue. ¡Él vive integrado!

Nunca nadie vio al Sol angustiado, con miedo de no despertarse por la mañana, ¿no es verdad? Ni vieron a la primavera por ahí, desesperada, marcando la fecha, con miedo de perder el veintidós de septiembre.[1] Ni vieron a Venus algo preocupado, en el cielo, porque sonaron las dieciocho horas y él no brilló.

Hermanos amados: ¡lo que es, es! Está permanente y serenamente depositado por Dios en el paisaje. Y nosotros también somos lo que somos. Somos una cosa hecha por Dios y depositada suavemente en el paisaje. Creamos en eso, ¡porque eso es verdad!

Antes de acostaros, abrid un libro de oraciones para ayudaros.

Fue hecha, hace unos dos años, una orientación para la casa espírita: el médium que aquí entrase, debería llevar un libro para leer, porque en

---

1 Comienzo de la primavera en Brasil.

el campo mental no conseguimos mantener la vibración superior; tenemos dificultad de mantener el patrón vibratorio, buenos pensamientos, ricos pensamientos plenos de luz y de fertilidad. Constantemente somos bombardeados por pensamientos negativos, de desestímulo, de muerte, como si fuéramos un cubo de la basura siempre abierto, donde se van depositando cosas mórbidas, materias muertas; lo vamos permitiendo y aquello nos va oscureciendo, entristeciendo.

Hermanos amados, nosotros no somos el cubo de la basura: ¡nosotros somos mucho más que eso! No dejemos que esos pensamientos nos ocupen, nos dirijan. A nuestro lado hay un ángel, una luz que nos guía.

Aprendamos a convivir con la tiniebla y con la luz; con la claridad y con la sombra, colocando límites a la sombra ¡para que ella no devore nuestra paz!

¡Buenas noches, mucha paz!

No me prolongaré más allá de donde me he prolongado. Que estas palabras puedan haber caído dentro de vuestros corazones, que sean llevadas durante la semana; cada uno que así lo consiga, pare para hacer una oración: eso os curará, os elevará, proporcionando mayor fuerza para la construcción de un nuevo reino.

¡Hermanos, ese nuevo reino está vivo! ¡La Tierra está de parto!

En la renovación del orbe o vamos juntos en esa bandada de transformación, o quedaremos presos en las formas-pensamiento y en la forma de vida dolorosa hasta que podamos salir, por el canal del amor, ¡para un nuevo camino!

Aprovechemos esta hora que Dios nos da, en esta Casa Belén, en esta asociación Amigos de los Niños, y hagamos la conversión: detengámonos para transformarnos, seamos el arte y el artista de nosotros mismos.

Esa es la poesía de la poesía.

Ese es el arte del gran arte.

¿De qué hablan todos los poemas de la Tierra y qué predican todas las artes?

¡Que lo bello se alce! Toda la estética se hizo para elevar al hombre a ser humano, dulce, verdaderamente bueno, digno, leal, verdadero. ¡Entonces el arte del arte, es ser esto! Él está hecho para recordar al hombre, para convocar al hombre a su humanidad, a su transformación.

*****

La oración es una poesía, es un momento sensible en nuestra vida.

Así como hacer una muda en la tierra es un arte, estar aquí en comunidad es un arte. Estemos próximos, porque las distancias ya nos llevaran a la muerte, al polvo, al dolor, a la soledad. Estemos juntos, permanezcamos próximos unos de otros, para que no lloremos más solos. Es tan triste llorar solo...

¡Paz en el corazón de todos y que Jesús nos bendiga!

Él está aquí entre nosotros, porque la belleza está por todas partes. Somos un gesto de la belleza de Dios. Él cree en nosotros. Por muy malo que sea el momento, es un momento. Nada está estático, todo se mueve, gira, transforma.

¡Que Dios nos guarde!

Vamos a cantar el Padrenuestro. Hasta el próximo viernes, aquí juntos nuevamente, con gran amor y con gran cariño.

«Padre nuestro, que estás en los cielos...»

¡Esa es la verdad! ¡La oración tiene que salir de dentro de nosotros! Esa es la oración viva: Dios Mío, aquí estoy yo, tu hijo hambriento. ¡Existe un pozo, yo paso cerca y no paro a tomar agua! ¡Quítame esta ceguera! Dame fuerzas para que yo me levante y me alimente de este pan sagrado que es Tu palabra de amor...

Llegada del buen samaritano a la posada, Paul Gustave Doré

Caridad
Sexta palabra amiga

En comunión

Este es el viaje reencarnatorio: aprender a ser hermanos
BN 5 - 04/07/1997

Es una alegría inmensa estar aquí, en este viernes, embargados o abrazados por el Divino Maestro. Él dice: «*Donde estuvieran dos o más en mi nombre, allí estaré. Donde estuvieran dos, de verdad, en corazón, conmigo en sus corazones, allí estaré. Estaré con vosotros hasta el fin de los tiempos...*». Él no nos dejó, no nos dejaría. Oscurecemos nuestros corazones y nuestras mentes, nuestros ojos, vueltos hacia esa efímera vida material y, por más que miremos para esa realidad sensible, cual una hormiguita que mirase apenas sus propios pasos en el hormiguero; por más que nos detengamos en este instante del gran viaje del espíritu, eso no significa que seamos apenas fragilidad finita, en abandono.

¡Estamos todos en Él!
¡Él, grande y poderoso!
¡Él, todo vida, todo bondad, todo sabiduría!... Él nos carga en la palma de su mano como la palma de la Tierra carga aquella hormiga, aquella senda, aquel hormiguero.

Vamos a desarrollar esa percepción, vamos a percibir la grandeza del Padre, la grandeza de Dios, la largueza con que Él es, y está, en todas las cosas que crea.

Que Dios no sea solo una noticia, vacía, hueca, que no reverbera y no resuena dentro de nuestra alma. Que Él sea una certeza. Que Él se transforme en un cayado, firme, para cuando tropecemos, para cuando nuestras piernas trémulas se doblen, cansadas en la peregrinación.

*****

6.ª Palabra amiga - Caridad

Ese gran viaje reencarnatorio, apreciados hermanos, es un proyecto, un diseño, es un sueño soñado por el espíritu antes de reencarnar. Ese es el viaje reencarnatorio: aprender a ser hermanos.

Tal cual soñamos construir una casa, tener una profesión, soñamos en volver a este planeta. Queremos y ansiamos. Es un sueño interno, ninguno está aquí en contra de su voluntad. Todos nosotros, unos más conscientes, otros menos conscientes, pero todos de alguna forma, deseamos y ansiamos ese reencuentro con la materia y con la vida. Al ingresar en la materia, quedamos nublados realmente; como si una nube oscura se interpusiese entre el Sol y nuestros ojos; como si el mundo en la materia fuese una nube que cubriese el gran sol creador de todos nosotros: ¡Dios!... Y pasásemos a andar cabizbajos, olvidados de que entre los acontecimientos de mi vida y Dios, no hay ninguna distancia.

¡Somos uno con el Padre!

*****

Infelizmente nos detenemos en la caminata, cual una enfermiza e imaginaria hormiga deteniéndose para mirar aquella hojita verde que carga en los hombros. Imaginemos una hormiguita que se detiene en medio del camino y nunca llega al hormiguero porque se paró a mirar aquel momento de su vida No miremos, pues, la vida como un momento. Intentemos salir de ese aprisionamiento de la estrechez de los días para alargarnos como si estuviésemos, en este momento, en lo alto de una montaña. Veremos la amplitud de nuestra reencarnación. Venimos de un largo mundo, de una larga travesía. ¡Estamos en un presente maravilloso, de dádivas y de oferta del Padre para nosotros, y caminamos aún hacia un mañana dadivoso, grande, maravilloso, inconmensurable!

*****

El futuro existe. El futuro es un hecho concreto. El futuro es definitivo. ¿Por qué nos angustiamos, lloramos, nos entristecemos, enfermamos, enloquecemos? ¿Por qué, como una hormiga enferma en medio del camino, pararnos para mirar aquella hoja verde que alguien nos retiró? A veces un viento fuerte la llevó lejos; a veces, tropezamos; a veces, en fin, algo sucedió en medio del camino. ¡No, no nos detengamos, como una buena hormiga no se detiene! Si el verde tallo se le cae del hombro, ella continúa en el entorno y busca o va en ayuda de alguna otra para cargar el alimento. Y así ella se reúne a un gran trabajo de equipo; es esto que muchas veces falta en nuestro camino: el espíritu de equipo y el trabajo de equipo.

No lloremos solos nuestras tristezas. Lloremos juntos. Estemos juntos en una comunidad de amor al prójimo. ¡Qué bueno es recibir personas en casa! ¡Qué bueno es compartir el dormitorio! ¡Qué bueno es poner a alguien que no tenía dónde dormir, en la sala, por algunas noches! ¡Qué bueno es ofrecer un caldo caliente para quien está con hambre y frío! ¡Qué bueno es agasajar o traer aquí, para esta casa de caridad, una manta que me sobra, de mi cama, para poder ayudar a alguien que está con frío! ¡Qué bueno es, en fin, traer mi paquete de arroz, de legumbres, imaginando a aquel que no tiene que comer!

*****

En este espíritu de equipo profundo y amoroso, nuestros días van pasando... Cargamos aquella hoja verde, como la hormiga que carga para el hormiguero su parte para alimentarse y alimentarlo. ¡Conseguimos, incluso con dolores, atravesar! ¡Conseguimos llegar!

El espíritu de equipo, hermanos queridos, es uno de los caminos para que nuestra tristeza no se convierta en muerte, nuestra angustia no se convierta en desesperación, nuestro vacío no se convierta en suicidio. En fin, el espíritu de equipo es una de las llaves para que nuestra angustia no se convierta en enfermedades graves que nos llevarían a interrumpir nuestro proyecto reencarnatorio.

A veces, pensamos que encontraremos, más allá de la vida, algo mejor. ¡No! Encontraremos en la patria espiritual aquello que somos. Encontraremos allí aquello que tenemos dentro de nosotros. ¡Por eso es ahora! Este es el momento de hacer nuestra reforma de encontrar la verdad y cohabitar con ella amigablemente y amorosamente.

*****

¡Hermanos, la verdad trae conflicto!

La verdad, en el comienzo, trae dolor, porque se enfrentará con las mentiras, con los juegos y las disimulaciones a las que estamos acostumbrados; entrará en desavenencia con todos aquellos momentos que nos son habituales en el campo mental: engañar, eludir, burlarse, primero de nosotros mismos, y después, del prójimo.

El mundo vivido con verdad comienza con un pequeño vástago, cortante, a cortar mentiras. Primero a cortar en nosotros el mal de raíz.

6.ª Palabra amiga - Caridad

Entonces, el bien se solidifica dentro de nuestro corazón y de ahí en adelante, es una bendición por el resto de nuestros días.

Por eso, este momento es tan importante. Por eso, muchas veces, nuestros enemigos espirituales saben trabajarnos para retirarnos de una casa espírita, para quitarnos de una siembra espiritual y amorosa. Entonces, todo aquel que vino a esta casa o a otra —caso esta estuviera lejos, busca otra siembra en tu barrio, en tu ciudad, donde estés— que se reúna a ese cuerpo de doctrina que es revelada por los espíritus.

Esa doctrina no es fruto de un cerebro, no es fruto de la imaginación de un hombre solitario que resolvió inventar una verdad o descubrir una filosofía o hacer una ciencia... Es una revelación. Tiene un carácter divino, sobrenatural.

Ella es anónima porque fue revelada en varios puntos, en diversas lenguas, por diversos médiums y continuará siendo revelada, a pesar de que la ciencia se ríe de ella. Porque los médiums continuarán, los espíritus continuarán comunicándose. ¡Es imposible detener esa revelación! Es imposible detenerla porque ella continúa. Estuvo en medio del siglo pasado, en el inicio de este siglo y estará en el siglo venidero, porque nadie puede interceptar esa comunicación entre lo visible y lo invisible. Nadie jamás podrá detener ese camino, esa marcha que comenzó hace mucho tiempo, pero que solo está siendo reconocida hace poco más de cien años, con la Codificación de la doctrina.

*****

Que no sea esta casa, hijos queridos; no importa la denominación que des: espírita, espiritualismo, no importa... Lo que importa es creer que eres un espíritu, una llama eterna, creer que no existe el Cielo o el Infierno, a no ser aquel que existe dentro del propio pecho, del propio corazón.

Es esencial creer que no somos determinados al sufrimiento eterno, a la pena eterna, como tampoco al gozo eterno.

Existe un principio llamado *principio del trabajo*, de transformación, de superación, de mutación, que rige nuestra vida, rige los planetas, los astros y nuestro cotidiano.

Existe un principio de superación y trabajo continuo: si erramos, mañana no erraremos más ¡Si hoy anocheció, mañana amanece; si la muerte nos visita, mañana la vida, de nuevo, vuelve! Si perdí algo, mañana lo reencuentro. Existe esperanza, concreta. No es una palabra vana: es real, porque pasas a vivirla, la ves, te comunicas con ella.

Los espíritus nos revelan esa verdad por varios caminos: por los sueños, por la comunicación mediúmnica, cuando se desenvuelve esa capacidad de hablar con el gran misterio. Se dice que el espírita habla con los demonios. ¿Qué son los demonios? Los demonios son almas de hombres inferiores. Los demonios son almas perversas, espíritus perversos encarnados, hombres perversos. ¿Y será que nadie va a hablar con esas almas desencarnadas? Existen demonios encarnados, personas demoníacas, maliciosas, negativas, a veces, cerca de nosotros, a un metro de nosotros. ¿Y no conversaremos con ese ser? ¿Y no diremos que es nuestro hermano en humanidad? ¿Y no nos detendremos en el camino para intentar entender qué es esa lógica del mal, que persevera en aquella alma?

*****

El espiritismo, por lo tanto, habla con las almas de los hombres, encarnados y desencarnados, buenas o malas. El espiritismo habla, porque es bueno hablar: el espíritu es bondadoso, hablamos; él es malévolo, hablamos! En los trabajos de desobsesión, recibimos hermanos presos del mal. ¿A qué le llamamos mal? Lanzaremos antes de fin de año, una obra[1] mostrando qué son esas almas que denominamos *almas malas:* veremos, en verdad, almas afligidas, doloridas... ¡Son perversas, pero tienen una razón!

En las sesiones de socorro espiritual, las oímos, porque lo común es tejer comentarios negativos acerca de esas almas, como si ellas fuesen extranjeras. Decimos que es un criminal, es un bandido, es de mala índole. ¿Pero será que entendemos lo que habita en el alma de mala índole? ¿Será que ese ser no es mi hermano también? ¿Será que Dios no lo hizo? ¿Será que él no está en una escala evolutiva también? ¿Será que en el pasado no fuimos nosotros aquel asesino, aquella persona de mala índole? ¿Será que no lo somos aún? En fin, el espiritismo relativiza los males.

*****

El espiritismo localiza los hechos de la vida: el espiritismo es una geografía del espíritu. Un continente puede emerger y otro sumergirse. Un nuevo mundo, una nueva era puede surgir para aquel espíritu.

---

1 Referencia a la obra *Flor del Pantano,* de Cárita Editora Espírita. Obra que registra el diálogo con las sombras en el sentido de convertirlas a la luz. Disponible en España a través de Cárita Valencia Ediciones.

6.ª Palabra amiga - Caridad

La doctrina revela que la vida no termina nunca y cada ser recibe, en el plano espiritual, la misma cantidad de bendición que recibo aquí, si me dispongo a ser el bien, a estar en el bien, a vivir en el bien.

Entonces pidamos al Padre: *¡Padre, que yo piense el bien, que mi corazón enternezca en el bien, que tenga la voluntad de ser bueno!*

Hermanos, los hombres se ríen de la bondad. Dicen que es cursi, romanticismo ultrapasado. Los hombres están perdiendo el deseo de ser buenos. ¡El hombre necesita soñar de nuevo!

¿Dónde, dentro de tu corazón la voluntad de ser bueno? ¿De hacer un acto de bondad?

¡Las personas ríen de ese propósito, dicen que es fanatismo!

¡Dios mío, el hombre necesita soñar de nuevo con ser bueno! Necesita experimentar las inefables alegrías de la caridad al dar, a alguien, aquello que ella pide, o dejar de hacer algo malo o dejar de pensar mal, o dejar de envidiar y destruir el camino de otro ser.

En fin, hijos, que en esta noche, pronto a anunciarse el invierno aquí en la Tierra —en nuestra localización geográfica— podamos sentir que somos convocados al bien, de una forma definitiva, por esa doctrina revelada por los espíritus. Si esta casa fuera pequeña y no te conviniera lo que ves aquí, existen muchas otras casas espíritas. Como dice Emmanuel: «*El espiritismo es un movimiento de opiniones libres*».

El tiempo es ahora: el primer día de la eternidad es eterno. Esta casa es la casa de la amistad... Queremos ser amigos, en el dolor que cada uno trae cuando llega aquí; en la superación de ese dolor, mostrando que finalizará; y en la construcción de un nuevo ser, porque el dolor finalizará cuando el amor sea la tónica de nuestras almas.

*****

Vamos a vivir como si este día de hoy fuese el primer día. ¡Días vendrán después de este primer día! El tiempo en el plano espiritual tiene otra dimensión. Vamos a vivir el hoy, o el día que Dios nos da, como si fuese nuestro primer día. Imaginad un bebé reconociendo el mundo, sus padres. ¡Él tiene todo el mañana por recorrer! ¡Imaginad una flor germinando: aún tiene todos los días para encontrar el jardín y florecer! Imaginad una casa construyéndose... En fin, vamos a vivir el día como si hoy fuese el primer día, y vivir la vida con esa certeza de que habrá un mañana, y luego otro y otro más.

¿Para qué esa prisa y esa carrera, la intransigencia, la cólera, la irritabilidad; en fin, el desamor? ¿Si hay tanto aún a ser vivido? El tiempo corre detrás de nosotros. No penséis que el tiempo huye de nosotros. ¡Somos nosotros quienes huimos del tiempo! No comprendemos esa dimensión maravillosa que tiene el tiempo y qué concepto de eternidad trae a nuestras vidas. Pasemos a pensar la vida como una secuencia de días y no como una sumatoria final de días… No hagamos la sumatoria: dos más dos igual a cuatro… ¡Mirad: empiezo del uno hasta llegar al cuatro! ¡No somos una cuenta lista en nuestra cabeza. ¡No! Hoy es el primer día y, juntos entonces, hagamos nuestro reino construyendo un pedacito de él aquí, en esta Casa.

Os pedimos que, con el corazón amoroso, os unáis a nosotros en la campaña de invierno, pues todos tenéis más de una manta en casa. ¿Será que muchas veces no tenemos una, en un rincón para una visita que nunca aparece? Vamos a pensar en el día de hoy, como el primer día en que ayudaremos a alguien —en este invierno—, a no tener tanto frío. ¡Mucha paz! ¡Que Dios nos bendiga!

*****

Que la paz de este universo entero, creado por Dios —que dio todo el tiempo del mundo para que crezcamos—, ancle en nuestro corazón con fuerza, fuerza para nuestra vida. Vamos a sentirnos como si estuviésemos dentro de un mar azul, como si estuviésemos debajo del agua, en un mar de luz, una luz azulada, dulce, iluminada por rayos dorados que tocan nuestro corazón y van retirando nuestra aflicción durante esta oración del Padrenuestro.

¡Cantemos juntos la oración del Padrenuestro! Y Él nos librará de todo mal, de todos los males que traemos en nuestro corazón ¡Porque en el cuerpo de luz de Él, de Dios, hay grandeza para eso; hay misericordia para todos nosotros! Él nos librará de todo mal. Lo que necesitamos es caminar en dirección de esa percepción, profundizando un poco la vida, no viviendo tan superficialmente nuestros días, saliendo un poco de esa lucha, de esa carrera, para detenernos en las verdades celestiales que nos libertarán de todos los males.

Buenas noches.

Mucha paz en el corazón de todos.

¡Que Dios nos bendiga!

«Padre nuestro que estás en el cielo…»

El corazón piensa

El arte de ser bueno
BN 15 - 03/10/1997

Vamos preparándonos para la plegaria de la noche. Vamos, con los ojos cerrados, preparándonos para el segundo momento de nuestra oración. Cerrando los ojos, profundamente, rodeados por este halo de luz que nos envuelve, pues, donde hay música y amor de verdad, allí el Maestro está…Y si nos dejamos y abrimos para este halo de luz, podremos recibir aquello que venimos a buscar desde el fondo de nuestra alma, ¡si venimos a buscar la verdad!

Hermanos, hijitas e hijitos amados, en esta noche de primavera, entremos en el silencio profundo del momento y aprendamos a ejercitar ese silencio por el tiempo que sea, para tomar nuestras decisiones; para, por ejemplo, que no seamos sometidos y arrastrados por fuerzas coléricas y enfermizas que nos dominan y, cuando nos damos cuenta ya no podemos salir de donde fuimos a parar.

Muchas veces, nuestras emociones apasionadas, por causa de la ausencia de este silencio, nos llevan a lugares donde permanecemos mucho, mucho tiempo antes de salir.

Porque no hubo aquel tiempo de silencio y porque no existió la palabra de Dios entrando en aquel minuto de silencio, las decisiones van siendo tomadas sin que el corazón piense, sin que el corazón tenga espacio para emerger de dentro de la agitación de la razón, para configurar pensamientos de bondad, que te llevarían a decisiones de tolerancia, de armonía, de belleza.

*****

Esa alquimia es lo que significa en las escrituras sagradas, la palabra: ¡*el corazón piensa!* Las agitaciones y las pasiones que atribuimos al corazón, generalmente vienen por la razón, por las fuerzas de los pensamientos mentales. Los daños causados por las fuerzas mentales que cargamos, son reparables solamente a costa de muchas lágrimas, a costa de mucha sangre.

Las decisiones que tomamos en nuestras vidas con consecuencias dolorosas, generalmente fueron pensadas en el campo de la razón. Nosotros como jueces y tribunos, soberbios y orgullosos, solitarios en el tribunal, pensamos los pros y los contras de aquella decisión y emitimos un veredicto, sin siquiera pasar por el jurado, por el abogado de la defensa, por la fiscalía, la acusación necesaria y sabia, de que somos reos culpables o responsables por el hecho doloroso. Déspotas, tomamos las decisiones por el pensar, sin pasar por el sentir.

El corazón, cuando es guiado en el silencio y en la oración, es sabio, aun cuando yerra, aun cuando aparentemente, decimos que erramos. Aquella joven que mantuvo a su hijo en el vientre con catorce años, aparentemente erró, porque interceptó su propio proyecto individual de vida, pero delante de Dios, acertó: ¡porque preservó la vida!

Aquella madre humilde y sencilla que acepta el décimo segundo hijo, aparentemente yerra, porque deja que su corazón la guíe, ¡pero acertó delante de Dios!

*****

Si nosotros, hijitos amados, aprendiéramos a hacer silencio, pero no el silencio de boca, no el silencio de los oídos y sí el silencio de la mente, cuando fuéramos a tomar decisiones, dejáramos que el corazón piense y dejáramos que el silencio se hiciera profundamente, en el campo mental, veríamos subir del corazón hacia la cabeza palabras sopladas por Dios a través de la espiritualidad amiga, amada, amorosa, que nos ama.

Son espíritus amigos de nuestra evolución, que están veinticuatro horas con nosotros, a nuestro lado, soplando cuál es el camino, dónde está la vida, cuál es la verdad que nos conducirá a la felicidad. Pero estamos enloquecidos. La razón ocupa el campo de nuestro corazón. La mente se doblega, se cierra el plexo cardíaco y dejamos de sentir: ¡solo pensamos en ventajas y desventajas!

Echamos aquella persona fuera de nuestra casa, porque ocasiona gastos, ¡pero mi corazón jamás pondría un perro fuera de casa! Mi corazón jamás dejaría a alguien al relente, mi corazón jamás dejaría morir a alguien de hambre frente a mí; mi corazón jamás sería egoísta, insolidario, frío, homicida, mentiroso, vil. ¡Mi corazón jamás diría cosas deshumanas contra el prójimo!

Pero mi mente dice, mi pensamiento piensa el mal y el mal me domina. Esa es la base de los procesos de obsesión. Esa es la base de los procesos de las dolencias psíquicas, emocionales. Esa es la base de los desajustes y desequilibrios. ¡No estamos muriendo del corazón, pero sí del pensamiento, en este fin de siglo![1]

*****

El Evangelio según el Espiritismo dice: «La gran virtud de este siglo es el progreso, el desarrollo intelectual, pero el gran crimen, o la gran frialdad, el gran fallo de este siglo, ¡es la indiferencia moral!». Es como si hubiese un tiempo de impermeabilidad. Es como si dentro de nuestra alma se instalase un lugar donde los gritos, los angustiantes gritos de la humanidad no penetrasen, no atravesaran las paredes de nuestra casa íntima.

¿Será que el corazón no tiene oídos? ¡Tiene! Pero la mente, no. Y ella entonces, dice:

—No de limosnas, no estarás educando a esa persona. ¡Enséñale a pescar!

Pero si fueras al río, no hay peces. Vemos hoy a personas con cañas de pescar primorosas: médicos, ingenieros, que van al río y no hay peces. Vemos cañas de pescar de las más variadas categorías y diseños, profesionales capacitados, y el mercado impidiéndoles acceder.

Es como si Dios les dijese:

—¿Estáis viendo? El pequeñito, el albañil, la lavandera, la empleada, también van al río y, también les gustaría pescar, ¿a quién no le gustaría una buena pesca?, ¿a quién no le gustaría, hacia la tarde, sentarse, poner su anzuelo y pescar su pez?

Pero la razón dice:

—No, son todos vagabundos, unos aprovechados.

Y yo entonces cierro mi bolso. Es lógico, el pensamiento piensa en la economía. ¡Pero el corazón jamás diría no a un niño!

*****

Nosotros tuvimos aquí una lección, en una tarde de estudio, cuando un alma dijo a otra:

---

1 Este mensaje fue recibido en el año 1997.

—Hagamos casas donde acojamos a los niños de las calles… ¡así ellos no pedirán dinero!

Y el alma que lo oyó, respondió:

—¿Y si esa criatura te parase en la calle y te pidiese un abrazo? ¿Será que haríamos casas del abrazo?, y diríamos: «No, no quiero abrazarte ahora, ves allá, allá en aquella casa se dan abrazos… En aquel lugar, en la calle Jequitinhonha, número mil uno, y allí recibirás abrazos».

¡Para un niño, el dinero que él pide es un símbolo! Un niño no tiene un banco en los ojos. No sabe lo que es un cheque, ahorro, reglamentación de los valores monetarios. Pide y, en esa petición hay un mensaje; ¡de verdad está pidiendo abrazos! A través de aquel dinero, simbólicamente, está pidiendo solidaridad, comunión, está diciendo: «¡Mire, soy tu hijo, soy humano, no soy una cosa, no soy un estorbo!».

¡No corras para alzar el cristal de tu coche! Qué tristeza en los ojos de Dios cuando ve a un hombre con miedo de otro hombre, cuando ve a un alma con miedo de otra; cuando ve abismos entre los iguales, ¡como si un sol escapase de otro, una estrella escapase de otra!

Pero si paro y pienso, por poco que sea, no con el pensamiento, sino con el silencio, dejando que el corazón se yerga en una plegaria al misterio, a Dios, yo comenzaré a tener razonamientos más claros, comenzaré a tener menos miedo, comenzaré a ver bellezas a mi vuelta y comenzará a subir de abajo hacia arriba un sentido de fraternidad profundo, amoroso.

*****

Nuestra palabra, esta noche, quiere apenas decir esto: delante de las decisiones que necesites tomar, sean cuales fueran, ¡entra en silencio! No dejes que el pensamiento juzgue, no dejes que él se suba a la tribuna. Busca al abogado de defensa, busca al fiscal, busca a los jurados, habla con el control universal, con las otras personas. ¡Busca salidas! ¡Espera! ¡Ora! Quién sabe si el corazón suelta una palabra de amor inolvidable y conduce tu vida hacia otro lugar, nunca antes experimentado: ¡mares de luz y de paz!

No seamos crueles. Cada ser puede luchar contra esta morbidez íntima. ¡La vida está ahí, bella y amorosa, dulce y benéfica para todos! Dios sonríe con la misma sonrisa, el mismo brillo, la misma alegría, la misma profundidad, la misma bondad, el mismo perdón, para todos, todos los días de nuestra vida.

*****

6.ª Palabra amiga - Caridad

Que la paz del eterno, en este momento, descienda sobre esta casa y sobre estas cabezas, y sobre toda la multitud invisible que está aquí. Almas entrelazadas a los cuerpos de los encarnados, en busca de una palabra más profunda. Las grandes preguntas de la existencia son: *¿De dónde vengo? ¿Hacia dónde voy?*

Para dónde voy depende de cómo vivo, no importa mucho el paisaje: ¡en la pobreza, en la nobleza! ¡No importa! Importa cómo hice las cosas, con qué manos las hice.

En este silencio, nos vamos preparando para la oración del Padrenuestro. Que esta semana traiga, a cada uno aquí presente, la esperanza concreta. Que ella venga como si viniese en las alas de un ave que se posa en sus manos, trayendo noticias de las esferas sublimes, de los mundos maravillosos que existen en las moradas del Padre, más allá del planeta Tierra.

*****

Veamos una luz que es la mirada del Maestro Jesús…

Intentemos ver el rostro de Él en medio de las estrellas, mirando hacia nosotros, y hagamos una plegaria con el corazón.

Maestro, Maestro Jesús, ahí entre las estrellas y las luces, mira hacia aquí, hacia nosotros, ¡por piedad, por compasión! Desprovistos de fidelidad a Dios, aún encharcados de deseos, opiniones y verdades de nosotros mismos, aún en exceso —como si fuésemos un río muy grande, que no pudiese volver a sus márgenes normales— nosotros aquí, anegados en nuestro orgullo, sufriendo las responsabilidades y las consecuencias de esa expansión indebida de nuestro orgullo, pedimos un tiempo de sol y sequía, para que las aguas de nuestro orgullo se evaporen, y nuestras márgenes vuelvan a los límites necesarios y nos volvamos ríos pacíficos y navegables, aguas limpias y claras, bordeando el río, volviendo fértil la tierra, ¡para que yo plante allí mi vida y coja de allí flores y frutos para mí mismo!

¡Maestro, mira hacia mí, en este instante! ¡Por compasión, desciende una chispa de tu amor, de tu mirada sublime! Ves que en el fondo de mí, o de ese río, o de esas aguas desbordantes, existe una gotita aquí, en un rincón y, desde el rincón, grita y pide: «Enséñame, Maestro, a seguir otro rumbo, a dejarme evaporar, a ayunar de mi vanidad, a confesar mis defectos a mí mismo, a orar con profundidad al Padre, para vivir con Él».

Maestro, Maestro, en este momento yo pido. El dolor es grande, el desespero es mayor aún, pero mira hacia mí y ya sabré que tu mirada me elevará, me subirá, me retirará de mí para que pueda, vaciado, dejar que tu bondad me penetre y así pueda servir al prójimo como un cáliz de clara y suave amistad, de líquido ameno, valeroso de fraternidad.

Maestro, Maestro, ¡agarra mis manos! No dejes que parta, que abandone la voluntad de ser mejor. No dejes que me despida a mí mismo y deje de tener la voluntad de cambiar la vida. No dejes que aborte ese feto de mí mismo, en la esperanza y en la alegría. Ese niño que gesto dentro de mí, que a veces ve y toca el futuro, a veces siente, ya latiendo dentro de sí, un espacio de grandeza y de amor desbordante como nunca jamás sentí.

Maestro, Maestro, no dejes que haga esa locura conmigo y me despida de la vida con Dios, para vivir una vida sin Él, en mí, vacío de Ti.

Maestro, Maestro, en nombre de Dios, apriosíname en tus manos, en tu vestido, en tu calor, en tu amor apasionado, ¡que fue hasta las últimas consecuencias al morir por mí! ¿Cómo puedo cambiar tu amor inaudito, inolvidable, por niñerías tan pasajeras que luego se van?

Maestro, rodéame como el pastor cerca el redil, para que la oveja, aún demasiado joven, no salga y se pierda en la guarida de los ladrones y de los lobos.

¡Maestro, Maestro! De tu lugar, guarda un pedacito de ti para mí. ¡Hostia sagrada, sacramento eterno de una vida con Dios!

Hagamos la oración del Padrenuestro.

Que la paz, esa paz, permanezca.

¡No dejes que ese instante te sea robado, por nada! No dejes que esa esperanza te sea arrebatada por las sombras de la noche y de la angustia, cuando salgas de aquí. Nadie tiene el derecho de quitar esa esperanza del corazón de los hombres, esa esperanza en Dios. Nadie, jamás, ni tú mismo, tienes el derecho de no ofrecerte a ti mismo esa cena, esa comunión en el amor y en la esperanza.

Nuestros derechos y deberes deben comenzar aquí, en nosotros. La justicia debe comenzar aquí, en nosotros, ahora. Seamos abogados de nuestra defensa de vivir una vida con Dios, con alegría, con bondad, con amor.

Gracias a Dios, hijos amados, daremos inicio a nuestra sesión. Pasemos a los pases, a los tratamientos de cura, a la orientación espiritual.

¡En esta casa del camino, en esta casa de iniciación a una vida con Dios, invitamos a todos a participar de este proyecto de amor!

«Padre nuestro, que estás en los cielos...»

Existe un principio de superación y trabajo continuo: si erramos, mañana no erraremos más ¡Si hoy anocheció, mañana amanece; si la muerte nos visita, mañana la vida, de nuevo, vuelve! Si perdí algo, mañana lo reencuentro. Existe esperanza, concreta. No es una palabra vana: es real, porque pasas a vivirla, la ves, te comunicas con ella.

Jesús y la mujer adúltera, Paul Gustave Doré.

Verdad
Séptima palabra amiga

De la verdad: arte de Dios

¡Un jardín, no es el mismo de ayer, no será el mismo de mañana!
BN 19 - 07/11/1997

Entremos, adentrémonos, vamos a estar cerca uno del otro. Es un momento esencial para sentirnos próximos, porque no estamos próximos para cualquier cosa: estamos próximos para orar a Dios. ¡Para estarnos con Dios! ¿Cuántas horas de nuestro día y cuántos años de nuestras vidas utilizamos para esta celebración? Vamos a estar juntos, tal la proximidad de un astro a otro astro, de una estrella a otra estrella. Eso es memoria de luz en medio de las sombras. Por eso estoy pidiendo para que todos entren, para construir aquí un testimonio de paz verdadero, un testimonio de luz verdadero. Puede ser un pequeño fósforo encendido, pero que sea verdad que esté encendido. Todas nuestras dificultades en la encarnación, en el hogar, en la familia, en el trabajo, en cualquier lugar que estemos, nace de un solo hecho, de un solo estado del alma: ¡la mentira!

A lo largo de nuestras palabras, comunicaciones o conversas, esta palabra: *verdad*, ha sido dicha continuamente. Hemos dicho también que ella pasa de largo, como si fuese algo, hasta descubrimos lo que es; oímos hablar de ella desde pequeños, pero no sabemos bien lo que quiere decir. Hemos dicho que ella es nuestra salvación. Necesitamos entender que esa palabra es como si fuese un mantra, un portal por donde pasan nuestras almas.

*****

Queremos pasar por algún lugar, salirnos de algún lugar para irnos a otro; queremos transformaciones, pero no trabajamos para ello. Vivimos en la danza que todos danzan, en la música ya repetida, no paramos para

7.ª Palabra amiga - Verdad

mirar esa habitual canción que está siendo tocada a nuestro alrededor y ¡con la cual vamos danzando todos nuestros días!

Y dicen que es así la vida, una danza sin novedad. Dijeron que fue siempre así. Pero la filosofía nació porque alguien se preguntó: «¿Es así?» Tenemos que preguntarnos, dejar ese mundo mediano, normal, como si fuese la superficie de las aguas y sumergirnos. Preguntar, dejemos fuera lo cotidiano y comencemos a preguntar las cosas.

Preguntemos: *¿Qué estoy haciendo aquí en este planeta? ¿Quién soy yo? ¿Un alma? ¿Un espíritu? ¿Dónde nací, hacia dónde voy? ¿Nazco gratuitamente en medio del paisaje y después muero, desencarno?*

La experiencia de la muerte pasa de largo a no ser cuando ocurre cerca de mí: el padre muere, la madre, un pariente; pero en lo esencial del alma, la muerte es una noticia en el periódico. Mientras tanto, de repente puede ocurrir conmigo: ¿muero y qué ocurre? ¿No pierdo nada, no me transformo, sólo perezco como los frutos en la naturaleza?

¡Necesitamos preguntar y vivir como quien pregunta!

¡No es solo preguntar: es vivir como quien pregunta!

No coger los conceptos sobre la vida como un alimento ya masticado y engullido, para saciar un hambre que está presente. Y entonces engullimos ese alimento y, de repente, lo pasamos mal. Nace el dolor, porque no nos detenemos para entender que, en las cosas que nos enseñan, hemos de crear ojos de ver y separar lo que nos dicen sobre nuestra existencia de nosotros mismos; *¡observar de lejos, hacer elecciones!* Puede ser en el trabajo, en la familia, en la calle, hasta en la religión; ¡la verdad necesita ser reintroducida al alma como cáliz para la luz de Dios!

*****

Si yo tuviese la verdad como palabra excelsa o ancla, todo cambiaría. Estamos sumergidos en un mar denso, muy denso. Es como si necesitásemos de oxígeno —y la verdad, es el oxígeno que nos mantiene vivos— ¡si no, morimos! ¡Pero estoy en medio, mar muerto, muerto vivo, zombi, muerto mar!

En ese ausente mar de mentiras, los ojos están empañados. El nerviosismo ataca a las diez, a las doce, a las cuatro de la tarde. No hay hora para admirar la vida, casi no hay tiempo de ir al centro o ir a la iglesia, o sentarse para leer un salmo o leer la Biblia con los hijos. La vida se transformó en una ruda carrera: es necesario comer, alimentarse.

¡A veces no se alimentar es alimentarse! Dejar que el vacío ocurra, el silencio, la nada, es una forma de prepararse para nuevos circuitos espirituales, circuitos emocionales. Es necesario salir de un cierto soma emocional y entrar en otro.

El mundo está hecho de islas que se van encontrando. Vives en una cierta isla, abarca lo que ella vivió. En esta casa de oración, lo mismo: venid, pero salid, buscad otras puertas. Cada isla, cada cultura, la llamada cultura humana, cada momento, ofrece al alma una experiencia específica. No eternices ese momento, no lo coloques en una cajita, no lo cierres con siete llaves ni lo guardes en tu armario.

¡La vida se evapora! Esa cajita, después de algunos años, ¡no tendrá nada allí dentro!

¡La vida se evapora, la vida pasa!

¡Los días, los años, son finitos!

¡Son tránsitos! La vida es como una larga avenida, llena de árboles por todos lados y allí, ¡el Sol se pone y nace millares de veces delante de nuestros ojos! No es solo una avenida para pasar por ella, pero sí para pasar y llegar a algún lugar.

Esa es una verdad esencial: ¡vivimos para llegar a algún lugar y no solo para pasar!

¡Esa avenida encarnatoria, la materia, se va acabar! Y tendremos que transitar por otro lugar. Somos como los niños, viviendo sin preparar el equipaje para el viaje, ¡confiando que allá adelante el albergue está preparado! No estará preparado el albergue, ¡otra verdad! Si no preparas tu equipaje, te encontrarás desnudo, sentirás hambre, dormirás al relente, pasarás privaciones.

*****

Estamos hablando de equipaje espiritual, moral, virtuoso.

¿Dónde está el equipaje de tus virtudes?

Vamos a abrirlo, examinarlo. ¿Es pequeño, está casi vacío?

¡Ese es el gran dolor humano! Andamos como si no fuésemos viajantes. ¡Pero somos viajantes! La vida es una travesía. Las márgenes están a la vista: ahora llego aquí, ahora llego allí. ¡El río continúa en medio y tengo que estar preparado para ese viaje!

Es un equipaje invisible el que yo cargo en mi alma, pero es un equipaje. Mientras, gran parte de la vida la dedico a saltar de la canoa, fijarme en un margen y de allí no salgo más. Nacen las horas de la melancolía, que me traen añoranzas y, entonces, hablo de la ausencia del río, hablo de la ausencia de Dios, comienzo a hablar de millares de ausencias de mi vida, porque paré de crecer y andar por la avenida... La avenida pasa por

7.ª Palabra amiga - Verdad

delante de mis ojos y yo lamento que ella pase. Bastaría, calmo y en paz, levantarme y caminar por ella. ¡Ese gesto motor, ese gesto físico, casi anímico, está muerto en nosotros!

¡Resucitemos ese movimiento!

Estamos paralíticos, paralizados. Y decimos: el trabajo va mal, el matrimonio, las tristezas; he olvidado esta verdad… ¡andar, caminar, llegar!

Vivamos hoy como quien sale hacia un viaje. Vamos a despertar mañana y pensar: *¿Y si no vuelvo de ese viaje?*

Es verdad, hijos, no sabéis a qué horas marcó Dios para llamaros. No sabéis si vais a volver por la tarde a vuestras casas, ver a las mismas personas y tocar los mismos rostros, abrazar los mismos cuerpos.

¿Dios mío, y si partimos?

*****

Maltraté a un compañero, dije una palabra áspera, lancé mi cólera, mi ira, una rudeza animal —no animal, porque el animal no es rudo—, una rudeza extraña a la condición humana. No sé si voy a volver, tocar aquel rostro; el brillo de los ojos de aquella persona, verla perdonarme. En mi locura, en mi dureza, ¡creo que voy a durar para siempre! Creo que los días no van a acabar o que Dios no me reserva una sorpresa. No podemos vivir así: eso crea sufrimiento. No sabemos partir, no sabemos despedirnos, no sabemos desprendernos, o ¡dejar que las plantas crezcan! Somos aquel jardinero que las coge del jardín y las coloca en el bolsillo ¡y anda asegurándose de que no florezcan!

Tenemos nostalgias del tiempo en que el jardín era de una forma, pero el jardín cambia y, ¡qué perfecto que cambie! Si el alma no estuviera abierta para perder la flor cuando nace, no recibiría al árbol maduro, los frutos, las semillas. Queremos que las cosas sean infinitas, en aquel estado inicial que nos visitaron. Los cambios nos aterrorizan y de nuevo salimos de en medio del río, de la avenida y volvemos hacia nuestro lugar fijo de siempre, ¡y nos quedamos lamentando que la vida pasa, que las aguas corren, que los barqueros van y vienen!

De repente, volvemos, ¡está todo tan diferente!; ¿a quién culpo? Culpo a Dios y enfermo gravemente, voy muriendo, ¡porque estoy muerto por dentro!

*****

Nos vamos despidiendo. Cerrando con alegría nuestra lección. Preparémonos para el Padrenuestro: esta oración es el final de nuestra palabra. Primero, salimos de la ciudad, entramos en un rancho donde hay un fuego de leña, encontramos una infusión y el cariño; entramos en el recinto de oración, oímos la música, el canto y la palabra. Los amigos hablan un poco con cada uno, decimos el Padrenuestro, recibimos los tratamientos...

Ved que es un camino. ¡Esa es la avenida, vosotros entrasteis en ella! Es como si estuvieseis en esa barquita, en medio del río, deslizándose... No da para vivir aquí dentro, no adelanta venir con las maletas; aquí no es posible vivir. *Aquí cada uno entra, descansa y sigue en paz,* para que cada uno lleve de aquí un reducto de esperanza e irradie allá fuera esa semilla de luz.

Una casa de tránsito. Se llama *casa del camino*. Las casas cristianas de la antigüedad, edificadas por los discípulos después de la muerte de Jesús, eran llamadas casas del camino, porque estaban en el camino: ¡en el camino de la verdad! Mirad qué hermoso: Jesús sabía que la vida es un camino, un camino para la verdad; lugar donde Dios habita con sus ropas de eternidad, ojos desbordantes de mañanas. ¡No hay belleza mayor por ninguna parte! ¡La verdad es el arte de Dios en el espíritu! Hizo su casa en el camino. Quiere decir: el caminante viene, se adentra, deposita su fardo, entiende los porqués de su vida y sale para hacer con alegría su camino.

No perdáis el tiempo, hijos. El tiempo es una preciosidad. ¡Al despertar, haced una oración, abrid un libro, el Evangelio, respirad, pisad en el suelo! Sentid los rayos del sol entrando. Si estuviera lloviendo, sacad la mano hacia fuera. Mirad el jardín. ¡Si no tenéis jardín mirad hacia arriba, hay nubes, hay cielo! Es Dios llamando para la vida, en una oportuna belleza que se ve.

¡Gracias a Dios y felizmente la vida no cesa! ¡Movámonos, desordenemos esa dolencia estancada, esa enfermedad, ese caos!

Osemos enfrentarnos a ese organizado taller mórbido que hemos hecho contra la vida. Eso es la oración de Dios. Si queréis saber dónde está Dios, buscad la belleza, porque la belleza es su palabra, la vestidura con que Él se viste para presentarse aquí en la Tierra y decir:

—¡Aquí estoy!

«Padre nuestro, que estás en los cielos...»

7.ª Palabra amiga - Verdad

El encanto de la Doctrina Espírita

¡Las brisas, un poema de cura!
BN 36 - 10/04/1998

Pasamos ahora a un momento, donde ya sumergidos en ese mar de paz, de alegría y de esperanza, esta palabra puede traernos reflexiones, como si un espejo fuese puesto a nuestra frente y reflejase verdades que aún están ocultas, ocultas a nuestros ojos, a nuestra percepción. La Doctrina Espírita tiene este arte implícito: es como un espejo que, puesto frente a nosotros, muestra cosas que aún no veíamos.

Antes, sobre la mesa, no había un florero con flores, y en el paisaje tampoco había flores y en los jardines tampoco había perfumes ni esencias, ¡y en el desierto no había oasis!

La comunión fraterna de los amigos y de las queridas almas amigas que se encuentran para orar, tienen este don, este don de reflejar nuestra imagen, ya no del abandonado; la mesa tiene un florero y yo ya no tengo soledad porque tengo un florero, tengo algo. Y por más que nadie lo vea, yo lo cargo. Quizás esta flor sea de nostalgia, pero ella está aquí dentro, yo la vivo, la conozco, la palpo.

*****

¡Se llama espíritu! ¡Esta esencia se llama espíritu!

Un don de la Doctrina Espírita: mostrarnos el infinito campo del alma.

La doctrina tiene este don de mostrarnos nuestro espíritu; de hacer reflejar nuevos matices en la realidad antes opaca, antes gris, antes triste. Ella hace nacer en medio de las cenizas ese don, ese brillo, que nadie jamás puede interrumpir, que es la vida.

¡La doctrina tiene este encanto!

Usando un lenguaje más moderno, podríamos hablar de la cara mágica de la doctrina, que tiene el don de traer alegría íntima inexplicable. O en un lenguaje teológico más filosófico, tiene el don de la gracia.

¡Llamamos a esto de *gracia!* Esa alegría sin nombre que anima y que cierta parte de la cristiandad llama de gracia, la doctrina revela que es la emisión amorosa de un ente querido viviendo en el mundo mayor. Es un espíritu emanando amor... Lo que se llama gracia, magia o encanto es simplemente el eco de un alma amando... sus rayos de emisión son como corrientes eléctricas que envuelven a su destinatario. La humanidad, por ejemplo, es el objetivo del amor de Dios.

*****

He aquí a la juventud espírita a nuestro lado. Cantando, buscando, ya teniendo la noción de que es un espíritu; resolviendo sus problemas y sus angustias, ya no más como alguien que en el fondo del pozo no ve salidas, pero si como alguien que en el fondo del pozo ve una mano venida de lo alto, a sacarle de la oscuridad para mostrarle la superficie de un hermoso y largo horizonte que le espera.

¡Humanidad: objetivo del amor de Dios!

El don de esta doctrina es este: el don de mostrar mañanas, es el don de traer el después, el don, en las profundidades, de mostrar las alturas, en la estrechez de mostrar las anchuras. Ella tiene el don de procrear, de crear, el don de Dios, el don de la vida, el don de los encantos... carismas.

¡Don de ver, tener ojos de ver, ve! Ve la realidad transfigurada de encanto. Don de sentir, oír; oye las músicas que están a tu alrededor.

Así la doctrina va trayendo para nosotros esta amplitud del mundo, como una caja acústica que ampliase el sonido hacia lejos, muy lejos, como una piedra que, al ser lanzada al lago fuera reverberando más lejos aún. La doctrina nos muestra que vinimos de muy lejos, pero de muy muy lejos, y estamos yendo para más lejos todavía. Nos hace descansar en el viaje. Nosotros descansamos... descansemos el fardo pesado del viaje cambiándolo por el fardo leve, el yugo del dulce Jesús. Descansar es una palabra usada popularmente para traducir el momento del parto. Dicen las embarazadas: «¡Parí! ¡Descansé!». La doctrina nos descansa de nosotros mismos, hace nacer la paciencia de la espera, serenidad, amorosidad. ¡Pasos más lentos, a la vez diligentes, ágiles!

Una agilidad sin temor. ¿Por qué tal prisa? ¡Por el temor de perder el viaje!, ¿no es así? Salgo corriendo porque tengo miedo de perder el viaje.

7.ª Palabra amiga - Verdad

¡Descansad! Entrad, descansad y seguid en paz, es la palabra de esta casa de caridad.

*****

¿Qué es el don de Dios? En esta doctrina encantada es la revelación de las voces proféticas que vienen a revelar la eternidad. Si un tren partió, él volverá en un par de horas o mañana. Trabajemos con el después continuamente, no corramos, a no ser que estemos en una tarea amorosa y tranquila, física, de correr por el parque. Pero correr detrás de las cosas, como si fuesen a escaparse, como si alguien quisiera retener el agua desesperadamente, mientras se va escapando entre las manos, es un inútil sufrimiento, porque no te hace bien, no hace bien a quien está a tu alrededor, no transforma nada, no resuelve nada.

La doctrina nos encanta porque trae este andar diligente, ágil, vivo, capaz de hacer que retrases el tren para después, porque en cuanto ibas hacia la estación, una flor llamó tu atención, una casa en el camino te hizo parar y entrar; una voz a lo lejos te atrajo y te fuiste a ver lo que era, un doliente cayó y fuiste a socorrerlo, un hambriento, y fuiste a darle un plato de comida, un desnudo, y fuiste a vestirlo...

¡Estuve desnudo y me vestiste, tuve hambre y me diste de comer... Jesús!

Esto es estar inmerso en la realidad, en toda su extensión y su grandeza, percibiendo un Dios de gracia, de vida y de encanto, en aquel momento, en aquel instante.

Después, déjalo en las manos del después. Mañana, déjalo en las manos del mañana. La estación está ahí, no saldrá del lugar. El viaje también continuará o el tren volverá. La vida es ininterrumpida en su forma mansa y delicada de persistir y continuar; sentido de infinitud, percibir a Dios andando y sembrando esperanza por todas partes.

*****

Sin embargo, siempre ocupados del mañana, dejamos el hoy.

Siempre con la mirada adelante, allí; a dos minutos de allí, nos olvidamos de los dos minutos de aquí... y el pasado no es vivido, o sea, *el presente no es sentido*. Un futuro alienado, porque no sucedió aún, se queda en nuestros ojos secando el presente. Diluyendo y disolviendo el encanto del don de la vida de aquel instante... Me inclino sobre el trigal y cojo una espiga o, en medio del bosque, paro y cojo una flor. No pierdo los ojos mirando las copas frondosas, o catalogando todos los árboles, y aquella flor al frente se pierde. Es así que me voy apartando de mí, alienándome, tornándome un alienado de la vida y del don encantado de Dios y de la vida.

Mirar el presente... la doctrina tiene este encanto: traernos de vuelta hacia el presente... el presente se hace eterno, inmenso, grandioso; él perdura, tiene una durabilidad inmensa, en un día hacemos mil y una cosas. ¡El tiempo está preñado, procrea! ¡No para! No vemos las personas tomadas del don de Dios reclamando falta de tiempo, el tiempo es extenso:

—¿¡Cómo dio tiempo para hacer todo!? —exclama.

Porque cuando no hubo tiempo para hacer algo, quien carga el don de Dios sabe que aquello no era para ser hecho. Se comprende solo después, que la hora exacta de hacer era después, no ahora. No existe lo que llamamos —enfermedad del siglo— ansiedad, el ansia. Ansia es una palabra dolorosa, para cuando se está muy lleno. Cuando se ha comido mucho, tienes ansias de vómito; es el exceso.

Las ansias nacen de los excesos que cargamos, que comemos, pensamos, hacemos. Cabe poco dentro de nosotros. Descansemos nuestras ansias. Descansemos nuestro estómago, nuestra alma estomago. ¡Un pétalo de flor, un grano de arena, es todo! En la palma de nuestras manos caben solamente algunos pétalos de flores. Carguémoslas con cuidado, en caso de que no lo hagamos, no cargaremos nada, y al final del viaje, no tendremos ningún pétalo en nuestras manos. ¡Vacíos, cercados de casi todo, no tendremos nada! Ninguna paz, ninguna fragancia, ninguna brisa, ningún desapego, y saldremos del cuerpo, ¿¡cómo!?, ¿cargando el qué? Las consecuencias de una visión estrecha, materialista para el alma en la hora de su muerte o de su desenlace. Pesados como un ancla, permaneceremos sufriendo al lado del cuerpo inerte, pegados al martirio de la descomposición de nuestra materia.

*****

El peso de la materia haciendo sufrir al espíritu. La desencarnación de almas apegadas a la materia, es tristísima, es lamentable, es dolorosísima... porque el desconocimiento de la vida después de la muerte y de la realidad espiritual es como una caja que aprisiona el espíritu en aquel instante de la vida material, y el alma no tiene fluidez para vagar, danzar, desprenderse, desapegarse, volar, salir, poder sentir los matices de la nueva vida.

La Doctrina Espírita, cuando revela la vida después de la muerte, trae esas consecuencias para el alma: la fluidez continua en el presente, un futuro que sabemos cierto, no trae miedo y no es necesario correr, ni tener miedo de lo que está detrás, ni miedo de lo que vendrá; el miedo se disipa, porque como un pétalo en la palma de la mano de Dios, vivimos nuestro día a día.

La doctrina esclarece y pacifica.

En *El Libro de los Espíritus* por Allan Kardec, libro I, capítulo II, pregunta 148 leemos: «¿No es lamentable que el materialismo sea una consecuencia de estudios que debieran, por el contrario, mostrar al hombre la superioridad de la inteligencia que gobierna al mundo? [...]»

¿Quién sería capaz de ver sin pavor, abrirse ante sí el inmenso abismo de la nada, disipando para siempre todas nuestras facultades y esperanzas? *Después de mí, nada, nada más que el vacío; todo acabado para siempre, algunos días más y mi recuerdo será apagado de la memoria de aquellos que me sobrevivieron.* ¿No tiene este cuadro algo de horroroso y glacial? La religión nos enseña que no puede ser así y la razón así nos lo confirma. Pero esa existencia futura, vaga e indefinida, no posee nada que satisfaga nuestro apego positivo, siendo para muchos el origen de la duda.

Tenemos un alma, pero ¿qué es nuestra alma? ¿Posee una forma o apariencia? ¿Es un ser limitado o indefinido? Se dice que nadie volvió para revelárnoslo. Es un error y la misión del espiritismo consiste precisamente en esclarecernos sobre el futuro, hacer que hasta cierto punto, podamos comprender, ya no por la razón, sino por medio de los hechos.

En *El Libro de los Espíritus*, libro II, capítulo III, Turbación Espírita leemos:

163. El alma, al dejar el cuerpo, ¿tiene de inmediato conciencia de sí misma?

Conciencia inmediata no es el término adecuado. Permanece algún tiempo en estado de turbación.

165. El conocimiento del Espiritismo ¿ejerce influencia sobre la duración más o menos prolongada de la turbación?

Una influencia muy grande, por cuanto el Espíritu comprende de antemano su situación. Pero, lo que más influye es la práctica del bien y la conciencia pura.

En el momento de la muerte todo es al principio confuso. Hace falta al alma algún tiempo para recobrarse. [...]

La duración de la turbación que sigue a la muerte es muy variable. Puede ser de unas pocas horas como de varios meses, y hasta de muchos años. Aquellos en quienes es más breve son los que se han identificado en vida con su estado futuro, por cuanto comprenden de inmediato su situación.

*****

Don de Dios, don de la eternidad, la doctrina viene a revelar esta necesidad en este fin de siglo, conquistar algunas categorías nuevas para nuestra vida; dejemos atrás, dejemos verdaderamente para atrás, las estatuas de sal.

Dejemos y caminemos, serios, firmes, ágiles... agilidad no quiere decir rapidez, hijos queridos. Diligencia es una palabra querida, sentida, amorosa, profunda.[1] Ser diligente es ser servicial, en la hora exacta, en la hora correcta, ni antes ni después, en aquel minuto en que era necesario. Dios es diligente en su socorro. Ni antes ni después. Antes porque sabe que es inútil. Ni después porque moriríamos. ¡Pero en la hora exacta él envía su socorro, rápido!

Hay un salmo que dice: «Sálvame, oh Dios...»[2].

Socorrer viene de correr, algo que corre en nuestra dirección para ayudarnos. El único ser que puede correr así y que necesitamos que corra, es Dios, su presencia, para quitarnos de esa carrera inútil, y aunque fuera solo por eso; no solamente es inútil, es tristemente inútil, porque descarga nuestra alma de fuerza, de coraje, tornándonos derrotados, antes mismo de salir al campo, antes mismo de levantarnos por la mañana.

¡Cuántos aquí despiertan de mañana, cansados, exhaustos, hombros caídos, como un día pálido... como un día desencantado... y se arrastran por la calle, en dirección a sus empleos! Es Dios, el único que podría correr, pero quizás no corra porque Él siempre estuvo. *¡La lógica nos indica que Él es... y en todo permanece!*

*****

Estrechas horas del hombre, mendigos del espíritu. Aquí estamos, con tanto a nuestro alrededor. Entremos en esta doctrina, estudiemos esta doctrina, convivamos con los espíritus más de cerca. Llevad a los espíritus para dentro de vuestras casas, hablad con vuestros ángeles, buscad salidas en este campo del invisible. Vestid de encantamiento vuestros días y horas. Esto es posible, está cerca de las manos.

---

1 Referencia poética a Dante Alighieri, en la Divina comedia, libro II, canto XVII: «[...] a la entrada en la cuarta terraza, donde se redimen a los que fueron poco diligentes en las obras de fe y caridad, Virgilio explica a Dante cómo se encuentran distribuidas las almas en las siete vueltas del purgatorio, en función de la naturaleza de su pecado. [...] 58. El propio bien como el hombre no se esquiva, pues quien aguarda el ruego, viendo el mal, ya se inclina con ello a la negativa. [...] 127. Cada uno del sumo bien la idea aprende, que le suaviza la ruda inquietud y las exigencias del alma atiende. [...]»
2 Salmo 69:1.

7.ª Palabra amiga - Verdad

Mentalicemos ahora, en este instante, un chorro de agua límpida y clara, sobre nuestros pies, como si debajo de las sillas, a la altura de nuestras piernas y pies, estuviesen pasando aguas, aguas cristalinas, límpidas. Cuando el agua está parada, un caudal de agua límpida... y aquella agua se limpia. Para limpiar el agua tenemos que colocar agua nueva. Y rápidamente se deshace aquella reunión de partículas oscuras, de lodo y barro que allí estaban, y el agua se limpia.

Lancemos el agua de la paz en las agitaciones de nuestros corazones para revivir una vez más las palabras de Cristo, la vida de Cristo, y la Tierra renovada de amor por todo y siempre.

Cantemos, hijos míos, esta hermosa oración que Él hizo para que orásemos hasta el reencuentro con Él.[1]

«Padre nuestro, que estás en los cielos...»

---

1 Es cantado el Padrenuestro por todos los presentes en el salón. A continuación otra entidad con voz más aguda y suave, comienza a transmitir su mensaje a nuestros corazones. Se presenta como hermana en caridad ¡y más tarde resulta ser Celina!

Celina

Señales y breves líneas sobre el encuentro

Una entidad inicia su oración, la voz dulce y suave, pero con temperamento, llamando a nuestra alma al amor, transportándonos a un espacio de fe, un lugar de paz.

Dijo llamarse *Insignificante Sierva*.
Pero más tarde revela su nombre: ¡Celina!
¡He aquí la primera señal!

Segunda señal

He aquí a Celina por Picasso, a través de la médium Valdelice Salum en el año de 1998. Nos emocionamos hasta las lágrimas. En una sesión de pictografía tenemos una segunda confirmación de su nombre; al lado de la médium Valdelice Salum, rogamos a los cielos por una imagen que se aproximase a la imagen de Celina, pues recibíamos su mensaje y no teníamos su imagen para que todos la pudieran visualizar. Entonces somos agraciados por un hermoso cuadro realizado por el espíritu Picasso. La médium Valdelice, aún bajo la irradiación del espíritu Picasso, habiendo finalizado el lienzo, se vuelve hacia la médium Eliana Santos y le ofrece el lienzo, como en respuesta: «¡He aquí Celina!».

Tercera señal

El texto de María João de Deus[1] sobre Celina, por las bendecidas manos de Chico Xavier, nos llega a través de otra médium pictográfica,

---

[1] Madre del médium Francisco Cândido Xavier en su última reencarnación.

Gertrude de Ituitaba, en un encuentro en la Casa de Oração de Uberaba.[1] Pasamos a narrar el singular episodio:[2]

Gertrude nos indaga:

—¿Eres médium de los espíritus de la Orden de María?

Le respondemos:

—Amamos muchísimo a Nuestra Señora y tenemos en nuestra casa espírita a una mensajera celestial que se denomina sierva de María.

—¿Cuál es su nombre?

—Celina. —respondemos.

—¿Celina? —pregunta Gertrude dándose cuenta de que no sabemos quién es Celina, y luego dice— ¿Celina la secretaria de la Santísima Madre?

—No sé —respondemos—, creemos que no. Sólo es una sierva de la Santísima Madre, que dice llamarse Celina.

Estábamos en la Casa de Oração de Uberaba cuando aún vivía el médium Chico Xavier; en medio de la multitud que todos los sábados se colocaba amorosamente en la cola para dejar su gesto de amor en el inmenso amor que este médium ha dedicado a todos nosotros; y Gertrude nos preguntó si conocíamos el texto del libro «Madre». Le señalamos nuestra insignificancia y nuestra desinformación: «No, no lo conocemos». Poco tiempo después, Gertrude nos envió por correo el hermoso texto que a continuación entregamos al lector.

Durante la lectura sentíamos el corazón latir más rápido... interiormente: ¿Será posible? ¿La misma Celina? La visión que un día habíamos tenido con Celina databa de varios siglos: en un convento de la orden de las Carmelitas, se presentó curvada, lavando grandes vasijas de arcilla, ¡cantando!...

Cuarta señal

Por la presentadora de la Radio Boa Nova, Ana Ariel y el compañero espírita Reinaldo Leite.

Aún una cuarta confirmación a través de una de las médiums de esa casa espírita, nuestra hija Ana Ariel, que asistió a cierta conferencia en la ciudad de São Paulo, en la que estaba presente el hermano Reinaldo Leite. Él, más allá de decirle que había sido médium de Celina, añadió que Celina es un espíritu exigente y disciplinado; exigencia y disciplina a las que él no pudo corresponder, lo que hizo que ella lo dejase. El médium

---

1 Ciudad de la provincia de Minas Gerais, en Brasil.
2 Se reproduce el diálogo entre la médium pictográfica y la médium Eliana dos Santos.

Reinaldo le hace esa confidencia por el hecho de haber visto a Celina a su lado durante la conferencia.

Evidencias y pruebas irrefutables hacen que nuestro corazón se incline... semanalmente tenemos a la voz de Celina ¡que nos sostiene en nuestra delicada caminata femenina!

7.ª Palabra amiga - Verdad

Celina

Por el espíritu de Maria João de Deus, a través de la psicografía de Chico Xavier en el libro Mãe

Cuando elevamos al cielo nuestra mirada suplicante, hay para todos los que se afligen en la prueba, una madre amorosa y compasiva que nos ampara y consuela. Se compadece de nuestro dolor, nos contempla con misericordia y entonces nos envía el ángel de su bondad para aliviarnos nuestros padecimientos… Es Celina… la dulce mensajera de la Virgen, la madre de las madres, el genio tutelar de la humanidad sufridora…

Cuando el llanto irrumpe en los ojos de las que son hijas y hermanas, de las que son esposas y madres en la Tierra, en el corazón de las que a menudo se centra la amargura, viene Celina y las toma en sus brazos de niebla resplandeciente y, a través de los oídos de la conciencia, les dice con dulzura:
—¿Llegó el dolor a llamar a vuestra puerta? Valor… No os desaniméis en las ásperas luchas que objetivan vuestro perfeccionamiento moral. Pensad en aquella que tuvo su alma recortada de martirios, desgarrada por sufrimientos, atormentada de angustias. Ella se desvela en el cielo por todas esas almas que eligieron sus huellas de Madre amorosa y compasiva. Fue ella quien, escuchando la oración de vuestra fe, me envió para que os diera las flores de su sacrosanto amor, portadoras de la paz, de la humildad, y sobre todo, de la paciencia…

Celina

Cántico 1
Oración al amor

Oración de amor y bondad, recibimos en este momento de tierna felicidad. La felicidad de poder, juntos, reunidos, vencer la infelicidad nacida de la separación, de la desilusión y de la soledad, en la que a menudo estamos sumergidos.

Juntos, agradezcamos a Dios, este momento amoroso y bondadoso, en el que fraternos damos las manos, para esta cena de amor.

¡Amor! Esta es la palabra llave que abre todas las puertas, ya que esta fue la palabra alterada que cerró todas las puertas.

¡Amor! Dulce palabra... debe habitar nuestro interior, salir de nuestros ojos, evaporar por nuestra piel, debe salir de nuestro cerebro, pensando esta palabra, diciéndola en gesto.

¡Amor! Debe estar con nosotros todo el tiempo.

¡Amor! Debe ser aquel verbo que se expresa en nosotros, en la sonrisa que traemos al despertar. Hijitos amados del corazón, ¡qué inmensa alegría tenemos de recibirlos en esta casa espiritual! Estad aquí en esta cena, siempre. Reunámonos para cantar, orar, y construir este reino. *Levantemos nuestra cabeza, miremos hacia arriba, no nos derrotemos. No nos quedemos derrotados de nosotros mismos, ni nos sintamos sorprendidos con nosotros mismos.*

Hicimos muchas maldades, tuvimos muchos pesares, tantas cosas nacieron de nosotros, y nos llevaron a los abismos... pero ellas también están en las alturas. Miremos hacia lo alto siempre y hacia los lados... Ahí está nuestro ángel, nuestra paz, nuestra luz.

¡Allí está el amor!

7.ª Palabra amiga - Verdad

Dios es amor... y Él nos mece, levanta, abriga. No tengamos miedo de nada. Hijitos del corazón, en este momento, en estos viernes donde nos reunimos solos en medio de esta isla —porque el orbe está como una masa inmensa en destierro—, estamos con las almas exiliadas, como si estuviéramos exiliados, desterrados de un reino de paz, de un reino de amor, de comprensión y tolerancia; proscritos en nosotros mismos, estamos. Exiliados en nosotros mismos, permanecemos.

Reunámonos en esta comunidad de amor, en este abrigo de luz, para salir de este estado de parálisis afectiva, de parálisis fraterna, de parálisis de solidaridad; renazcamos como compañeros amorosos, en el camino mano a mano, cara a cara, lado a lado, reunidos en este Maestro de amor que vino y murió por nosotros. ¡Dio su sangre! ¡Roja savia cayó de su piel, de sus arterias! ¡Dios sacrificó a un hombre, un ser, para salvarnos! Miremos para esta verdad, y no dejemos que los pensamientos, que los pensamientos oscuros de las tinieblas, nos quiten esta verdad.

¡Levántate, oh alma amada! No estés paralizada. En ti hay un corazón que late por la resurrección de la fraternidad, por el renacimiento del cuerpo fraterno y solidario. Deja que él se apiade de la humanidad. Deja que él tenga compasión de los que sufren. Deja que él llore por los que sufren. ¡Tu corazón es eterno! Sigue esas profusiones emocionales que te llaman para la solidaridad y la fraternidad con el prójimo. Dios está aquí, a tu lado. Toca a tu hermano, míralo, mira... siente... es tu hermano.

El espíritu, cuando sale sin esta fe fervorosa, se diluye y se disuelve en un estado de dolor angustiante. Mientras hay tiempo, y mientras estás aquí, amplía tu corazón de esta verdad suprasensible, expande tu corazón de esta llama eterna que es el espíritu. Que en él vivas, a él te entregues, y en él percibas la grandeza de la obra de Dios.

Permite que tu corazón se convierta en humano y dance con la humanidad.

Permite, en fin, que te vuelvas ciudadano de esa humanidad.

Permite que seas la flor que eres.

Permite que sean estos pétalos suaves, este barro blando, ese candor de la creación de Dios que todas las cosas son.

No permitas que aquello que habita tu pensamiento, que vive en tu cerebro, conduzca tu vida y te retire de las verdades esenciales que habitan aquí, en la caja torácica, en tus sentimientos. Aquí está el libro de la vida. Mientras hay tiempo y mientras estás aquí, amplía tu corazón de esa verdad suprasensible, expande tu corazón de esa llama eterna que es el espíritu. Que en él vivas, a él te entregues, y en él percibas la grandeza de la obra de Dios.

¡Tu corazón es eterno!

Cantemos la canción «María».

Madre adorada y amada, porque esta hija de María un día, viviendo en su corazón purísimo, bajo sus huestes aquí en la Tierra, comprendió que Dios no necesita de nuestras obras, necesita de nuestro amor. Él necesita que amemos, todo lo que hacemos sin amor es nefasto, no sirve a Dios, *sirve a otra fuerza*. Y por eso es tan poderosa, y por eso nos irriga de depresión, melancolía, angustia, cólera. La obra, para ser de Dios, es condición indispensable ser hecha con amor.

Aunque sea un grano de arroz que cocines, aunque sea un vaso de agua que des, aunque sea una planta que plantes, necesita ser con amor para servir a Dios verdaderamente.

¡Dios necesita de nuestro amor!

¡Mucha paz!

Cantemos con esta coral de amor la canción de María.

¡Levántate, oh alma amada! No estés paralizada. En ti hay un corazón que late por la resurrección de la fraternidad, por el renacimiento del cuerpo fraterno y solidario. Deja que él se apiade de la humanidad. Deja que él tenga compasión de los que sufren. Deja que él llore por los que sufren. ¡Tu corazón es eterno!

La transfiguración, Paul Gustave Doré.

Ley divina
Octava palabra amiga

El arte de vivir con Dios

¡En el libro de los vientos y de las brisas, un poema de cura!
BN 13 - 19/09/1997

Dice Jesús: «¡Para encontrar el Reino, vuelve a ser niño!». ¡Indica así, a todos nosotros, el camino posible para el alma, el camino que tendríamos que recorrer para encontrar el Reino!

Comenzamos hoy la lección de la noche, recordando este pasaje del Maestro, para que podamos abrir nuestros corazones y recibir de lo alto, del plano mayor, de las estructuras espirituales superiores, la bendición de la que tenemos necesidad, porque como decimos siempre, la infelicidad nace de nuestro distanciamiento de Dios.

El dolor y la enfermedad son palabras radicales del Padre para hacernos volver a la ley de amor, a la ley sublime de amor, porque, al apartarnos de esa ley, trazamos un mapa de tristeza, una trayectoria de dolor.

Esta noche tan hermosa, en que los vientos baten fuerte allá fuera, en que sentimos en la piel el viento húmedo penetrante, leamos en los libros de los vientos, el mensaje de Dios. Él pasa, va y viene, flexible y en equilibrio continuo. *Él no para, no cesa... ¡Así es Dios!* Podríamos pensar en Dios y pensar en los vientos y definirlo como viento. Como si fuéramos niños, diríamos: «Dios: brisas que pasan...».

*****

Necesitamos volver a la infancia porque el hombre adulto, preocupado en demasía con su vida, olvida de esa suavidad de los sentidos, de esa suavidad sensorial que el espíritu puede coger de la naturaleza, al tantear sus elementos, al compartir sus elementos.

Los vientos pasan allá fuera y dicen, en un cántico que podríamos leer, si nuestros ojos estuvieran abiertos: «Tu dolor pasará, hermano amado, tu angustia, por más profunda que ella sea, no será eterna, y sí finita. Tu soledad, aquella amargura que cargas, es transitoria, es un tránsito, un pasaje, un camino, un momento, como el viento que pasa. Y tú ¡oh, alma!, ¡oh espíritu!, pajas al viento, frágil... pasas también».

¡Podríamos leer así, en ese libro de los vientos y de las brisas, un enorme poema de cura! Podríamos retirar de ese viento que pasa allá fuera, gotas líquidas de luz, que podrían curar todas las heridas que traemos, porque las heridas externas son apenas la cara exterior de las heridas que cargamos en el espíritu. *¡Son apenas exteriorizaciones de nuestra psique, de nuestra moral, de nuestras emociones!* Y si no curamos la esencia, la forma no será curada. Es como remendar una ropa vieja. Si no tenemos cuidado, al coser aquí, reventamos allá.

Curar nuestra alma y nuestro cuerpo es como remendar viejas ropas. No podemos, por ejemplo, colocar un tejido muy fuerte y nuevo en medio del tejido viejo. Desentonará, no conseguirá unirse al tejido viejo. ¡Observar qué sabiduría tiene Dios al colocar en los caminos de cura el tiempo de los vientos, de los días y de la dedicación!

*****

Todos vienen a una casa espírita o espiritualista, en busca de cura para sus angustias, sea moral, física o espiritual. Pero esa cura tiene condiciones. Necesitamos pasar por esa cura primera del espíritu, sino será el remiendo nuevo colocado en el tejido viejo. Luego, después, la ropa estará rasgada en otro punto y será peor, porque diré que aquel remiendo de nada sirvió, habré perdido el trabajo del remiendo nuevo.

Dios, en cada momento, en su sabiduría y grandeza, prepara para cada uno su camino. Y por eso, muchas veces no entendemos por qué algunas personas atendidas no son curadas. ¡Es el tejido viejo, la ropa remendada! ¡El remiendo perfecto depende del merecimiento del alma! ¡Está hecho con la fe, con la obra y con dedicación a la oración!

*****

¡Hermanos, no siempre Dios nos cura, porque la enfermedad es la cura algunas veces! La enfermedad es la medicina que Él colocó para tapar aquel agujero de nuestra alma: *¡Ah, si yo no me preocupase con ese dolor!, ¿qué sería lo que yo haría con mi vida?*

Muchas veces, la retirada del tumor es comprometimiento. ¿Cuántas veces el cirujano solo retira el tumor después de fortalecer el cuerpo del paciente? Un cuerpo debilitado, anémico, no soportaría la cirugía para curarse, la operación comprometería su vida. ¡Si el organismo creó el tumor, es porque tiene necesidad de él para su cura! ¡Entendáis: sólo hay vida en el universo! ¡Porque Dios es el universo! ¡Él es todo! ¡No puede haber error, no hay error, no hay equívoco en la obra del Padre! ¡Hay pureza, hay eternidad, hay sabiduría, hay certeza!

Así, la Doctrina de los Espíritus trae hermosas revelaciones, calman nuestra alma, pacifican nuestro espíritu, y a la vez nos vuelve limpios de nosotros mismos. El espíritu Emmanuel en un bello pasaje, dice: «¡Perdonados sí, pero no limpios!».

¡Perdonados estamos, hijitos amados! Cuando Jesús entregó su sangre y se crucificó porque Dios así lo quiso; fue para salvarnos. ¡Estamos salvados! ¡Perdonados estamos, pero el trabajo de la limpieza es nuestro! ¡Por eso reencarnamos¡ Por eso volvemos, y por eso estamos aquí nuevamente, con gran alegría.

¡Bienvenidos, hermanos amados!

Hoy no haremos una exposición muy larga; editamos las lecciones, para que sean leídas después y reflexionadas; para que cada hermano de la doctrina pueda sentir, convivir con esas palabras; bucear en ese campo de palabras como en busca de un alimento, o como en busca de un remedio... ¡ese es el remedio del espíritu, después vendrá el medicamento del cuerpo!

*****

Con la paz de nuestro Señor Jesús y muy emocionados, porque esta noche tenemos la oportunidad de hablar un poquito sobre la grandeza del Padre en nuestras vidas, traemos unas palabras: la aceptación y la resignación. Esas palabras, muchas veces, duelen a nuestros oídos.

¿Cómo resignarme? ¿Cómo aceptar?

¡Y el hombre lucha contra los vientos!

¿Pero, ya visteis a algún humilde siervo de los campos luchar contra las ventiscas? ¡No, él es sabio! Y en su humilde sabiduría, corre y se refugia de los vientos, pues sabe que los vientos son más fuertes que él... ¡sabe que Dios viene cabalgando en los vientos! Y dice: «¡Si Dios decide pasar, puede ser que se lleve mi casa, puede ser que se lleve mi vida!...».

Él no sabe lo que Dios quiere; pero tiene un saber íntimo que lo lleva a guardarse, a salvarse, a prevenirse, a guiarse, a cuidarse. ¡Ese es el saber de un saludable comportamiento espiritual!

*****

8.ª Palabra amiga - Ley divina

Cuando el espíritu está saludable, trabaja en la prevención de las enfermedades, en la prevención de las patologías; está siempre buscando, no el fuego que hiere, no el agua fría que hiela, no la espina que duele. Busca la suavidad y huye de aquello que duele... Se ausenta de las sombras, busca colores claros, lugares claros.

¡Pero cuando está doliente, busca el enfrentamiento, la lucha, el conflicto, la muerte, la guerra!

¡Y nosotros estamos dolientes! ¡Este siglo está doliente! Este tiempo es un tiempo doliente... Así, si estoy con la familia envuelta en determinado problema, quiero resolverlo. Y si no lo resuelvo, en cuanto no lo resuelvo, no paro, entrego mi alma a la lucha continua, sin fin... aumento el problema, agravo el problema, amplío el problema... en vez de sanarlo.

*****

Cuando tengamos un problema, salgamos pronto de él. Primera orientación, primera sabiduría: el fuego está con llamas altas, ¿¡cómo quedarse cerca, seré chamuscado!? Ni lanzar agua puedo, si estuviera muy cerca. El humo me asfixiaría, no podría respirar. Sería alcanzado por las llamas y quemado. ¡Entonces, el primer camino para superar las adversidades es la distancia! ¡Alejamiento!

Pero no hacemos eso, al contrario, vamos a su encuentro. Nuestro espíritu es bélico, medimos la fuerza, sacamos las espadas, o la palabra, o la lengua afilada. ¡Hoy no tenemos espadas afiladas en nuestras manos, pero tenemos actitudes de espadas!

Entonces las brisas vienen, el cántico de los vientos pasa y nosotros vamos a aprender, a pasar, como los vientos pasan... Y si el viento viene trayendo fuego, como si él fuese un caballo desbocado, ¡no nos aproximemos a él!

¡Pero si él fuera como un perrito dócil, dejémonos acariciar en esas brisas! ¡Si él fuera agua, si él fuera un delfín, dejemos que él se aproxime y se recueste en nuestro regazo! ¡Sepamos separar las cosas, discernir! ¡Creemos en nuestro código interno, el código de la vida, y no el de la muerte! ¡El código de la mansedumbre y no el de la guerra! ¡Eduquémonos para la paz verdadera, ya, en este instante, comenzando hoy, al salir de aquí!

¡Aquel hermano problemático que cargas en tu familia, déjalo en las manos de Dios! ¿Será que, en algún momento, podemos amar a alguien más de lo que Dios le ama? ¿Será que algún día, en nuestras vidas, tendremos la capacidad de amar a una persona, sea nuestro hijo, esposa, marido, madre, padre, amigo, más de lo que Dios la ama? ¡Qué pretensión, qué orgullo, qué soberbia, cuánta vanidad cargamos! ¡Antes de ser mi hijo, él es hijo de Dios! ¡Antes de ser mi padre, él es hijo del Padre!

*****

Hay un padre que nos orienta. ¡Haz tu camino y entrega a esa persona problema a los pies del eterno! Haz, hoy aquí, una vibración y llévala, mentalízala como si estuviese en los brazos de la Piedad. O mentalízala en los brazos de Jesús, o de un gran sol de luz y di: «¡Padre, sea hecha vuestra voluntad!»

¿No es así lo que dicen los niños? ¿No es eso lo que enseña la infancia? ¿El niño nace y elige la leche en polvo del estante? ¡No, la madre ya lleva aquello que juzga ser lo mejor! ¿El niño nace y elige la hora en que el Sol se ha de poner? No, el Sol tiene su horario. ¿Tú mismo, cuando naciste, escogiste dormir por la noche y estar despierto durante el día?

¡Hay ciertas cosas que se dan en el universo, instantáneas! ¡Es Dios! Es lo que llamamos ley. Y ella rige nuestros destinos, nuestras vidas, nuestras historias.

¿Y el hijo, el marido, aquel familiar con problema? ¡Sigue con tu vida, haz lo mejor y déjalo en las manos de quien realmente lo ama! Porque aquel hijo, aquel familiar-problema, a veces es un enemigo reencarnado, presente en el hogar, para recordarnos constantemente lo que le hicimos; puede ser un lazo del pasado volviendo rabioso, airado y, consecuentemente, no tendrá amor por ti. Ya el otro hijo te ama. Desde niño, jamás hizo algo que te aborreciera, vosotros sois en verdad, espíritus hermanos, espíritus afines... hermanados.

*****

¡Entonces, amado hijo, para curarte de los males que están en el corazón, sé como un niño! ¡Para encontrar el reino de paz, el reino de Dios, el reino de la alegría, el reino de la felicidad, sé como un niño! ¡O como los vientos, que también pueden ser niños!

¡Deja que las cosas pasen! Olvídate, olvídate de las amarguras de los días tristes pasados, de aquel que te ofendió. Deja pasar el tiempo. ¡Deja que Dios penetre en tu piel a través de los vientos! Deja que Dios te toque y te bese a través del contacto afectuoso de los amigos, de un sueño, de una esperanza.

Di, por la noche, al acostarte: «¡Dios, amado Dios!... ¡Ah!, ese tu hijo... al arrastrar un carro... el carro kármico. ¡Oh, Dios mío! El Señor bien

8.ª Palabra amiga - Ley divina

sabe que dejé pasar las perlas… Porque Dios, el Señor nos da salud, vida, casa, alimento, trabajo y vivimos en lamentaciones».

Así, en esa alegría y en esa infancia amorosa, cerramos la lección de los viernes. El Maestro lo desea, ama, sueña estar con el objeto amado por Él: ¡nosotros, su pobre humanidad! Dio su vida, sangró para que Lo guardásemos en medio de nosotros, en la solidaridad. *¡Donde estuvieran uno o más reunidos en mi nombre, allí estaré! ¡Estaré con vosotros hasta el final de los tiempos!*

¡Donde Él está, en las alturas impares en que se encuentra, está oyendo en este instante, nuestro corazón latir en su nombre!

Imaginemos al Maestro, no en la cruz sangrando, sino imaginémoslo vivo y nosotros colocando flores a sus pies. Llevemos al Maestro flores de luz que sean de nuestro corazón, y digamos:

—¡Oh, Maestro!, aquí el Señor tiene mi alma en pedazos, mi alma que retorna después de un largo camino de errores, de dolores! ¡Recógeme como a una ovejita herida, ponme en tu regazo y bésame en este instante! !Enjúgame las lágrimas, Maestro! ¿Qué puedo decirte? ¡Palabras te llevaron a la cruz! ¡Quiero vivir en ti, Maestro! Por ahora no puedo imitar la grandeza de tu vida, pero aquí, pequeñito, ínfimo, oro en este instante y dejo aquí mi dolor. ¡Tu amor irradiado como una gran luz, un gran sol; una chispa de tu amor, Maestro, una solo, abrasaría la Tierra, qué dirás de mi alma minúscula, como un grano de arena!…

Imaginad, hermanos amados, una gran mano de luz… y como si fuésemos una comunidad en medio de esa mano, en medio de las estrellas, cantemos el Padrenuestro.

«Padre nuestro, que estás en los cielos…»

¡Acepta a Dios, acepta la vida!

¡Somos seres en perfeccionamiento... somos perfectibles!
BN 20 - 14/11/1997

Con esta paz y con esta oración, damos inicio a nuestros trabajos. Intentemos olvidar, aunque sea por un minuto, el dolor que traemos en nuestro pecho, en nuestra alma y en nuestros caminos. Intentemos apartarnos, por poco que sea, de las angustias que cargamos tan profundas, tan pujantes. Muchas veces nos levantamos entristecidos, melancólicos, sin fuerzas y sin coraje, y no sabemos muy bien de dónde viene este estado del alma que nos dobla la cabeza, dobla nuestros hombros, hace que las rodillas flojeen, hace que los ojos se empañen y terminan quitándonos la alegría y la vivacidad, nos vuelven viejos antes de tiempo... pero no un viejo sabio —porque volverse un viejo sabio desde siempre, sería una gracia, una aventura, un júbilo, una alegría—, nos volvemos aquel viejo descreído, desesperanzado, nostálgico, que se encuentra preso de los momentos que se fueron, como si la vida entera y todo el misterio de la encarnación y todo el misterio de la propia vida se encontrase reducido a la edad de la juventud o de la naturaleza humana.

De repente, nos encontramos doblados bajo el peso de tantas tristezas que se van sumando, día a día, en nuestro pecho. Proyectos que se frustran, sueños que no se realizan, demoras prolongadas en las ansias más íntimas de la pareja afectiva, de lirismo, de amor; o cuando tenemos la pareja, la desesperanza y el desencanto del matrimonio, de la unión; la dificultad de la convivencia profunda de un ser con otro ser. ¡Somos, en verdad aún, extraños unos a los otros!

*****

8.ª Palabra amiga - Ley divina

La condición humana y lo que hay de humano en mi prójimo, aún no son verdades y aún no son realidades para mí. Lo que es humano aún me suena como espinas o como una obligatoriedad a la cual tengo que someterme, con la cual tengo que convivir... obligatoriamente tengo que convivir. ¡Pero, Dios mío, hay tanta belleza y tanta grandeza en la existencia humana! ¡Y mientras tanto, nos perdemos esa realidad sensible!

El peso de nuestras amarguras y tristezas nos saca de ese estado solemne y casi de gracia, en que Dios nos colocó cuando nos colocó aquí, encarnados, para sobrevivirnos, todos juntos, los unos con los otros.

Hay un jardín aquí en la Tierra; la Tierra es un jardín del Gran Jardinero llamado Dios. Él trasladó para aquí almas reencarnadas con determinados perfiles, con determinados tonos vibratorios, con determinadas cargas emotivas, semejantes los unos a los otros. Entonces, no debíamos ser extraños los unos a los otros, más conocidos profundamente los unos por los otros: ¡familiares!

Somos una familia —sangre del fluido universal, un corazón nos une, semejantes en la condición humana—, la gran familia en que estamos en el transcurrir de nuestras privaciones y pruebas. Es importante colocar dentro de nuestro ser esa verdad tranquila, esa verdad transparente, como transparente es el cristal de la ventana, como transparente es la retina de nuestros ojos, transparente es el horizonte, porque no hay nada que nos impida ver la línea, allí, a lo lejos.

Estamos demarcados, hay límites serios, bonitos y necesarios en esa vivencia de la reencarnación, en este fin de siglo.

Es preciso salirnos de las luchas íntimas, desesperadas, por eso o por aquello, como si tuviésemos un objetivo que cumplir. Es como si viviésemos, apenas y reducidamente, en nuestra emoción, para cumplir esos objetivos —cuales sean ellos—, ser felices a cualquier coste, a cualquier precio.

Comenzamos entonces la búsqueda de lo que es ser feliz, y no la encontramos. Nos casamos y no encontramos la felicidad. Estamos solos y no la encontramos. Es la eterna insatisfacción. Entonces comenzamos a buscar momentos de alegría. ¡Salgo, voy a bares y bebo, corro; euforia y descontrol que después traen melancolía, vacío, nada!

Hay una disipación de nuestra energía en esos momentos en que vivimos la ilusión de la felicidad. ¡Esos momentos luego pasan, se disipan y deprimen al alma, porque hubo un desgaste energético, más no hubo obra, realización, construcción! La felicidad tiene que venir con la creación: ¡la criatura imitando a su Creador!

*****

El advenimiento del Espíritu de Verdad trae las comunicaciones suprasensibles, de la verdad suprasensible de que somos un espíritu. *Revela también que la condición de la existencia, el simple hecho de existir, ¡es maravilloso!* ¡Este jardín en el que estamos, es maravilloso!

¿Por qué no conseguimos vivir en esa dimensión de encantamiento y de sentido pleno de la existencia? Es que tenemos la idea de una perfección que se muestra fija. ¡Esa idea se instala en nuestro corazón y domina nuestra mente! ¡Somos seres, mientras tanto, en perfeccionamiento, no somos seres perfectos! ¡Somos perfectibles! ¡Tenemos tendencia a la perfección! ¡El perfecto es solo uno y ninguno jamás lo vio!

Ese sentimiento lleva al alma a la insatisfacción consigo misma. Estando insatisfecha consigo misma, comienza a buscar fuera de sí las soluciones para los problemas. Las soluciones, mientras tanto, están dentro... porque dentro de esta materia, cual un vaso, vive una estrella y esa estrella es el espíritu. Las personas que tienen a Dios en sus corazones y que encontraron ese sentimiento mayor, no tienen ansiedad: ¡si nací con ojos negros, son ojos negros! ¡No adelanta desear los ojos verdes: ellos no son verdes y da lo mismo que me ponga unas lentillas, cayendo en la cuenta de que ellos lo son, sé que no lo son y Dios lo sabe también.

Si viviésemos dentro de un estrecho límite del jardín en que Dios nos colocó y en la santa paz con que Él nos hizo, no tendríamos locuras, obsesiones, ni posesiones y el Reino estaría ya construido.

La tendencia a la perfección llevaría al hombre a buscar su ley de progreso y, en la ley de progreso sumergido, él se mejoraría, se superaría continuamente, incansablemente.

Un espíritu de superación planearía sobre nosotros y aquel desarreglo momentáneo de mi hermano sería tan dulce para mí, y yo lo comprendería, sonreiría, lo entendería: ¡es el momento de su perfección y de su intención de perfección!

¡Todo lo que se desequilibra, se desequilibra para equilibrarse!

¡Todo lo que se derrumba, se derrumba para repararse!

¡Esa es la ley que está implícita en todas las cosas!

¡Eso es Dios!

Jamás Él recorre... corre el espacio sin dejar marcas, sin componer una obra, sin edificar. Lo mismo cuando Él pasa como un huracán en una tempestad, Él edifica después de la tempestad y en cuanto la tempestad actúa.

8.ª Palabra amiga - Ley divina

*****

Pero somos extraños entre nosotros. Un hermano cae y decimos: «¡Mira, él cayó!» Admirados, como si aquello no fuese con mi condición, como si yo no fuera a caer. ¡Si trajésemos, para nuestro interior, la certeza de esa hermandad, tendríamos el corazón conduciendo nuestra vida y, dentro de ese latido rítmico del corazón de Dios, siendo uno con Él, tendríamos las respuestas que necesitamos.

Bienvenidos a esta casa de oración, hijos amados.

El mensaje hoy, es simple, sencillo. Él apenas habla de un jardín, el jardín de Dios, y cuenta que eres una flor de ese jardín. Si Él te hizo rosa y no te hizo clavel, acepta la rosa que eres. Si clavel, acepta el clavel que eres. Si hierba rastrera, acepta la hierba rastrera que eres. ¡Y vosotros, entonces, veréis que una paz intensa se instalará!

Hay algunas almas que indagan: «¿Por qué no crecemos? ¿Por qué hay personas que progresan?».

¡Porque están en paz!

Si están en paz, la energía se entrega para la obra de perfeccionamiento en un continuo sublime día a día...

*****

En cuanto el alma está insatisfecha, va en busca de la satisfacción externa, creyendo que lo externo de la ropa, del zapato, del coche, de la búsqueda desenfrenada del placer sensorial, en cuanto se está de esa forma, la energía está utilizándose, pero es una utilización negativa. Entonces, no hay forma de crecer, se estanca: *Había tanto de lo que debía de hacer...*, dice ese ser que así empleó su energía; *Yo era una promesa; tantas cosas podría haber hecho, pero siempre busqué ser rosa, y no el jazmín que soy, pequeñito como una estrella y preso de un gran follaje*, se dice, generalmente.

«Yo soy la vid y tú eres el sarmiento», dijo Jesús, enseñando a los discípulos, esa maravillosa lección de paz. No podemos invertir ese mensaje. No podemos ser la vid: somos el sarmiento de la vid. ¡La vid es Dios! ¡Esa permuta, ese intercambio, esa pérdida de la verdad —somos el sarmiento— es perversa porque lleva al alma a una ilusión y, quien trabaja en la ilusión, disipa sus fuerzas y al final, está con la manos vacías!

*****

Cierta vez una hermana, que no está aquí hoy, dijo: «Fui estudiando, fui creciendo y llegué a lo máximo; y cuando llegué a lo máximo, me vi con las manos vacías».

Aprendamos con los más viejos, con la sabiduría de la vejez, a aceptar las condiciones de la reencarnación dadas por Dios. Las condiciones de la reencarnación dadas por Dios son sabias, nosotros estamos inmersos en la ley que Él escogió... ¡En la cuna y en el pesebre que Él nos dio!

¿Imaginad si Jesús hubiera malgastado sus fuerzas porque nació en un pesebre de paja? La revuelta y el dolor por no tener estudios o por no ser fariseo o samaritano... ¿Imaginad si Él hubiera gastado su energía queriendo ser lo que no era? ¡Pero Él era el hijo de un carpintero y de una mujer simple y allí Él se entregó a ser lo que era, para que Dios obrase en Él! Y la sabiduría desbordó de su corazón y Él se volvió el Maestro.

Imitemos a Jesús. Él es un espejo para mirarnos y copiar. Él es un modelo para ser imitado, porque no hay nada para que el hombre pueda crecer a no ser por la imitación... !Pero es preciso escoger a quien imito¡

Este es el modelo: ¡el modelo de la insensatez! ¿O elijo el modelo de los sabios, que vivieron con tan poco siempre, pero que expresaron en sus rostros una alegría indescriptible, o ríos interminables de pacificación, de palabras vivas?

Esa elección está en nuestras manos, hijos queridos: puedo elegir el camino, la verdad y la vida. ¡O puedo escoger el descaminar, la mentira y la muerte!

Con Jesús, entonces, en nuestro corazón, sabiendo que entramos en diciembre, comenzamos nuestro taller de juguetes, el taller de los niños, porque los hombres no son extraños a esta casa, la pobreza no es extraña, el dolor no es extraño.

Esta casa es una casa donde las almas se reúnen por la similitud, porque la semejanza con la humanidad convoca al corazón a una acción de amor real en la vida.

¡Hay una actuación transformadora íntima y después, hay una acción transformadora externa, porque quien está transformado en su interior, se transforma fuera! Es natural que se irradie hacia fuera lo que tengo. *La boca habla de lo que está lleno el corazón.* ¡Si encuentras dentro de tu hogar, a tu lado y dentro de ti, negatividades, eso es de lo que está lleno tu corazón!

*****

¡Almas queridas que venís afligidas a este recinto, almas amadas que venís doloridas con los ojos cerrados, contemplad los lirios del campo! ¡Mentalizad los lirios del campo balanceándose al viento y acordaros de Jesús y de los maestros que nos enseñaron que por más que trabajemos,

8.ª Palabra amiga - Ley divina

no tendremos la belleza, la grandeza y la libertad de esa obra de Dios! ¡Mentalicemos los lirios del campo, *no hilan, no tejen, y, mientras tanto, Dios preparó para ellos tanta belleza!* ¡*Ni Salomón, con su riqueza, se vistió con tanta belleza!* Miremos los lirios del campo y traigamos, en este momento, una paz profunda para nuestro corazón, y transformémonos en ese lirio; imaginemos que estamos dentro de un lirio de luz, elevándonos para lo alto, y trayendo de la espiritualidad el mensaje de paz que necesitamos para salir de aquí revigorizados en nuestro proyecto de amor, esperanza, y de solución para los dolores.

¡Acuérdate! ¡Si Él te hizo un árbol, en lo alto de la montaña solitaria, acepta! Quizás un peregrino suba hasta esa montaña y se acueste debajo de él y conviva con él por siempre. No te angusties y espera: Él sabe el momento. ¡Está todo bien en el universo! Si el dolor aún es muy grande, deja que pase, no lo conserves entre tus manos. ¡Lo que hacemos muchas veces, es coger el dolor y retenerlo en nuestras manos! No perdonamos a quien nos hirió y permanecemos en dolor; cargamos la herida en la historia emocional, y el sujeto que nos hirió está dentro de nosotros, y vamos recordando, martilleando ese dolor, esa agonía: la palabra áspera, grosera...

El recuerdo, en verdad, no es con relación al dolor, es sí, el recuerdo del momento en que el dolor fue provocado —porque el dolor pasó, él ya se fue aunque tú estás aquí— ¡el alma permanece memorizando el momento del dolor!

La mujeres, cuando paren, tiempo después ya olvidaron el dolor del parto. Ved que el parto y el dolor del parto no duelen, porque lo que ellas traen de allí, es la memoria de un ser que nace, y ¡la vida no duele!

Pero cuando la muerte hiere nuestras inocentes esperanzas, Dios mío, sucumbimos al peso de ese flagelo espiritual y emocional y quedamos con aquella memoria danzando en nuestra mente.

El dolor ya dolió: !déjalo partir!

El día de hoy está claro, la lluvia vino abundante, la tierra se ablandó... ¡Planta la semilla! ¡No te vuelvas prisionero de ti mismo y del dolor que ya se fue, como si vivieses en el pasado! ¡ Memorias, memorias, memorias somos nosotros! ¡Un campo de memorias! Lilas, rosas, claras, turbias, grises, mórbidas... ¡No! Vamos a traer memorias claras.

¡Jesús, Maestro de amor, bendice esta noche, nuestro dolor!

¡Enjuga las lágrimas que traemos, que lloramos. Danos la dimensión de la sabiduría con que Dios rige nuestros días, para que la revuelta y la insatisfacción salgan definitivamente de nuestra historia, de toda nuestra biografía universal, cósmica, genética, espiritual. Definitivamente, Jesús, quédate en nuestros corazones, con la sabiduría eterna, para que salgamos de aquí alimentados y alimentando la vida simple, la simple vida que el Creador nos dio!

¡Cantemos el Padrenuestro bien sosegado... sosegadamente!

«Padre nuestro, que estás en los cielos...»

*¡Hay una actuación transformadora íntima y después,
hay una acción transformadora externa, porque quien
está transformado en su interior, se transforma fuera!
Es natural que se irradie hacia fuera lo que tengo.
La boca habla de lo que está lleno el corazón.*

La huida a Egipto, Paul Gustave Doré.

Perseverancia
Novena palabra amiga

El trabajo: una poesía

Vuestras manos, para sanar el lamento de los hombres
BN 12 - 05/09/1997

Los que están fuera de nuestro cenáculo, pueden entrar. ¡Hijos, por favor, quienes estén de pie, entrad, quedaos cerca de nosotros! Es tan bueno estar próximos, apretados, juntos, reunidos, unidos en este proyecto de esperanza sin fin.

Es muy bueno un cuerpo al lado del otro. Si supierais la soledad que hay entre las estrellas, y las distancias entre un sol y otro sol, vosotros os buscaríais más, vuestras casas no tendrían tantas cercas, y no haríais tantos lugares para esconderos de vosotros mismos y del gran amor que la humanidad puede ofrecerse a sí misma.

Reunámonos aquí dentro. Podéis acercaros más hacia aquí, hijitos. Adentraos en este recinto de oración, en el corazón del Padre. Quedad cerca de la mesa. Podéis entrar. ¡Esta casa nace y crece para esto: para que estemos juntos! Para enseñar y aprender juntos, porque necesitamos estar juntos.

El gran campo de las tinieblas, hermanos amados, tiene un arma para apartarnos de la vida, de la luz, de la evidencia del amor de Dios por todos nosotros: el separatismo, el aislamiento, el silencio, la clausura.

Toda vez que tu cuerpo busca, en lugar del encuentro aliado del amigo, la cama, el recinto cerrado, ten la certeza de que algo te ocurre; y que está apartándote del espacio de cura donde podrías salir del estado de abatimiento, para un estado de alegría.

La convivencia es un espacio de cura del futuro. La comunidad es el lugar donde los hombres encontrarán salidas para sus angustias, tristezas, dolores.

9.ª Palabra amiga - Perseverancia

Ya no serán los consultorios, no serán los medicamentos químicos, sino será el amor de un ser por otro ser, el amor de una comunidad por alguien, por ese o aquel otro. Será esta gran cadena amorosa que nos prevendrá de las molestias: *Dios realmente vivo, presente, en la realidad de nuestras vidas.*

*****

Estamos todos aquí. Vamos con el silencio, a abrir nuestros corazones para recibir la oración de esta noche. ¿Qué les puedo decir hermanos? Estaba aquí, estableciendo sintonía con la médium, intentando ajustarme, pensando y contemplando la mirada del Cristo, dibujada en lo alto: dulce Rabí de Galilea, ¿hay algo que todavía no dijiste a todos nosotros?, con tu cuerpo, con tu sangre y tu crucificación; ya nos fue entregada la gran sabiduría, el gran arte, la gran filosofía, la gran ciencia y todo lo demás que necesitamos para ser felices. Sin embargo, a pesar de tu dolor, de tu sangre derramada, la humanidad continúa ciega y seriamente entorpecida en los laberintos, en los abismos, en las enfermedades.

Maestro, ¿qué puedo aportar? ¿qué puedo dar? Entra, como una luz suave, y dime, a través de la intuición, a través de la palabra espontánea, ¿qué puedo decir a estos hermanos encarnados? Ellos son pocos en comparación con el número de almas afligidas, desencarnadas, presentes en lo invisible.

Si pudieseis verlos, amados hermanos, con los ojos del invisible, si consiguieseis ver más allá de estas cuatro paredes, más allá de estos muros blancos y de este recinto de luz, veríais a los hermanos amargados, sufridos, de las zonas abismales, umbralinas: un cortejo de almas crujiendo, llorando y en lamentación.

Y yo pensaba: «¿Qué decirles aparte de lo que ya dijiste en tu pasaje por la Tierra, oh Jesús? ¡Todos los profetas ya dijeron! ¡También los que vinieron después de ti y los ejemplificadores de tu testimonio! ¿Qué puedo dejar, esta noche, como pequeña semilla dulce y suave, en el corazón de cada uno presente en esta sesión, encarnados y desencarnados?»

Mientras estaba aquí intentando oír la respuesta, en medio de la multitud, oí:

—¡Agua! —pensé, hablaré de la sed.

—¡Hambre! —pensé, hablaré del alimento.

—¡Paz! —pensé, hablaré del espíritu.

—¡Amor! —pensé, hablaré de Dios.

Y los gritos fueron aumentando, aumentando… y mis oídos fueron oyendo, y pensé: ¡No Padre! ¡Si me detengo a oír el lamento de los hombres, empezaré a lamentarme con ellos! ¡Seguiré y estaré con ellos, llorando y no lograré decirles nada!

¿Qué se puede decir a alguien que tiene sed?

Nada. ¡Y en silencio, llevarle el agua!

¿Qué se puede decir a alguien que tiene hambre?

Nada. ¡Y en silencio, llevarle el alimento!

¿Qué se puede decir a alguien que pide paz?

Nada. ¡Y en silencio, darle la paz!

¡Necesitamos de la obra!

Entonces, mi corazón se calmó, se serenó y yo pensé: empezaré nuestra conversa amiga, de este viernes diciendo:

—Amados hermanos, presentes en esta sesión mediúmnica. Amados hermanos presentes en esta siembra de amor… Necesitamos de la obra del amor, necesitamos hacer cosas. El amor tiene que salir de nuestro corazón y de nuestra intención y ¡transformarse en obra real!

*****

Puedo oír el lamento del otro, pero si no llevo aquello que el otro necesita, ¡no haré nada! Puedo hablar del amor, puedo hablar del agua, puedo hablar del pan, pero si no lo doy, si no ejemplifico, si no atestiguo, testimonio, ¡no habré hecho nada!

El único testimonio de amor es la obra viva en la Tierra.

Esta es nuestra palabra, hermanos amados, en esta noche simple y sencilla, cerrando una serie de palabras dentro del amplio conjunto de todas nuestras charlas. La palabra esencial es esta: ¡el verbo se hizo carne y actuó entre nosotros en su abundancia, en su belleza, en su grandiosidad! Pero apenas una vez, hace dos mil años. Y todo se acabó y entramos en un silencio angustioso. Esa es la palabra esencial que necesita llegar a nosotros, lenta y constantemente, ¡para consubstanciarse en una absoluta certeza!

*****

Es necesario salir, como si estuviésemos prisioneros en una caverna; necesitamos desatar nuestros ojos, nuestros huesos y nuestras piernas, y empezar a movernos, salir de esta caverna, movernos y mirar hacia fuera, ¡ver la inmensidad de luz que nos rodea! Los hermanos cantaron hace poco: «Hermana tierra, hermana ave, hermano sol, hermana luz...!», la excelsa oración de Francisco de Asís.

La música habla de toda la esencia del poema mayor del hombre, que es perdonar y amar. ¿Qué más se puede decir para cerrar nuestra noche de oración aparte de esto? Preparad vuestros oídos para escuchar las lamentaciones de los hombres, pero preparad, sobre todo, ¡vuestras manos para curar las lamentaciones de los hombres! Las palabras pueden ayudar a aproximarnos. Por ejemplo, aquí y ahora, nosotros estamos bebiendo y alimentándonos de palabras. Es el alimento para el espíritu: *no solo de pan vive el hombre. Este es un momento en que el Evangelio se hace vivo.*

*****

Nos sentamos en estas sillas, comemos el pan allí fuera, oímos la música, prestamos atención a la palabra. Aquí estamos reunidos en una cena, en una cena simbólica, invisible, espiritualizada. ¡Esto es una cena! ¡Esto es un pedacito del cuerpo del Cristo! Cuando él cogió el pan y dijo: «Esto es mi cuerpo», ¡estaba diciendo esto! ¡Pero ved, Él cogió el pan! ¡Él no dijo: «Este es mi cuerpo» y mostró el propio cuerpo! Él estaba allí presente. Pensemos juntos: *Jesús allí presente, en lugar de apuntar a sí mismo y decir: «Este es mi cuerpo», cogió un pedazo de pan y dijo: «Esto es mi cuerpo».*

Cogió algo externo a él, el trigo de los campos, que fue cosechado por agricultores, después triturado por otras manos y más tarde transformado en pan en los hogares. Ved: un gran trabajo se hizo, ¡hasta que se pudiese comer el cuerpo del Cristo!

Es como si él nos dijese, con este gesto: *Mi cuerpo es el trabajo del pan! Mirad el pan y ved el trabajo que conlleva. Allí está mi cuerpo, mi doctrina. ¡Este es el rumbo, este es el guía, esta es la sabiduría!* Él no se indicó a sí mismo. No. Él cogió algo sencillo, concreto, y nos reveló que allí se encontraba su cuerpo.

Después cogió el cáliz de vino y dijo: «Esta es mi sangre». Nuevamente cogió otro elemento material, porque, hermanos amados, nadie jamás vio a Dios... *Dios se hace visible en las cosas creadas.* Él estaba allí, ejemplificando una palabra de Dios y una de las enseñanzas más profundas de la Tierra.

*****

Nuestra palabra de hoy quiere hablar de la obra de Dios en nosotros. Nosotros somos su obra. Que cada uno, aquí presente, salga un poco de sí mismo, se desvincule de sus preocupaciones y pare de pensar en sí mismo. Sal de esa caverna que buscamos para huir del mundo y mira para esta comunidad que está a tu alrededor, *diciendo agua, diciendo pan, diciendo paz, diciendo amor...* Prepara con tus manos, con tu sudor, el alimento que los aliviará, junto a este arte sublime que es la caridad. Entonces recibirás de los cielos, el bálsamo y la cura de la que tienes necesidad.

Hijos amados, esta palabra, *caridad,* aún será tema de muchas búsquedas superiores de la humanidad. Fue lanzada hace tantos siglos, destruida por grandes sectores del pensamiento filosófico y científico; sin embargo es una palabra esencial, sinónimo de amor. Un amor que no es solo declaración o palabra: ¡un amor en acción!

Cuando Jesús dijo: «¡Esto es mi cuerpo!» Él estaba diciendo: «¡Esta es la caridad que es necesario hacer!»

*****

En verdad, cada uno está preocupado… con su matrimonio que no va bien, con el marido que traiciona, con la mujer desleal, con el hijo, con el trabajo, con la enfermedad, con el brazo que duele, con los estudios; con todo aquello que, finalmente, pueda concederle la victoria en el mañana. Vivimos en este opaco tejido de preocupaciones materiales, inmediatas, que va tornándonos enfermizos.

¡Es simple! La enfermedad nace de la disminución de la capacidad del hombre para vivir. El hombre es un ser espiritual, elevado, tiene alas, es grandioso. Pero él se disminuye. Es como si se hiciera minúsculo. Como si entrara en una pequeña caverna y allí permaneciese encerrado. ¿Cómo un cuerpo todo contraído no va a sentir dolor?

Ese cuerpo sentirá dolor, allí, aprisionado. Las piernas no pueden moverse, porque están contraídas, casi en posición fetal, encogidas. El espíritu humano, el espíritu de los hombres está así: encogido dentro de las preocupaciones; en esta caverna de preocupaciones avaras, pequeñas, rastreras, ¡que violan la grandiosidad del espíritu! El hombre fue preparado, creado y soñado por Dios, para testimoniar la obra divina. Un destino solar, un destino tan grande como el de los soles y de las estrellas. ¡Sin embargo, el hombre se vuelve mezquino, pierde la forma, se vacía!

Vemos a personas con los ojos fuera de sus órbitas, desesperadas, corriendo: es el coche que se averió, el hijo que enfermó, el dinero que escasea. Entonces hijos amados, se permanece preso y anclado en el tiempo presente, como si este fuera el último tiempo.

Sin más, se tiene una parada cardíaca, o se ingresa en la UCI de un hospital, o finalmente se desencarna. He aquí la dura y triste realidad.

9.ª Palabra amiga - Perseverancia

*****

Allá fuera, hay miles de desencarnados con esta descripción que os estoy dando, y que, desesperados, de un momento para otro, se agredieron tanto a sí mismos, forzaron tanto sus preocupaciones, que terminaron desencarnando en procesos de derrame cerebral, en parada cardíaca, en violentos accidentes de tráfico.

Imaginad que un pájaro, cuyas alas son de la dimensión de toda esta sala, fuese colocado en una minúscula jaula…

Así es nuestro espíritu, preso de preocupaciones materiales de supervivencia: la ropa que vestiré, el zapato, la fiesta del año.

Hermanos amados, no queremos deciros que las preocupaciones con el pan de cada día no sean esenciales. ¡Solo queremos deciros que hay, en nuestra materia, en nuestro interior, un ser mayor! Abramos nuestros corazones para oír este ser, para entrar en contacto con él.

¿Acaso Dios os dejaría pasar por tamaña necesidad? ¿Acaso Él no tiene un proyecto para cada uno de nosotros? ¿Acaso Él no está a cargo de esta casa que es la humanidad entera? ¿Acaso el Señor, tan sabio, que hizo los soles y las estrellas, nos dejaría abandonados a nuestra suerte?

¡Sin embargo así vivimos, desposeídos de esta certeza profunda y absoluta de que Dios es Padre, es el Creador!

Y por ello, apretados en este cotidiano ínfimo, mezquino y avaro, perdemos nuestra capacidad solar de brillar, de soñar, de realizar; de pensar que el pan que como, es el cuerpo del Cristo, de llevar este pan a aquel que dice: «¡Agua, pan, sed, hambre!…». De participar, hermanos amados, de compartir, de levantar el cáliz. ¡Mirad qué liturgia, qué misa sagrada!

*****

Cada vez que llevo el pan a alguien, cada vez que oigo, que sonrío, estoy nuevamente celebrando el cuerpo y la sangre de Él; ¡esto es añoranza concreta! ¡Esto es fe absoluta! ¡Esto es luz! ¡Esto es definitivo, hermanos amados! ¡Quien vive en este terreno puede testimoniar, que esta es la verdad!

¡Y nosotros llegaremos ahí, queramos o no! Ved que los dolores vividos os trajeron hasta aquí. ¿Será que si no tuvieseis dolor alguno estaríais aquí, orando?

El dolor y las dificultades, Dios las da, porque sin ellas, nosotros no pararíamos, no nos detendríamos para cambiar nuestro día a día, para transformar nuestros pensamientos, para trabajar en nuestras emociones, ¡para encontrar el camino y abrir nuestras alas y volar libres!

*****

¡Paz en el corazón de todos!

Vamos cerrando esta palabra. Empecé diciendo que no sabía qué diría, porque en verdad, a veces, solo el silencio puede hablar. Pero si llegase aquí e hiciera silencio, se pensaría que algo había ocurrido con la médium; no se entendería, porque todos venís esperando la palabra. ¡Para vosotros, la palabra es pan!

Entonces el protector mayor de la casa me dijo: «Hermano amado, tus preocupaciones son hermosas, pero el pan aquí es la palabra». Entonces fui repasando el sermón del Maestro Jesús; Él hablaba horas describiendo el Reino de Dios.

Y para ver el Reino de Dios, es preciso estar en un lugar de desapego. Si describiésemos ahora el Reino, no os atraería. Entonces lo describimos al contrario, mostrando lo que no es el Reino de Dios, que es ese estado infeliz que vivimos hoy. Fue así que Dios nos pudo educar. Existen mundos superiores, hermosos... podríamos estar allí. ¡Cada uno aquí presente podría estar viviendo allí! Pero estos reinos de Dios no atraen al espíritu hasta que el espíritu no entremezcla su vida material de belleza y bondad.

Dios nos colocó en un reino opuesto al soñado por Él: el de las sombras, el de las tinieblas, el del crujir de dientes, el de la lucha, de la agonía y de la muerte; para que nosotros entonces, ¡pudiésemos, por la ausencia, conocer y anhelar su mundo! Como un padre amoroso que priva al hijo del exceso, porque el hijo ya no está dando importancia, para que él sepa valorar; así el Padre nos retiró del edén, del paraíso, para que en la ausencia del Reino, volviésemos a ansiarlo.

*****

Los problemas de cada uno serán solucionados, porque los problemas existen para ser resueltos. Tened fe, haced las oraciones con mucho sentimiento, obedeced esa orden de amor, de Dios. ¡Dejad los problemas un poco de lado! ¡Olvidadlos! Es difícil, pero es lo mejor para la cura; depositadlos en las manos del Padre, de vuestro protector, de vuestro ángel guardián, y haced lo que hay que hacer para ser hecho: ¡trabajad! Porque del mismo modo que lanzamos la semilla en la tierra y la dejamos allí, del mismo modo son nuestros problemas: una semilla que debemos colocar en la tierra de Dios y salir; ¡porque Dios dará el crecimiento, solucionará ese problema!

Coloquemos nuestro dolor en las manos de Dios, como un agricultor deposita la semilla en la tierra, y estaremos sembrando la cura de este

9.ª Palabra amiga - Perseverancia

dolor. Y con el tiempo, la cura se procesa, la paz se establece, la comprensión se alarga o se ilumina, los miembros se desahogan, la ceguera se va, la luz entra, el corazón empieza a latir calmado, la solución se va construyendo…

El tiempo va pasando y en un chasquido —porque el tiempo pasa muy rápido—, ¡ya se está en otro nivel vibratorio!

Y aquel pasado se quedará atrás, como una cosa lejana… Muchos aquí testimonian y testimoniarán esta verdad. Lo peor ya pasó. ¡Ahora es la hora de la construcción!

¡Paz a todos y que Dios os bendiga!

Juntos, mirando hacia lo alto, veamos la faz del Cristo. Dedicamos esta noche a Él. ¡Mientras, pedacitos de luz caen sobre nosotros, para que podamos sentir la oración!

Cantemos el Padrenuestro…

«Padre nuestro, que estás en los cielos…»

La voluntad de Dios

La oración viva: en verdad, hablar a Dios
BN 29 - 13/02/1998

Vamos a este momento en que la palabra trae ciertas reflexiones, trae ciertas emociones, nos ha traído cosas importantes para que repensemos nuestros días de vida, para que podamos alojar dentro del corazón semillas nuevas, para que la lluvia torrencial de la bondad de Dios no sea inútil, cayendo sobre nosotros y dándonos sus bendiciones.

La voluntad, queridos hijos, es una fuerza importante, esencial para que las bendiciones, esa lluvia torrencial que cae de todos lados, no caigan y se desperdicien, ternura derramada inútil, que pasa de largo como si un sol incandescente descendiera y anduviese entre nosotros, sin que lo viésemos.

*****

¡Voluntad!
Es preciso que miremos esa palabra con una lente especial, que la examinemos: ¿Dónde anda nuestra voluntad? ¿Dónde está ella?
Si no apagamos las luces de la materia, las luces de los ruidos del mundo, los barullos que están a nuestro alrededor, no conseguiremos contactar y encontrar las respuestas.
Huimos...
Somos fugitivos de ese dilema que se coloca en todo instante como si Dios se transformase en un dulce y amoroso cazador de nuestra propia alma, para devolvérnosla llena de la voluntad de ser un hombre nuevo, de vivir un día nuevo, llena de la voluntad de pasar por esa travesía aquí en la tierra sin morir de viejo: en el sentido de aquello que caducó, en el sentido de aquello que perdió su vigor, en el sentido de la mezquindad

y de la avaricia que no abandonan el continente interior humano y no deja, por tanto, espacio abierto para permitir que entre esa virtud tan conocida de todos nosotros, anunciada por todas partes.

Cualquier pensamiento divagador, cualquier mente más reflexiva, alma inquieta, comienza a preguntarse de los porqués y de las razones de la vida. Comienza a ver que hay otro movimiento, otro barullo, otra danza, otra cualidad detrás de ese mundo superficial que se presenta a los ojos, otra realidad existe.

¡Pero es necesario tener voluntad para eso! Es necesario estar lleno de esa energía de la voluntad, de la voluntariedad. Muchas veces criticamos a la persona voluntariosa, a la persona llena de voluntades, pero ella es una persona rica, en el sentido de que es una persona en busca de nuevos horizontes para vivir. Es necesario dejar que ese sentimiento habite en nosotros. No debemos sofocarlo y sí dirigirlo.

*****

Sueño, tengo voluntades y las profundizo o las dejo enterradas dentro de mí. Y cuando las entierro es por miedo; por miedo a lo que podrían causarme, miedo a la felicidad que podrían sembrar en mi vida.

Voluntarios del amor; la voluntad es el alma voluntariosa y agradecida. No tiene el compromiso con el trueque, busca estar en aquello que siente su alma. Es voluntaria.

¿Qué es un voluntario?

Es aquel que se presenta sin obligatoriedad, aquel que se presenta por su propia voluntad. Nada lo obliga, a no ser una poderosa voluntad íntima. Nada lo arrastra, nada lo amarra, a no ser la conciencia del deber de amar al prójimo, una conciencia interna que ya está desarrollada.

Se puede preguntar: ¿Cómo desarrollar eso? Así como estamos buscando y peregrinando, aquí y allí, estamos desarrollando en nosotros esa pequeña semilla y las lluvias torrenciales del amor de Dios no se perderán ni caerán inútilmente.

Hay tanta pereza en nosotros, hay tanta falta de voluntad en nosotros para renovarnos o para dejar que Dios habite en nuestros gestos, o que nuestra conciencia divina y superior nos llame para las grandezas de la vida.

Podemos tomar un pequeño ejemplo para mostrar esa pereza y la dificultad para convivir con los cambios, las transformaciones que se presentan como inquietudes en el proceso de la vida.

*****

Llueve torrencialmente hoy.

El camino es de tierra. Es cierto que charcos de fango se harán. Es cierto que ese barro ensuciará los pies de quien transite por ese camino. Es cierto que los zapatos se encontrarán húmedos. Tal vez hasta pierdan aquel brillo de cuando se camina por el asfalto, por las calles de adoquines. Es cierto que el coche recibirá salpicaduras, y si alguien pasa más rápido, es cierto también que ese barro salpicará.

*****

¡Llueven torrencialmente las bendiciones del Señor y tenemos miedo!

Por miedo, por avaricia o cobardía, por locura o demencia, tenemos miedo de mojarnos en el aura sagrada de Dios; de envolvernos en su belleza y grandeza y de dejar que los charcos de luz laven ese brillo con el cual nos cubrimos y con el cual adornamos la vida.

Tengo miedo, evito caminar. Es como si una asepsia externa, vacía, cubriese los barullos de la voluntaria obra del Padre. ¡Y a pesar de eso la lluvia cae! Los caminos continuarán siendo de barro, por más que se ponga alquitrán y se piense que estamos andando sobre un asfalto frío. Sí, ese lugar liso no ensuciará los zapatos, tampoco enfangará las piernas, pero estaremos lejos del calor del polvo, lejos de la alegría de pisar en las pozas de agua, lejos del contacto de la tierra dulce, que es el laboratorio donde vivimos la vida. A pesar de que queremos la vida intensa, procuramos en verdad una vida aséptica, y llamamos a esa vida aséptica, vida limpia.

Limpia es la tierra que discurre en las pozas de agua. El color marrón de la tierra es limpieza. El color de la tierra en polvo es la asepsia de Dios en el universo. Cambio la limpieza de Dios y la blancura del polvo por un supuesto sentimiento de higiene. Hay una inversión. Necesitamos con urgencia movernos a la verdad de las cosas que son. Es urgente que retornemos a la Madre Tierra, a la madre naturaleza para que nos vuelva a enseñar las primicias primarias, como un alfabeto primario, divino, de donde está la vida, de donde está la alegría, no la enfermedad, no la muerte, no la angustia, no el desgarramiento.

Recordaos del Antiguo Testamento, el pasaje de las vestiduras del rey Salomón y la comparación con la belleza de los lirios: nunca un rey se vistió con la hermosura de uno de ellos. Ningún rey, ni Salomón con toda su riqueza, se vistió con la hermosura, la dulzura de uno de ellos. Vamos a desvestirnos de estas vestiduras gélidas de ciertos valores terrenales, tirar los zapatos embetunados, pisar la tierra y sentir la grandeza de esa arcilla.

Esa arcilla es un caldo maravilloso donde está la vida.

*****

¡Buenas noches!

Con la paz de nuestro señor Jesús, el Maestro que reclinó su cabeza en la tierra para dormir, que tuvo para cubrirse las estrellas del cielo azul, el Maestro que anduvo con sandalias y cayado, que amaba el polvo del camino, besaba el suelo, que en el huerto de los olivos, entre los árboles, ¡se llenaba de grandeza de la obra del Creador!

¡Buenas noches! Dejemos que esa voluntad de Dios habite en nuestro corazón. Salgamos allí fuera y contemplemos la lluvia. Cada vez que llueva, miremos la tierra, y cada vez que miremos la tierra, recordemos: esta es la asepsia de Dios, es la limpieza del Padre. Esa tierra está limpia y cuando pongo la mano en ella, me estoy limpiando, me estoy implicando, no manchándome o ensuciándome. Estoy limpiándome de una mentira y estoy siendo cómplice y entrelazándome con la verdad de la vida que el polvo guarda y que la materia brillante de la vida resguarda.

Dentro de nuestro corazón, dejemos que este cántico descienda silencioso; miremos la vida actuar en esa simplicidad que la Madre Tierra trae y así ocuparemos nuestro íntimo y nuestro corazón de cosas bellas y buenas. Ese campo energético atraerá el concurso del fluido universal; es él que nos cura de las enfermedades que sembramos por la distancia de ese mismo fluido que está esparcido en las criaturas de Dios.

Volvamos a la hermandad con la naturaleza.

Volvamos a la hermandad con las cosas creadas por Dios.

Volvamos a ese halo familiar y perdamos el miedo de vivir y de ser. Mucha paz. La espiritualidad de esta casa deja en cada alma una gota de luz del fluido vital que constituye la materia, hasta donde nosotros comprendemos que sea la materia, hasta donde podemos percibir lo que sea la materia.

Es como una gota dorada, de color del polvo de la tierra, vibrante color. Si todos tuvierais videncia, podríais ver en el grano de arena, vibrante color, maravillosa coloración, como un halo de luz, una pureza que sube de esa materia hacia el espacio invisible.

Añadamos esa información a nuestro campo emocional y olvidemos un poco los problemas, porque los problemas tienen su tiempo de cumplimiento. No son alterados, a no ser que tú cambies totalmente tu vida.

Los problemas vienen para que cambies de vida, y si no cambias, no hay santo en esta tierra que pueda alterar tu camino, o quitar de tu camino aquel dolor, aquella angustia, aquel espino.

El problema es justamente la llamada de Dios para que pares lo que estás viviendo y haciendo, para que pienses todo nuevamente, como alguien que para, abre el armario, lo vacía y arregla todo nuevamente.

*****

El problema puede ser alterado, los karmas son alterados. ¡Misericordia!

Las sentencias… cuando vienen a ejecutarse, no os olvidéis: estamos en un proceso de sentencias, hubo un juicio antes de reencarnarnos, en ese juicio nos fue dada una sentencia por los jueces superiores. Hay un medio de evitar lo que estás cumpliendo, y ese medio es el amor, el espíritu de comunidad.

Cuando tenemos alternativas de plantar y cosechar, ¿por qué buscar la alternativa de destruir, de segar, de morir? El espiritismo, o las filosofías espiritualistas revelan las causas de nuestros problemas y nos muestran que el camino es este: recomponer todos nuestros pensamientos sobre la propia vida.

La poza de fango ya no va a importunar mis pasos.

Cuando hubiere un problema, pararé y en lugar de lamentarme y llorar, miraré y cambiaré mis patrones, mis hábitos de pensamientos, mis hábitos emocionales. Y las cosas se modificarán, y así iré creciendo y tornándome feliz.

Un mundo feliz no es un espacio físico solamente, él también es un espacio espiritual, psíquico, filosófico.

Él está dentro de nosotros.

Puedo comenzar a vivir un mundo feliz ahora. Hay espíritus que ya lo viven.

*****

Esta casa espírita trae esta palabra: existe la voluntad en el ser humano; nosotros la ocupamos muchas veces en atraer los medios para vivir aquí en la Tierra, olvidándonos que somos un espíritu viajero eterno. Coloquemos esa acción de la voluntad para crecer moral y espiritualmente. Accionemos esa fuerza. Primero reconozcamos que ella existe y después, accionemos esa fuerza para nuestro cambio. Cambio moral, significa cambio en la vida concreta: en la vida profesional, en la vida amorosa, económica.

Allá fuera es como si fuese un modelo de lo que tengo dentro de mí, de lo que es mi vida. Generalmente acusamos a los otros por nuestros dolores. Hay un juicio interno y digo: «Mi padre no es bueno, mi madre no es buena; mi familia, las personas...» Siempre estoy apuntando y lanzando fuera de mí; siempre hay alguien responsable, que me trae el sufrimiento.

No es verdad. El espiritismo, las corrientes espirituales muestran —y con el tiempo y la madurez espiritual, todos verán que no es verdad— que allá fuera cada ser tiene ese espejo vivo de lo que es la propia alma.

Mucha paz, que Jesús nos bendiga.

Recemos el Padrenuestro, trayendo en la noche de hoy la esperanza profunda de que las músicas que canto, la oración que hago, están haciendo parte de la composición de un nuevo hombre en mí. Es lento. El Padre trabaja despacio. Es lento, porque no se construye un cambio de un día para otro.

Que Jesús nos bendiga.

Gracias por la presencia.

Este espíritu que os habla agradece la ternura amiga, la credibilidad y la confianza, la entrega, el abandono. ¡Nos emociona la pureza con que cada uno aquí dentro, se sienta y oye, participa y cree!

«Padre nuestro, que estás en los cielos...»

San Pedro liberado de la prisión, Paul Gustave Doré.

Libertad
Décima palabra amiga

Generosidad: comprender el error

El acierto se hace de preaciertos
BN 35 - 03/04/1998

Que la paz de nuestro Señor Jesús abra para nosotros, en este instante, de comunicación, las fuerzas que necesitamos tener, para llevar adelante la vida, esta bellísima vida, con que el Gran Creador nos benefició, creándonos.

En el misterio de la encarnación, en esta dádiva a que ninguna ciencia respondió, estamos tomados de esta materia, materia que se disuelve, tiene un comienzo, un medio y un fin, como un niño, adulto y anciano. El Gran Creador hace esta materia, y hace el misterio mayor que llamamos *el misterio de la encarnación,* donde cesan todas las palabras.

¡Creó lo increado, el espíritu!

No sabemos dónde ni cómo, tal como el niño, cuando nace, ve el mundo listo a su alrededor, cuando nos elevamos en la búsqueda de las respuestas a nuestros dolores, como niños vemos que en medio de esta materia habita algo que sobrevive a ella, algo que tiene un inicio, un desarrollo pero no tiene finitud: ¡el espíritu!

Espíritu, pura savia, indescriptible; describimos, sí, una parte del espíritu, el eslabón que lo une a la materia: el periespíritu. El envoltorio donde el espíritu se anida, y se aglomera la materia que le da forma, posibilita la vida tal cual la concebimos, la tenemos y la vivimos.

*****

¡Creación del espíritu... y cesan las palabras!

En la génesis del espíritu, cesan nuestras búsquedas y, como niños, callamos.

En *La Génesis,* capítulo XI, ítem 1,2,6 y 7:

1. La existencia del principio espiritual es un hecho que no necesita demostración, tal cual acontece con el principio material. En cierta forma se trata de una verdad axiomática: se constata por sus efectos [...]
De acuerdo con el principio que reza: si todo efecto tiene una causa, todo efecto inteligente tiene una causa inteligente.
2. El principio espiritual es el corolario de la existencia de Dios.[...]
6. Las propiedades *sui generis* que reconocemos en el principio espiritual prueban que tiene una existencia propia e independiente, ya que si se originase en la materia no poseería tales propiedades. [...]
7. Ya hemos admitido al ser espiritual y no podemos aceptar que su origen esté en la materia; pues bien, ¿cuál es, entonces, su punto de partida?
En este terreno, los medios de investigación se equivocan, como en todo lo que se refiere al principio de las cosas. [...]

*****

Estamos en la semana de la pasión de Cristo. Cristo, cuyo espíritu, insondable luz, eterno principio de inteligencia, y de una inteligencia bondadosa, viene a anidarse en un organismo de células y componer a nuestra humanidad para traernos el mensaje a todos nosotros, habitantes temporales del mundo material; temporales, en tránsito, almas migrantes, emigrantes, inmigrantes; somos peregrinos como Cristo lo fue, como Jesús lo fue, atravesando un tiempo para encontrar otro tiempo.

El espíritu reuniéndose a la materia, entrando en una experiencia, para volver así en un estado superior de percepción, de grandeza moral, de grandeza intima con relación al propio cosmos, la propia vida que nos rodea.

Hay una pregunta sobre la mesa que dice: *error*.

—¿Qué es el error? ¿Tener miedo de errar es bueno o es malo?

Respuesta: Hermana, ¿Qué es el error? Es la pregunta de este alma, una pregunta bonita; un alma que ya pregunta si es posible no errar. Hay un alma que ya tiene dentro de sí un germen, una secreta intuición de que hubo algo errado en ella. Un alma que ya trae un principio, un germen de que el camino que recorrió, y el momento presente, le dicen que algo fue equivocado. Quiere saber si puede no errar. ¿No es eso, hija? *¿Tener miedo de errar es bueno o es malo?*

La persona que, por ejemplo, se suicida, cree en aquello como solución para su angustia existencial.

Quien ya pasó por el suicidio, por el valle de los suicidas sabe que esa experiencia es muy dolorosa, entonces no la utiliza como instrumento de solución de sus problemas íntimos.

No tengas miedo de errar; ¡oh, alma querida!, que nos hace esa pregunta.

¡Ni halles bueno errar, ¡oh, alma querida!, ni es bueno, ni es malo; simplemente es!

Tener miedo de errar ni es bueno ni es malo, es un miedo inútil porque errarás, quieras o no, perdóneme la persona que preguntó. Pero estamos en una categoría por encima de ser bueno o de ser malo. Un error, lo percibimos solo cuando estamos más allá de él. En cuanto estamos en él, es cierto para nosotros. Nadie yerra o hace algo que no crea ser aquello que debe hacerse.

*****

¡El acierto se hace de preaciertos!

Vamos a transformar esta palabra *error*, [hacerla] más bella, más bonita; vamos a preguntar al error, ¿qué es el error?, y veremos que él fue la imposibilidad del acierto. Esas experiencias del error son las que os conducen al acierto.

El error es el pantano donde brotó el lirio. Es la noche que dio paso al Sol naciente. ¿Y cómo puedo decir que la noche es un error, o que el pantano es un error, si generaron mi claridad?

No tengas miedo. El miedo es inútil. El único miedo que debemos tener es miedo a tener miedo, porque eso significa que en el alma aún hay poco amor.

Donde hay amor no hay miedo, aunque se esté en plena oscuridad; la certeza del amor de Dios no trae ningún miedo.

Y tú, alma querida, continuarás errando, vamos a decir así, continuarás recorriendo experiencias de preaciertos. Y echarás mano de instrumentos no tan perfectos para solucionar tus problemas, hasta que encuentres... ¿encuentres a quién? ¿A quién podrás encontrar, que te retirará de este estado de angustia? ¿La experiencia que caminó no por el dolor, sino por el amor? ¿El yugo dulce y suave?

Cuando encuentres a Cristo y el código de esta ética cristiana, saldrás del dolor, y el miedo se disipará. Las experiencias de preacierto, o de error serán benéficas; serás humilde frente a ellas, como un niño que gatea y cae, hasta andar; verás con naturalidad las propias caídas, no sufrirás por ti mismo, no te angustiarás por tu pequeñez, estarás agradecido a Dios por ser niño, con mucho que aprender. No tendrás más la obligación de ser adulto y de acertar continuamente. No estarás preso de esta vanidad suprema de acertar y de tener miedo de errar.

El espíritu es un principio aún misterioso.

Cuando lo creó Dios, callamos, no hay respuesta. Y el espíritu viene penetrando la materia organizada en la vida humana, creada por Dios para hacer la experiencia del acierto. Viene de muchos preaciertos o de muchos errores. Llegó a un cierto momento de la vida, donde percibió que necesitaba venir de nuevo a sumergirse en la materia.

*****

Esta semana tuvimos en la casa de caridad, en esta Casita del Espíritu Amigo, un alma muy desesperada: creía en el todo, y cuando muriera se disolvería en el todo y perdería su conciencia singular. Eso no es correcto. Esta conciencia singular del propio ser –el yo- es eterna, inmutable, es algo que es. Porque así sentimos y vivimos el posdesencarne. Desesperada, entonces, esa alma no tenía cómo huir de este hecho, la muerte; no sabía cómo morir, ya estaba muerta. No tenía dónde ir y, desesperada, recibió socorro espiritual en esta casa de caridad, y durante un mes acompañó a nuestra médium para ver su día a día, para encontrar sentido, hasta que, desesperadamente, quiso reencarnar en la materia para descansar de su pensamiento; pidió reencarnar en un cuerpo que tuviese una deficiencia mental. Quería descansar en el corazón de un cuerpo que fuese pura emoción. Pidió reencarnar en un regazo hecho con cariño.

Ved la desesperación porque en cualquier otro cuerpo, ella desenvolvería su mente, que es una mente sagaz, inteligentísima, por eso mismo sin amor, con miedo del error. Ved, con miedo profundo del error que su mente podría provocar, pidió desesperadamente descansar en un cuerpo-corazón.

Sabemos que la deficiencia mental es temporal, es una casa de descanso para almas que llevaron su tortura mental al máximo. Decía: «¿No hay cómo morir? ¿No hay cómo olvidarse de la vida? ¿No hay cómo dejar de vivir?»

¡No hay! Ella desencarnó en proceso de suicidio y continuaba viva. Para huir de un problema, vio que... el preacierto fue demasiado doloroso, porque buscó una salida terrible; hizo mal [uso] del instrumento para solucionar su angustia, utilizó un instrumento muy imperfecto que es la desobediencia a la ley de la vida. Pero es un instrumento, Dios lo colocó y nos dejó en libertad. Esa alma vio, entonces, que fue terrible;

con las manos aferradas a su cabeza, pedía olvidar que existía: «Quiero olvidar que existo, que hice lo que hice, que pensé lo que pensé; necesito adormecerme y descansar».

Y todos nosotros, alrededor, llorando y orando a Jesús.

Fue recogida por espíritus comprometidos con su jornada; fue llevada y pasará por un proyecto reencarnatorio de descanso del campo mental.

*****

¿Muchas veces, en nuestra familia, es un error, entonces, el deficiente mental? ¿Podríamos llamar *error de la naturaleza* a los padres que poseen hijos así? No. No, pero sí... ¡Qué bálsamo, qué bendición! Qué almas elevadas para recibir y acoger un alma tan dramáticamente envuelta en un proceso de autoconciencia y de error y de miedo de errar! Solo perderá ese miedo cuando se sienta amada y se sienta amando. El amor todo lo cura, todo salva. Fue el amor de Cristo que nos salvó, y dejó un rastro, una esperanza para todos.

Hijos queridos del corazón, vamos finalizando la palabra y la respuesta de esta noche. Lo que existe, hija querida que hizo esta pregunta, es tu experiencia de vida que es hermosa, única, solo tú sabes de ella, y solo te compete a ti y a Dios, las decisiones de aquí en adelante.

Los espíritus amigos que vienen al orbe a traer de nuevo los mensajes cristianos, te auxiliarán. Conseguirás dar el paso, y sabrás separar la paja del trigo, conseguirás, a través del dolor y de los siglos de sufrimiento, echar mano de instrumentos más hábiles, de instrumentos más vivos para crecer y solucionar tu problema.

*****

El instrumento de la caridad, por ejemplo, es uno de los más bellos instrumentos de rectificación de almas. El instrumento del servicio al prójimo es uno de los instrumentos más hermosos de los que podemos echar mano para resarcir un proceso de dolor en nuestra vida. En fin, hay instrumentos benéficos esparcidos por todos lados. Es solo mirar. La azada y la tierra están ahí, la cultivo y puedo entonces plantar un rosal o un árbol frutal. El bien es un instrumento con el cual sano cualquier medida que haya probado y que me haya traído dolor.

Mucha paz y que Jesús bendiga a todos. Que la luz de nuestro Señor nos garantice el espíritu de equipo, ese espíritu de amor, esa solidaridad intrínseca a nosotros. Estamos solos en cuanto especie, la especie humana. Pensad, pensad en la soledad de las aves, en la soledad de los delfines en medio del océano inmenso; es la misma, la soledad humana en medio del cosmos maravilloso e inmenso. ¡Es idéntica!

La especie humana necesita reunirse nuevamente en este sentimiento de hermandad y darse las manos y abrazarse para agradecer el soplo creador que nos hizo tal cual somos... como hizo todas las cosas.

Abril, mentalicemos en esta sala un libro de luz, porque en abril tenemos las fechas esenciales de la Codificación Kardeciana —de Allan Kardec—, que tanto nos trajo, nos dio, al investigar los fenómenos espíritas con seriedad, con rigor, pero con dulzura, con sabiduría. Vamos encontrando un libro de luz abierto; que se va disolviendo en gotas para que el libro de sabiduría llene nuestro corazón de esperanza.

El Libro de los Espíritus, El Libro de los Médiums, El Evangelio según el Espiritismo, La Génesis, y El Cielo y el Infierno[1]. ¡Oh, qué gran letra!, qué gran poema sobre la materia, sobre el espíritu. Dios cantó a través de espíritus sublimes para nuestra liberación; instrumentos útiles de luz allí están descritos para la superación de nuestros errores o experiencias de preaciertos, hasta el verdadero acierto que es el encuentro con el amor de Dios.

Cantemos el Padrenuestro, que Jesús nos bendiga, hasta el próximo encuentro, hijitos del corazón.

«¡Padre nuestro, que estás en los cielos!...»

---

1 Los cinco libros que componen la Codificación espírita, el cuerpo filosófico de la Doctrina Espírita

El tiempo. Un presente de Dios

El perfume y la rosa que ya no existe
BN 77 - 26/02/1999

Permaneciendo en este silencio grande y amoroso de la noche, vamos reuniéndonos, emoción a emoción, corazón a corazón, vamos construyendo muy despacio, lentamente, este camino de verdad y de vida. Reunidos aquí, en esta hora de plegaria, a través del sagrado presente dejado por el gran misterio que es el tiempo, vamos a través de esta esfera misteriosa del tiempo, construyendo un camino de verdad y de vida.

Esta noche nos vamos a sentir muy emocionados. Vamos a sumergir esa emoción en una sola emoción, en el sentido de postrarnos a los pies de Dios, porque somos sus ovejas: ovejas de ese Pastor Maravilloso. Vamos reuniéndonos en esta noche hermosa, entrando en la meditación con este sentimiento maravilloso de que nosotros obtenemos de Dios ese galardón, ese presente maravilloso llamado *tiempo*.

*****

Es a través de la organización de los años y del tiempo, que ganamos la carta de liberación —digámoslo así— dentro de un proceso que ocurrió antes de reencarnarnos, en el que fuimos sentenciados a un determinado mundo, a una determinada vida, a una determinada red de relaciones, a una determinada circunstancia histórica, geográfica, social.

La Doctrina Espírita, en su esencia, trae nuestra historia localizada, no solo en cuanto a la historia presente, sino en cuanto a la historia eterna —tiempo eterno, eternidad—; en cuanto a la multiplicidad de vidas, pluralidad de vidas, en cuanto a pluralidad de mundos. Trae una noción del tiempo preciosísima, no solo en cuanto al tiempo presente de la vida material, sino del tiempo de eternidad. Y esa noción es importante; nosotros que estamos aquí presos, de determinados procesos, asfixiados, retenidos en esta materia, presos de una organización fisiológica, biológica, como una casa está presa de sus andamios, a los amarres, de los cimientos; y la luz que hay dentro de esta casa, y el aire que está dentro de esta casa; la esencia de las flores que circula libre, suelta dentro de esta casa... Todo eso no puede salir por las ventanas y por las puertas. ¡Esto es encarnar!

La encarnación: como pétalos, esencia de rosas que no puede salir de las propias rosas. Y la vida espiritual sería esencia de rosas que existe sin las rosas. ¡Mirad qué maravilla! Imaginad un perfume en sí mismo, imaginad una esencia en sí misma, imaginad un halo de luz en sí mismo, que no está más preso de la flora que lo produce, libre de la carne que lo produce.

¿Cómo puedo imaginar la esencia de la rosa sin la rosa?

Esto es vida espiritual. Difícil transponer este obstáculo mental para imaginarnos que la vida en espíritu sería de la misma dimensión, sería de la misma comparación. Y es importante comenzar la ampliación de nuestra visión, quitarnos las vendas de nuestros ojos, como si en una gran casa abriésemos ventanas nuevas, ampliadas, para mirar con nuevos prismas y nuevos horizontes.

*****

¡Saludamos a esta casa de bendición y de paz! Que esta noche, organizados aquí, dándonos las manos para componer el camino de la verdad y de la vida, concretamente pasen para la construcción de la carta de emancipación, la carta de liberación. Porque estamos, queramos o no, esclavizados a determinadas instancias de la vida, a determinados compromisos.

Es muy importante redimensionarnos en la palabra *esclavitud*, no en cuanto al sentido sociológico, histórico entre señores y esclavos, pero sí en cuanto al libre albedrío.

Imaginad un lugar en la morada espiritual entre las estrellas y los mundos suprasensibles, donde un escollo me somete a determinada situación. Y diréis: «¡Esto es imposible!» No, esto es posible, esto es. Esta es la verdad.

En cuanto el alma lucha contra esa esencia, estará desgarrada entre una posible libertad, que es mentirosa, que no es verdad —una libertad falsa— y otra verdadera, porque todas las situaciones vividas por nosotros en la Tierra, en la materia, fueron decodificadas por nuestro espíritu como necesarias... Como un viajero que, para llegar a su objetivo, sabe que tendrá que pasar por determinados continentes: no podrá volar sobre él con un salto rápido, tendrá que atravesar todo aquello. Entonces él se somete a esa situación, se esclaviza... Como el perfume de la rosa se esclaviza a los pétalos de la rosa, el espíritu se esclaviza al cuerpo de la materia, porque si así no hiciera, tal vez no viviría lo que necesita vivir.

*****

Tenemos dentro de nosotros un ansia de liberación increíble. Si examinamos nuestro interior en este momento, aquí dentro de esta sala, todos dirán que ansían liberarse de este o de aquel síntoma. Sea dolor moral, sea dolor físico, sea dolor afectivo.

Nos sentimos esclavizados por fuerzas que no nos liberan, y luchamos incesantemente contra esa esclavitud, que nos suena como externa, arbitraria, sin nuestro consentimiento, nos suena como imposición.

Sí, suena para nosotros, en cuanto estamos bajo esas prisiones, como imposición, como si hubiese habido un enjuiciamiento externo a nosotros y un juez condenase a un inocente a ciertos presidios, a ciertas celdas y él, inocente, no tuviera responsabilidad alguna con tal situación.

Así es como sentimos las situaciones de perdón en nuestras vidas. Así es como sentimos todas las situaciones que nos exigen compromiso, nos piden renuncia, o nos colocan en el grado evangélico del sacrificio. En tanto, dice Jesús: «El Señor quiere misericordia, no sacrificio». ¡Mirad qué maravilla! ¡El Señor quiere misericordia, no sacrificio! ¿Qué es misericordia? Un sentimiento profundo de amor, de compasión.

*****

Sientes la compasión tan grande por algo, que te das a ello, coges aquel algo, dejas tus cosas, tus intereses, todo, tu egoísmo, y te empeñas para adquirir aquel algo, porque estás lleno de misericordia. Entonces, el Señor quiere misericordia, no sacrificio.

Nuestra conciencia necesita atravesar ese abismo y hacer puente entre esos dos términos, entre esas dos sustancias o sustantivos: misericordia y sacrificio.

En cuanto mi conciencia navega entre las estrechas márgenes de la concepción materialista de la vida, la vida me suena como sacrificio. Cuando yo salto más allá de ese estrecho margen y entro en la esencia, la vida se torna misericordia. La vida es un acto de misericordia. La vida es un acto de compasión, maravilloso, intenso, inmenso, inexpresable e inenarrable, tal es su extensión.

10.ª Palabra amiga - Libertad

Jesús murió por nosotros, no por sacrificio, sino por misericordia. Una compasión, que no sabemos describir, tomó el alma de este ser, y Él se dio, se dio para nosotros, para guiarnos. Vino para estar entre los pecadores, no entre los justos.

¡Dios mío! Alguien que siente compasión, no de los justos sacrificados, no de los inocentes en sacrificios, inocentes condenados a prisiones que no son justas: Él vino para estar entre los pecadores, entre los condenados.

*****

Nuestra conciencia navega en primera instancia: hacia la de víctima inocente, cuya situación no fue creada por ella, y es como si Dios se pronunciase como un juez terrible, condenándola a esto o aquello otro.

En la segunda conciencia, creo y comprendo que soy un espíritu eterno; comprendo que escogí una vida, que quise estar en este siglo xx, en esta forma femenina o masculina, dentro de esta familia, madre, padre... así. Percibamos: fue un acto de libertad absoluto.

¡Por eso la doctrina es maravillosa! La Doctrina de los Espíritus rompe los estrechos límites de comprensión de nuestra mente y nos lanza en ese inmenso espacio de conceptuación de la libertad.

Mi Señor, el Señor, mi Padre, no quiere el sacrificio, pero sí misericordia. Acuérdate de esto: cuando te sumergiste en el orbe terrestre para aquel matrimonio, con aquella familia, con aquel hijo, con aquella madre, no estás viviendo un sacrificio, pero sí un acto de misericordia. Tuviste compasión, y tu corazón se llenó de compasión por ti mismo y por los que te rodean. Y dijiste: «Me olvido de mí y me lanzo a esta situación. Salgo de mi barco individualista y personalista y voy a entrar en la corriente de dolor de todo este pueblo. Porque quiero estar con él en el holocausto, en el dolor, y después en la redención de la liberación por el amor». Y reencarnas. Naces pequeñito en el seno de aquellos para con los cuales tuviste misericordia. Y Dios se apiadó de los dos y os colocó en aquel mismo peregrinaje terrenal.

*****

Así, queridos, nuestra carta de liberación está escrita día a día.

La carta de liberación es dada cuando reencarnamos, o antes, en los parajes extraterrenales... Estamos presos de angustias indelebles, angustias indescriptibles, dolores tenaces, porque tenemos una conciencia ampliada de nuestros delitos.

Es doloroso mirar hacia nosotros mismos y a nuestras víctimas o víctimas de nuestra ignorancia, víctimas de nuestra calumnia, víctimas de nuestro enloquecimiento egoísta. Y allí, poseídos entonces de compasión —por nosotros mismos—, nos quedamos quietos, como diciéndonos: qué adelanta tanta lucha, qué adelantó tanto desorden, haber hecho tanto y me veo desnudo, poseído de angustia y pavor, del dolor de volver a ver la acción... Y allí no queda nada. De todo lo que era aquí en la Tierra, no queda nada. Un inmenso sentimiento de compasión penetra el organismo sensible del alma, y ella comienza entonces a orar, a pedir al Padre perdón y compasión. Es el primer acto de quien yerra: *Padre, compadécete de mí, compadécete de mí por mi error.*

*****

En ese sentido de compadecer, se entra en la compasión. El alma comienza a entrar en las esferas misericordiosas del Señor, comienza a sentir su misericordia y comienza entonces a quedarse poseída de esta fragancia; cual si el cuerpo de misericordia fuesen sus células, el cuerpo y la esencia de misericordia fuese su mente, el cuerpo de misericordia fuese su corazón, y su ser se transforma en un ser misericordioso, comprensivo y generoso dentro de aquella situación extremada de prisión, de dolor, que se está pasando.

El alma mira con compasión la mano que la hiere, deja el escarnio a sus espaldas, a aquel que le adeuda, y pasa a mirar todo el universo presente de la Tierra con un nuevo color.

He aquí el poder de la Doctrina Espírita. Un poder tenue. Tenue porque no es palpable en el sentido terrenal de los cinco sentidos, pero es palpable en el terreno suprasensible de las percepciones del alma.

La bondad comienza a ser cotidiana.

La alegría comienza a ser continua.

La paz es un sentimiento, sin el cual ya no sabes vivir. La despreocupación y la entrega en las manos de Dios también llenan tu día y nunca más sales de ese lugar de paz, porque atravesaste la estrecha puerta que divide la conciencia materialista efímera de esta Tierra y la conciencia espiritualista, espiritista o espiritual de toda la eternidad.

Es para eso que estás aquí hoy, amigo mío, amiga mía, hermano mío, padre mío, madre mía, todos los que estáis aquí hoy: estáis aquí con ese ansia de comprender esas prisiones que desgaran tanto los días, sus horas y de las cuales no es posible salir.

10.ª Palabra amiga - Libertad

Hijos, buenas noches. Esta casa va cerrando su narrativa. Nosotros estamos acostumbrados a pensar en lo inmediato. Jamás imaginamos que una situación de esclavitud pudiera ser de libre albedrío: escogí esclavizarme a aquella situación.

Pero saliendo de la lógica del sacrificio para la de la misericordia, queda claro que si herí a A, B y C, quiero nuevamente estar delante de A, B y C. Quiero estar con la misericordia de Dios delante de esas personas, unido a ellas, amarrado a ellas, en un sistema sanguíneo, filial tal vez, o en un sistema marital, conyugal, o en un sistema de comunidad amiga del mismo ideal, para rehacer aquello que dejé de hacer: oportunidad maravillosa de resurrección de la alegría personal de existir.

Porque ninguno puede estar alegre y feliz con deudas atroces en su conciencia.

Y esa conciencia profunda del dolor causado a los otros, y de la compasión por uno mismo por haberlo causado, es lo que motiva la elección de las prisiones terrenas. Y el alma entra en un planeta prisionero de ciertos sistemas. Y ahí vive hasta el último momento en que Dios la liberará, como libera la fragancia de la rosa de la propia rosa.

*****

Vosotros sentís, a veces, los perfumes espirituales, sin la esencia de la rosa que los produce. Porque la esencia de los perfumes, de la existencia del espíritu, no precisa de la materia para existir. Al contrario: es la esencia de la rosa que hace la rosa, no es la rosa que produce la esencia. Esa inversión es importantísima, si el alma quiere atravesar el grado materialista y subir, escalón por escalón, al grado espiritualista. La esencia de la rosa que produce la rosa, es el espíritu que produce materia. Es el sueño que produce realidad. Esto es importante. Esto no es teoría ultrapasada, no es idealismo versus materialismo, metafísica versus otro nombre cualquiera. ¡Esto es! Tanto es que el espíritu planeará, mismo que la materia se pudra y ya nunca más exhale; la esencia continuará.

¿Quién no sintió, de vez en cuando, el perfume de la rosa que ya no existe, penetrando por la nariz? ¿Y aquel perfume que no sabes de dónde viene y que parece ir en las alas del viento? Muchos aquí ya sintieron. Cuanto más sensible me voy quedando, más se abren los sentidos para sentir la esencia perfumada del universo... El olor y la fragancia perfumadísima de las cosas creadas por Dios en todas sus instancias. Los astros son perfumados. Hay esencias y fragancias en todas las cosas. Es el halo envolvente de la materia suprasensible que se va densificando de vida.

*****

Entonces, retomando... La fragancia de la rosa produce la rosa, el espíritu produce en la materia los efectos de la vida. Todo mi sistema de vida presente es la esencia de mi espíritu produciendo mi rosa: soy el ingeniero, el arquitecto que proyectó aquella casa, con aquella forma, construyendo aquellos amarres y aquellos cimientos. Escogí aquel río y en él me sumergí para vivir hasta el fin.

Y cerrando el encuentro de esta noche, sepan que hay un pasaje —estamos en cuaresma y en las esferas es como si Jesús viviese de nuevo—, porque todos recuerdan sus pasajes.

Jesús está caminando y el centurión le pide:

—Jesús, hay un siervo paralítico en la cama, enfermo, mándalo curar Señor.

—Iré allí más tarde —responde Jesús—, iré a curarlo.

Y el centurión dice:

—Mas yo, cuando tengo un subordinado bajo mis órdenes, le digo: «¡Ve!», y él va; «¡Ven!» y él viene; «¡Haz!» y él hace. Si yo doy una orden a un subordinado, él la ejecuta, entonces, tan solo le digas: «Cúrate» y él será curado.

Y Jesús, atento, delante de aquella respuesta del centurión, responde:

—Hombre, ¡qué fe maravillosa tienes!, creíste, y así será.

Y llegando el centurión a su casa, la curación había sido hecha.

*****

Hijos queridos, ved qué instancia maravillosa, en ese pasaje, en esa enseñanza. Pero solo puedo comprender ese pasaje si ya tuviera una segunda visión de la vida, que es la visión esencial, infinita, eterna y espiritualista de la vida. Ved que el sistema de obediencia está implícito en la cura y en la fe. A veces, muchos vienen a buscar la cura, mas ¿dónde están la fe, la obediencia? ¿Mi obediencia al sistema de la fe? ¿Mi obediencia a la esencia de la rosa que me manda ser rosa?

Yo digo a mi siervo: «¡Ve!» y él va; «¡Ven!» y él viene. Entonces, Jesús exclama sobre la fe de aquel centurión. ¿Qué fue lo que este enfermo a lo lejos oyó? ¡La fragancia de la rosa, Jesús, la esencia, el perfume, la idea, la mente, la energía de Jesús que llegó hasta él! ¡Y él un siervo, fue obediente y se curó!

En la base del sistema de cura está la obediencia. Comprended y abrid los ojos y el corazón para entender esto, definitivamente.

No hemos sido el centurión. No sabemos obedecer como él.

Él dice: «Yo obedezco, y los que están a mis órdenes, también obedecen». Nos falta esa cualidad. ¿Por qué el centurión obedece? ¿Él es un tonto, o un ignorante? ¿No conoce conceptos de libertad básica? ¡No, es un sabio! Conoce conceptos de deberes básicos. Y los conoce de antes, además, conoce el concepto de eternidad... Porque él sabe, en lo íntimo, que él escogió toda aquella prisión. Él sabe que es el artífice de su condición de centurión, de siervo. Y por eso él obedece la obediencia. Porque él escogió obedecer la obediencia. Es un ser que tiene la conciencia espiritual profunda, construida dentro de sí. Interiorizada en su corazón.

*****

Que esta noche, aquí en esta casa, nosotros podamos comprender ese pasaje del centurión encontrándose con el Maestro. Y podamos entender y obedecer los dictámenes de la ley de la vida para que seamos curados de esta ceguera que nos impide la paz y la realización plena de nuestros sueños.

La Tierra se convertirá en mundo de felicidad. Para algunos ya es mundo de felicidad. No es así: en el año doscientos de la Tercera Era comenzará la felicidad. Ya comenzó para muchos en vidas atrás, comienza hoy para muchos. Es una condición íntima. La recuperación es interna. Comencemos pues, hoy, ya, comprendiendo que, construyendo el camino, la verdad y la vida, aprendiendo las lecciones esenciales del Maestro Jesús, buscando esa fuente viva de vida, nos liberaremos de esta ceguera impar, de esta sordera impar, que nos impide la misericordia eterna de nosotros mismos, que nos llevará a la libertad eterna y a la paz que tanto buscamos.

Añoranzas, hijos míos, por partir en este momento. Partiré llevando hoy la alegría de haber sido llamado para dejar en el corazón de cada uno esa semilla. No sabemos cuándo fructificará, ni nos importa saberlo. La alegría del sembrador es sembrar, y mi alegría es entera, plena, en este momento. Abrazo a cada uno... Si pudiese, os colocaría en mi propio brazo, en mi propio regazo y besaría la cara de todos, individualmente, dejando mi calor, mi hálito, la fragancia de mi flor, esta esencia que traigo en mí, apasionada por Dios, intentando despejar en cada uno ese cáliz de amor, para que cada uno pueda sorber ese amor y sentirse con vocación para amar.

Este es el mensaje de la doctrina; la educación del espíritu y del alma solo se hará cuando el espíritu comprenda esas verdades.

Cantaremos el Padrenuestro amoroso, eterno, de todas nuestras noches. Otra cena fue hecha, construimos hoy —iniciamos la palabra hablando de esto—, aquí, en este recinto, un momento de belleza eterna e inolvidable para cada uno. Construimos ya el camino de verdad y de vida. No proclamamos a todos, únicamente para irnos a construir. Ya estamos construyendo aquí, en esta tela amorosa del tiempo, la verdad y la vida.

Hoy, dimos un paso más, se ha colocado un ladrillo más, un andamio más. Alegría, hijos míos, hicimos un pedazo más y tenemos todo el tiempo del mundo. Tenemos el tiempo, entended, el tiempo, aliado de nuestro perfeccionamiento, aliado de nuestros pensamientos, aliado impar, casi un ángel. El tiempo es un ángel aliado de nuestra voluntad de ser un hombre nuevo, un hombre bueno, un hombre digno, un hombre verdadero, un hombre amor, un hombre bueno.

¿Quién no quiere ser bueno? ¿Tiempo? Tengámoslo como nuestro aliado; Dios nos lo dio... El reloj de arena está boca abajo, escurriendo. Aprovechemos esta certeza absoluta y cuando se agote, girará nuevamente, comenzará un nuevo ciclo... Es imposible no amar. Es imposible no ser amado y no ser amantes y no amar un día, plena y absolutamente, a Dios y al prójimo. Cantemos el Padrenuestro.

«¡Padre nuestro que estás en los cielos!...»

Celina

Cántico 29
La llama del espíritu

¡Qué noche tan hermosa! ¡Qué decir, hijos míos! Ya cesamos las palabras. Dejemos a nuestro corazón sentir profundamente todas esas palabras. Entreguemos nuestro corazón para todo lo que fue dicho. Demos tiempo, como dice este hermano amado. Tiempo para que todo ello crezca en nosotros, y aparezca un día como forma, como vida, como certeza, como actitud.

La prisa en el camino del perfeccionamiento espiritual es peligrosa. Lleva a caminos fatales, a la pérdida de la mayor de las glorias humanas, que es la inocencia.

No, nada merece el precio de la inocencia. Nada lo paga, no la perdáis. No disipéis energía de la creación en el afán de perseguir el perfeccionamiento por el perfeccionamiento: será sacrificio, jamás misericordia. Y así jamás tendréis paz y luz en vosotros.

¡La noche de hoy es tan hermosa! Que nosotros nos abracemos en espíritu, dejando en cada uno la claridad del Maestro. Él vino para vivir entre los pecadores y no entre los justos. Entonces, Él está entre las ovejas descarriadas. Está aquí entre nosotros, los dolientes y enfermos.

Miremos hacia Él esta noche, alcemos nuestra mirada hacia sus ojos y hagamos una súplica íntima, pequeñita, para ese momento de dolor por el que pasamos. Ese momento terrible, triste, ese momento angustiante que pasamos. *¡Oh, Maestro!, sabes que estamos aquí... Aquí abajo, aprisionados, presos de esta situación. Envíanos el Consolador.*

El Consolador es esta Doctrina de los Espíritus que nos explica la causa de nuestras aflicciones, nos llama para las verdades eternas de la vida y nos coloca en Dios para la resolución de nuestros problemas. Aquí estamos dando los primeros pasos en ese sentido.

No nos desanimemos. Organizados con la esperanza en Dios, hoy, esta noche, entreguemos a Jesús la petición de cura. Nuestra petición —cualquiera que sea, cura física, necesidades financieras, el pan de cada día, trabajo, amor, paz íntima— no importa el nombre: tu agonía, cualquiera que sea, es tan especial como cualquier otra, porque te perturba, te quita la paz, te hace morir y te aparta del Padre y entristece la esperanza.

Por eso, nos reunimos esta noche, cerrando los ojos fuertemente, mirando a Jesús bien de frente y haciendo nuestra petición, como el centurión le hizo a Él: «Jesús, cura aquel que está allá, enfermo».

Pidamos: «Jesús, cúrame». Y obedezcamos su orden para curarnos. Oigamos la orden de Jesús indicándonos la verdad, como cura de nuestros caminos.

Cantemos entonces la última música a María, y a los hermanos queridos... Vamos al pase, preparando nuestra noche maravillosa.

¡Qué hermoso es estar aquí, Doctrina de los Espíritus! Y ellos saldrán con vosotros de aquí. Con cada uno. Porque Jesús envió el Paracleto, el Consolador, que son los espíritus esparcidos; si tuvieran la obediencia interna de la plegaria y de la oración para guiaros en esta semana. Hasta el próximo encuentro, ¡no faltéis, ya estamos nostálgicos!

¡Cantemos todos juntos!

Una entre todas fue la escogida...
Los pasos en ese sentido.
No desanimemos. Organizados con la esperanza en Dios, hoy.

10.ª Palabra amiga - Libertad

Palabra espírita: vuélvete libre

Ganar la vida eterna: perder la obsesión de poseer
BN 91 - 04/06/1999

Envueltos en esta noche de oración y plegaria, envueltos, cándidamente envueltos, por la noche creada por Dios... Cálidamente envueltos en este recinto de plegaria, envueltos por Dios que nos posibilita organizar un nuevo camino en nosotros, un nuevo momento del alma, una percepción nueva de nosotros mismos, para que tengamos aliento, aliento para el largo, largo camino que hemos de recorrer y el cual estamos recorriendo. ¡La noche se ofrece dadivosa y amorosa! Dadivosa y amorosa como toda obra de la creación. Dios, al crear, ofrece y ofrenda su creación, de forma espontánea, benigna, bondadosa, gratuita, la gracia... se revela amplia, plena, inmensa al alma que sabe sentir, a los ojos que saben ver, a los oídos que saben oír: van captando como antenas ese amplio abrazo de Dios en la existencia de las cosas.

Sumergidos y envueltos en una trama oscura, casi como sedados por un estrecho espacio de la vida, perdemos casi totalmente la capacidad de sentir la presencia de esa dádiva inmensa de la vida que es ¡Dios! Pero estamos aquí para abrir nuestro corazón y sentir con profundidad la presencia de Dios... Esta noche se organiza para que cada uno de nosotros, lentamente, vaya construyendo esta percepción de la presencia divina en todas las cosas.

*****

¡La gracia es abundante! Ved los soles, los días, las estrellas, las galaxias, el mundo, la historia, el tiempo, las reencarnaciones, la espiritualidad. ¡La dádiva es inmensa, la dádiva de la vida es inmensa! Nosotros, aquí presentes en este momento, cada cuerpo aquí presente, somos el testimonio de esa dádiva espontánea y gratuita de la vida ofrecida por nuestro Creador.

En esta nuestra noche, mis queridos presentes en esta sesión espiritual, en esta sesión de oración, en esta nuestra noche, la Doctrina Espírita comparece trayendo, en su palabra, esta palabra de confortamiento: ¡confórtate! Mírate, observa tus ojos: ven; los oídos: escuchan; las manos: están presentes en tu cuerpo; tus pies: tampoco están separados; la piel está cubriendo tu cuerpo, no hay ninguna herida. ¡Nada duele excesivamente en ti, en este momento! Observa, mira en este mapa íntimo, intrínseco e interno de ti, la geografía de la dádiva: esta geografía dadivosa de Dios. Es plena, impar, maravillosa. Es la criatura, percibe, es la criatura del Padre; el Creador te creó, sopló el halo y te hizo. ¡El halo del Creador te envolvió y naciste!

*****

¿Cómo? ¿Dónde? ¿Cuándo? Misterio eterno... ¡Pero estás ahí! Tal como un niño que va andando y no ve al jardinero que plantó el jardín, ve aquella planta despuntar y cree que es un milagro, así también nosotros, criaturas infantiles en el gran camino de la evolución y de la peregrinación por los mundos y por las edades, ¡no comprendemos nuestros orígenes!

Observemos solo el jardín que el jardinero nos dio: ¡es dádiva, es plenitud, es grandeza! No vamos a destruirlo. ¡Al menos intentemos no destruirnos, no dejarnos destruir! ¡Es inmensa la gama de organizaciones de las tinieblas que se organizan para la destrucción de la esperanza, de la alegría, de la paz humana! La vida se resume en una busca continua de ilusiones. Ilusiones que el alma tiene a través de objetos que le causan seguridad.

Este es el esquema más inmediato de la materialidad, de la vida material: ¡al tener cosas parece que uno se tiene a sí mismo! ¡Ved con qué sufrimiento el alma pierde cosas! Cualquier viejo baúl estropeado... lo mismo un viejo baúl que esté estropeado, aquella parte de nosotros que ya no nos sirve, que al contrario, nos estorba; aquella pequeña parte de nosotros que es colérica, rabiosa, destructiva, que está allí todo el tiempo: a veces, encerramos dentro de ese viejo baúl toda la ropa nueva: las nuevas esperanzas, los nuevos afectos; nosotros nos encerramos dentro de aquel viejo baúl; ¡aquella actitud, vieja, antigua, arcaica que solo destruye! Aquella parte de nosotros es capaz de destruir toda la edificación donde está el baúl, el cuarto donde está, la casa donde el cuarto está, el suelo

10.ª Palabra amiga - Libertad

donde está la casa, la región donde está este suelo; ¡el planeta! Es una pequeña cosa que vamos ampliando y perdemos la capacidad sensible de sentir a Dios y la plenitud de Dios, ¡en nosotros!... Entonces necesitamos *tener* cosas.

*****

Sustituimos la dádiva de la vida por la posesión material de objetos sensibles —sensibles, no en el sentido de la sensibilidad, de la sublimidad, sino sensibles en cuanto a la materialidad, cosas—, y si yo no tengo cosas, me siento mendigo y, sintiéndome mendigo, parece que soy un paria, ¡que soy nada! Sin embargo tenemos, a través de toda la historia de la humanidad, ejemplos concretos de que la paz, la grandeza, la sabiduría y la riqueza estuvieron con aquellos que se desposeyeron, que estaban desposeídos, no estaban ligados a ninguna posesión, a ninguna obsesión. Seres que se desapegaron; ¡el inicio de la historia más antigua para nosotros es Jesús! Él es el ejemplo máximo de este desapego, ¡de la entrega total de su vida al Padre!

Esta noche traemos esta reflexión. La palabra espírita hoy trae a cada uno esta reflexión: ¿Qué estoy haciendo de esta parte pequeñita de mí, destructiva? Que cada uno intente examinar cuál es su parte destructiva ¡y percibirá que esta parte destructiva está ligada a algo del cual no puede prescindir! Todo de lo que no puedo prescindir, que creo esencial, que puede desequilibrarme si lo pierdo: esta es la parte destructiva en mí, porque por ella puedo matar o morir, ¡y eso es peligroso en el hombre! ¡No debo ni matar ni morir, jamás! ¡En ninguna circunstancia! Eso es una prisión, es un cautiverio emocional de los más violentos, es condicional. ¡Aquel preso que está bajo la condicional, no está libre! ¡La vida es libre, Dios es libre! La libertad está ahí para tocarte, deleitarte, cautivarte y colocarte en el territorio infinito de las esperanzas, de las utopías, de los sueños, de la belleza, ¡de la realización última de todas las virtudes! Pero si no pierdo esa parte destructiva de mí, jamás tocaré esa inmensa esfera de sublimidad que está en mí y a mi alrededor, en todas partes y que es Dios: el Creador que me sopló y me hizo existir.

*****

Todo lo que no pude perder, debo abrir en mí una lucha continua y estimulada, hasta perderlo... Porque si no, estaré preso de la condición de no perder. Si estuviera preso de la condición de no perder, estaría preso de la condición de poseer. Y si estuviera preso de la condición de poseer, ya estaría preso de la obsesión, de la posesión, de la infelicidad, del infierno, de la inseguridad continua, de la amenaza continua de la pérdida. Ni la vida nos pertenece. La Doctrina Espírita se lanza en dirección a lo humano y quita ese velo que nos sofoca, el velo de la materialidad. Y abre ese universo amplio, como si destapase el techo sobre nuestras cabezas. Y nosotros vemos nuestras infinitas vidas organizándose, desenrollándose delante de los ojos. Ni nuestra vida nos pertenece. ¿Cómo puedo disponer o no disponer de ella? ¿Y cómo puedo aun colocarla bajo condiciones? ¿Vivo si, o viviré bien si acontece esto, aquello y aquello otro? Entro en negociaciones, a veces disfrazadas, con Dios: *Si Él me da esto y más esto y más esto, entonces yo alabaré al Señor.*

Dios mío, ¿qué es esto? Dios no tiene precio. No hay moneda. Pero somos almas de comerciantes. La moneda tintinea a nuestro alrededor. Nosotros, a veces no estamos con la moneda práctica, pero estamos con la moneda simbólica. Monedas emocionales. Vemos mucho esto en el matrimonio. Monedas terribles, juegos terribles, aprisionamientos —que consideramos dignos— entre dos seres, porque uno tiene miedo de perder al otro.

Señor, si alguien se aleja de mí, es que no era para mí. ¡Es tan simple!

Si alguien no me quiere, ¿cómo puedo querer a alguien que no me quiere? Se trata de una ley... ley de reciprocidad. Algo está errado. ¿Qué está errado? Mi deseo de posesión y de dominio. No quiero perder al otro. No quiero perder aquello que considero de valor en el otro. No quiero perder a mí mismo. En verdad, el otro es tan pequeño en mí. Quien ama, libera. Mira a Dios que nos ama: el Padre nos liberó. Nos liberó hasta del deber de amarlo. Nos liberó del derecho de amarlo y del deber de amarlo. Aquí estamos nosotros que ni pensamos en Dios —aún menos amamos a Dios— y Él nos ama, nos libera, sin preocupación de retorno. Es el sembrador que sale a sembrar, y la tarea de sembrar basta, el plantío se cierra en sí mismo. Este es el gran amor de Dios y es hacia allí que nos dirigimos.

Y solo Él trae paz, libertad esencial. Amor divino y absoluto. Todo lo demás, ilusiones. Todo lo demás, dolor. Todo lo demás, prisión. Todo lo demás, terrible saga y tristeza. Terrible lucha. Terrible guerra. Es esto. Es tan simple. Nuestros ojos buscan estrellas de primera grandeza. Pero existen de tamaño cien veces más pequeño. Existen granos de arena que brillan mucho, pero yo estoy buscando grandes soles. Mi amor se cambia por grandes soles. El grano de arena, lo lanzo fuera. Mi vida, muchas veces, es un grano de arena que yo mismo echo a perder. No

10.ª Palabra amiga - Libertad

veo la belleza del gran sol que hay en el grano de arena. No sé ver en lo pequeño, lo grande. ¿Cómo voy a ver en lo grande, lo pequeño? Nunca, jamás lo veré. Lo grande será siempre grande, siempre inaccesible y mi alma entrará en una lucha continua para adquirir o llegar hasta Él. Y jamás llegarás porque Él es inaccesible. Dios, el grande, es inaccesible. La única grandeza de las grandezas es inaccesible. Por tanto, es una cadena de sufrimiento ininterrumpido.

*****

Esta es la psicosfera del siglo. Esta es la corriente de pensamientos del tiempo. En el final del milenio, tenemos una cultura en torno de la posesión. El hombre solo es feliz cuando posee, cuando tiene o retiene. No quiere perder nada. Pero todo es de Dios, nada es de él y las angustias lo aprisionan. Va envejeciendo, va empeorando, porque la vida va consumiendo. La juventud, las células, la fuerza, el aliento, la salud, la materia se van desgastando como una vieja máquina y así mismo él no acepta y no aprende a desprenderse, a desapegarse, a entregarse.

El espíritu es eterno, la juventud es eterna y podría mirar hacia aquel cuerpo que envejece, con gratitud: el cuerpo que usé durante sesenta o setenta años y acariciarlo; está sufriendo, ya no puede, como aquel viejo burro que caminó, caminó y caminó, y ahora ya no puede andar como el joven caballo, suelto, salvaje y pleno de fuerza. El espíritu continúa allí, queriendo mandar y dominar y dar a una vieja máquina el mismo trabajo de una nueva. Cuánta incoherencia, cuánta insipiencia, cuánto infantilismo, que solo agrava al espíritu que allí habita en aquella morada.

El cuerpo es una morada. No tenemos ni el discernimiento, ni la disposición de nuestro propio cuerpo. La doctrina viene trayendo cada semana una especie de reflexión para llevaros a separaros un poco de vuestros cuerpos. Sepárate un poco de tu cuerpo, mira hacia él como pertenencia de Dios. Hagamos este ejercicio, queridos míos: no es mi cuerpo, es de Dios. Soy un espíritu que habita una materia por un determinado tiempo. ¿Cómo puedo inyectar drogas en mi cuerpo? ¿Cómo puedo ingerir alcohol? ¿Cómo puedo inyectarle tóxicos? ¿Cómo puedo hacerle ingerir alimentos inadecuados, que lo destruyen? ¿Cómo puedo? No es mío. Es un préstamo en el que mi espíritu habita y hace una experiencia de vida.

Ese pequeño ejercicio ya nos liberaría de muchas consecuencias nefastas, ya nos llevaría a un encuentro, a un diálogo tierno y amoroso con Dios. Diálogo entre espíritu y materia.

*****

Si el espíritu encarnado dialogase con su propio cuerpo, ya tendría el primer diálogo con Dios, y Dios ya le enseñaría los límites: para el cansancio, dormir; los ojos necesitan cerrarse algunas horas, los oídos necesitan descansar; los labios necesitan parar. El organismo ya es en sí mismo una ciencia eterna, una sabiduría, un libro para ser leído. Pero ni me separo de este cuerpo, ni sé, que él es un libro de Dios, o qué es Dios, o la gracia de Dios en mí, y la dádiva plena de Dios para mí. No, casi ciego, pequeño, estrecho, allí me alojo en el cuerpo y soy dueño absoluto; como un rey, reino en este cuerpo, olvidando que él es Dios eficaz y organizado en una biología viva, hermosísima, para que Él habite por unos años, para traer el crecimiento de vuelta. Dios se organiza en esa materia biológica, densificando el fluido cósmico universal, materializándolo y ofreciéndolo para que lo habitemos. ¡Mirad qué conocimiento maravilloso trae la doctrina, que la palabra espírita encierra! Solo esta relación espíritu-cuerpo, diálogo del espíritu con Dios —Dios en la presentación de su biología— ya nos traería una dimensión maravillosa de la existencia. Ya nos alegraría.

Me despierto por la mañana: Dios va a tomar café. No soy yo quien va a tomar café, Dios va a tomar una tacita de café… es Dios, es la verdad: porque el espíritu habita el cuerpo y el cuerpo, entonces, se va a liberar ¡y el cuerpo es Dios! Ahí ya tendríamos todo un sistema de preservación de diálogo con ese Padre eterno, con ese Dios de amor… Pero no lo trato bien, ¿Qué acontece con el cuerpo? Él gritará, protestará y se enfermará. El cuerpo o la materia es casi un ángel sacrificial para el espíritu; ¡absorbe lo que el espíritu no hace para decirle al espíritu lo que necesita hacer!

¿No es hermoso? A veces, lleváis esta rosa y la colocáis sobre la mesa en vuestras casas. La rosa se pudre, el tallo y la hoja se secan. ¿Qué ocurrió? ¡Se sacrificó! Los espíritus trabajadores del bien van a las casas y sus fluidos están tan negativos que ellos arrancan de la rosa los nuevos para colocarlos en ti. La rosa ofrece, dona… Y aquello que estaba en ti, va hacia ella, casi como una transfusión directa: ¡La rosa sacrificial es la rosa del trabajo espiritual!

*****

El cuerpo hace lo mismo con el espíritu. Él absorbe al espíritu. Primero, da la oportunidad al espíritu de vivir, sentir y permanecer anclado en una estrategia de salvación: ¡la reencarnación! Ya dijimos innúmeras veces: la reencarnación es una estrategia divina de salvación del alma; no

10.ª Palabra amiga - Libertad

teníamos otro lugar para hacer esa experiencia de amor a no ser aquí, en este cuerpo sagrado. Dios, no sabiendo ya dónde ponernos, nos colocó dentro de Él. Cuando encarnamos, estamos dentro del cuerpo de Dios. Absorbe esta enseñanza, esta verdad: ¡estamos dentro de Dios! Los átomos que se organizan para nosotros, esta sangre que ahora corre, el corazón que late, los riñones que funcionan y eliminan, el aparato excretor, las piernas, la caja ósea: todo eso es una organización divina. ¡Estamos dentro de Dios! Imagina este conocimiento entrando en ti, llevándote a reflexiones más profundas y guiándote los días, las horas, las semanas, los meses, los años. ¡Dios mío, esto nos emociona, casi nos lleva a las lágrimas! Pero pasamos casi sesenta, setenta, ochenta años, sin mirar hacia este cuerpo, sin ver a Dios en él, sin acariciarlo, ni tocarlo, y sin pensar: ¡Qué caja tan hermosa! ¡Qué casa tan hermosa, viva, misteriosa, que Dios organizó para que mi espíritu habite! ¿Para hacer qué? Para llegar hasta Él de vuelta, comprenderlo, vivirlo, relacionarse, entregarse.

¡Oh, noche maravillosa!, donde aprendemos cosas maravillosas como: estoy dentro del cuerpo de Dios. Soy un espíritu que os habla, ya no tengo [cuerpo]... Mi relación con Dios se da en otro lugar... Pero el hombre encarnado, el espíritu encarnado —que se llama *alma*—, está allí dentro, preso... Esta es la enseñanza máxima de los espíritus, en el sentido de traer, para cada uno la contribución más pequeña de la desposesión, para que podamos tomarnos a nosotros mismos y comenzar, entonces , un largo camino, haciendo aquel análisis más profundo: *¿qué no puedo perder?*

*****

Así, vamos a dar nuestras buenas noches y cerrar el encuentro: ¿Qué no puedo perder? ¡Pierde esta cosa! Porque es la esposa que te esposa a las situaciones de dolor, desespero, locura, suicidio, muerte. ¿Qué no puedo perder? ¿Es el dinero? ¡Piérdelo todo! ¡Anda con la mano en el bolso por las calles, solo, sin nada: siéntete libre! ¿Qué ocurrirá conmigo ahora? Nada, nadie dejará de darte un plato de comida. Nadie te dejará así... Dios te enviará a alguien que te cubrirá el cuerpo, besará tu herida, te bañará... Envió a Jesús, a Magdalena, que le ungió los pies con aceite perfumado. ¿Qué no puedo perder? ¡Piérdelo! En imagen, en una emoción, simbólicamente, despréndete. O, concretamente, y estarás rompiendo esposas, partiendo esposas, esposas seculares.

¡No puedo perder mi marido, mi compañero o mi novio! Pero, ¡Dios puede quitártelo un día! ¡No puedo vivir sin él! ¡No, no puedo vivir sin

Dios, es imposible, pero sin él viviré todos los días de mi vida! ¡Está claro, es obvio!

No puedo estar preso, esposado, condicionado: *¡solo viviré si!* ¡Está condición es terrible! ¿El otro, entonces no puede partir? ¿El otro no te puede dejar de amar? ¿El otro no puede escoger otro camino? ¿El otro, está obligado a amarte? ¡No hay amor sin libertad! La libertad es la condición del amor, sino tenemos dependencias: estoy dependiente de mi compañero, como una persona ligada a la droga, preso de la química, o el alcohólico del alcohol o el fumador del tabaco, el que está preso de la gula, comer... ¡Presos, prisiones, esposas terribles, que angustian!

*****

Pero aquí estamos, Doctrina Espírita para la liberación: ¡Yo os enviaré el Paráclito, el Consolador! ¡Él dice! La Tercera Revelación, la doctrina, es eso: somos mensajeros, ¡queremos vivir a Jesús! Ver en cada ser a Jesús naciendo, andando, caminando... ¡En cada uno! No es solo Jesús que está ahí: ¡es Dios que está ahí en ti! Primero en tu cuerpo, anónimo, silencioso, pura dádiva, gracia y encanto; después, como intelecto, inteligencia: ese espíritu que habita ese cuerpo.

¡Tú eres un dios que se olvidó de Dios, y por eso olvidaste que eres también un dios! De vez en cuando permítete esta frase: «¡Soy un dios, puedo tantas cosas!». Mientras tanto, aquí estoy, débil, reprimido, esposado, preso bajo condicionantes: si tuviera dinero, sería feliz; si me casara, sería feliz, si yo... Siempre condicionado.

Olvidé que soy un dios y puedo otras tantas cosas. Pero es porque me olvidé de Dios, que Dios me recordará siempre su poder, su grandeza, su luz, su fuerza. Dios recordará siempre: ¡porque Él es y está en tu cuerpo! Durante el sueño estará como un ángel, como un santo, diciendo cosas, elevándote... ¿Su ser no consigue soñar? El libro de la vida, la palabra sagrada, obras hermosas que se abren, dicen cosas... Habitúate a hablar con Dios, a estar con Dios, a vivir con Él, a percibirlo presente en tus días. Todo se transformará.

Con esta gracia encantadora de esta noche hermosa en la cual estamos envueltos, cerramos nuestro encuentro... Es importante que estemos aquí. Cuando estamos aquí hablando, de espíritu a espíritu, lo que queda en el alma, no sé bien lo que es, porque el lenguaje espiritual es extraño al intelecto, a la esfera racional: habla a la emoción, algo ocurre y vas cambiando. No, no hay explicación, estamos en el terreno de Dios, en el terreno de la fe: no se traduce en palabras racionales, estas palabras presas en los diccionarios, tan tristes, quietas, paradas, allá en el cajón.

No, no hay palabras: ¡es un estado emocional! Alguna cosa se queda, ¡es importante releer! *Por eso, cada semana la editamos en nuestra pequeña editorial: para que entre nuevamente en tu corazón y el alma la escuche nuevamente.*

Y así vamos: gota a gota, hora a hora, día a día, incansablemente, escalando esta gran cumbre divina hasta que lleguemos, y nos coloquen la banderita, esta bandera de paz que tanto ansiamos, y la de la felicidad que no está en ninguna prisión sino en la excelsa libertad, la libertad de conocer a Dios, Señor de todo, inclusive de ti y del abandono absoluto en las manos de ese ser de amor... Dos mil años para aprenderse esto y no aprendieron aún. ¡Dos mil años! Abrámonos a este progreso, a este progresivo recuento del tiempo. En todas las comunicaciones espirituales advertimos a las almas: es un tiempo sagrado y especial; ya están saliendo del orbe, millones de seres, aquellos que se resisten al cambio, muchos seres que amamos, que amamos como nuestra propia vida, quizás se queden atrás. Almas que nos gustaría llevar abrazadas en nuestro corazón, casi como almas gemelas presas en nosotros, quizás se queden atrás; lloraremos lágrimas tristes, pero recordad que no son nuestras; ¡son de Dios! Vamos a perder esas almas, pero recordad que quien pierde encontrará... Quien quisiera salvar su vida, la perderá: ¡palabra máxima del abandono, de la entrega, de la confianza y de la experiencia de la dádiva y de la gracia de Dios!

Reencontraremos más adelante: es solo cuestión de tiempo, y el tiempo es eterno, es un misterio, por eso, nada temas, entrégate, vive: ¡Dios tiene un plan para ti! ¡Ejecútalo, vive, siéntelo, es nuevo, es paz, acción; y es música, y es canto; es realización! Por eso trabaja, entrégate, no pares. El tiempo es viento, brisa... No te atormentes, descansa tus angustias, para más aliento, más brisa, más fuerza: este es el aliento de Dios soplando en tu aliento, dándote cariño, continuidad.

Palabra espírita, cerrando, retomando, examinando esta semana: ¿Qué no puedo perder, pero perderé para tener paz en mi corazón? Y tendréis una sorpresa al perder. Pero no puedo contarlo porque es una experiencia íntima, impar: ¡al perder, lo que se ganará a cambio será indescriptible! Pero es necesario hacer la experiencia, sino jamás el alma encontrará esta canción interna que nadie cantó, pero todos saben cuál es: ¡Dios, ente eterno, paz eterna!

Cantemos el Padrenuestro… La noche pasó tan rápida, gracias por la presencia de todos. La casa lo agradece con mucho amor.

«¡Padre nuestro, que estás en los cielos!...»

10.ª Palabra amiga - Libertad

Celina

Cántico 43
El rosario del coraje

Solo pasaré rápidamente —para que no confundáis el camino— cerrando [los trabajos]... pidiendo a Ana que cante aquella hermosa canción que ella cantó la semana pasada, donde nosotros, dentro del corazón, tocamos y sentimos al Pastor.

Vayamos oyendo y cantando con amor, juntos, por favor, para que todos podáis sentir la pureza de este momento, sentir la grandeza de este momento, volando, creando alas, saliendo del suelo, elevándoos hasta el infinito, sintiendo la presencia de aquel que jamás nos dejó, nos dejaría, o nos dejará, ¡que es nuestro Maestro Jesús!

Vamos sintiendo sus manos como si estuviesen en nuestras manos; su cuerpo como si pudiésemos recostar la cabeza en su regazo, y vamos a cantar porque Él es el Pastor, que nos defiende, nos da las manos, nos llena de flores, nos bendice y nos encanta... Cantemos...

> El Señor es mi pastor; nada me falta. En campos de verdes pastos me hace descansar; me lleva a arroyos de aguas tranquilas. Me infunde nuevas fuerzas y me guía por el camino correcto, para hacer honor a su nombre. Aunque deba yo pasar por el valle más sombrío, no temo sufrir daño alguno, porque tú estás conmigo.[1]

¡Qué hermoso!...

No temería mal alguno, aunque estuviese en el valle de la muerte, y aquí estamos, en el valle vivo de la vida, de esta doctrina rediviva, de este Paráclito, el Consolador, envolviendo a todos en este ramillete de paz

---

1 Salmo 23:1-4.

para que seamos flores de paz, donde hubiese incendio de discordia; flores de amor donde hubiese esta tempestad, este invierno, este hielo petrificante del desamor, de la desunión, de la angustia; para que seamos flores que van marcando en el camino de los hombres, esperanza; en aquel lugar donde el alma no espera nada más; vitalidad, vida; donde aquel ser está muriendo, entregado, ya no viendo nada más; luz para aquel que está ciego, ¡y cree que la vida acabó, terminó y que hoy todo cesa!

Que seamos flores vivas... A cada uno, en cada uno, en cada hogar, en cada momento: ¡que podamos llevar ese perfume esencial de la eternidad!

Para eso estamos aquí, mensajeros espirituales, para ser esta flor en tu mesa, en tu cuarto, en tu salón, en tu rincón, un ramito pequeño, inundándote: ¡Eres flor divina, criatura de Dios!

Guíame por las aguas tranquilas... ¡Y Él guiará a aquel que pueda oírlo!

Sí, Él dará la gracia, Él dará la vida, pero es necesario haber vencido... ¿Vencido el qué? ¡A ti mismo, a tu ceguera, a tu tontería, a tu pequeñez, a tu avaricia; al miedo, a la angustia, a la inseguridad! Es hora de volverte guerrero de ti, combatirte a ti mismo ¡para vencer y dejar que el ejército de la paz avance! Que la espada se transforme en arado y are esta tierra cultivando la semilla de la paz, del amor.

¡Esta es la hora! ¡Urge! Final de los tiempos: ¡urge! Oye el clamor de Dios: también Él clama para que lo escuches, para que lo llames; ¡las casas de caridad que se organizan, los templos, son para llamarte! Y nosotros gritamos, hablamos, pero es preciso que escuches, que venzas la sordera, venzas la ceguera: esta lucha es tuya, hijo mío, hija mía, hermano mío, hermana mía, amigo mío, amiga mía, compañeros de jornada: ¡no os quedéis atrás, porque estamos yendo!

Se va acabando el tiempo, la Tierra gime, dolores de parto: está ahí, natural el nuevo tiempo, el nuevo hombre, ya está. ¡No te quedes atrás! Sí, lloraremos, derramaremos lágrimas, pero nos iremos, no dejaremos a Jesús solo, ni a Dios en soledad. ¡No más! La Tierra gime, es la hora de alumbrar la nueva historia. ¡Cuidado! ¡Cuida, ama y vela por ti! Oh ángel que estás aquí habitando en este momento, con tus alas rotas y partidas, volarás hasta lo más alto, porque no serán tus alas, ¡sino las alas de Dios!, te elevarán sobre ti mismo, sobre tu egoísmo y te liberarán.

Mucha paz, buenas noches. Esta hermana en caridad que os habla, deja este abrazo divino, este rocío divino que cae sobre vosotros dejándoos como si fuesen ¡pétalos rociados de plateada rosada argéntea luz! Maravillosas escamas de argéntea y delgada espesura pasan entre nosotros en este momento, en la sala. ¡Aquí estamos llenos de Dios, bañados por Dios, en Dios! ¡Es hermoso! Abracémonos, abracemos a Jesús. Sintamos sus manos en nuestras manos, su piel cerca de nosotros, su regazo: recostemos nuestra cabeza, sintamos al Maestro: ¡donde estén dos... o más de uno, que se unan para orar en su nombre, en nombre de la verdad y de la vida! ¡Sintamos!

Salga llena, plena... ¡Esta oveja que Él rescató y que está en su regazo yendo para el infinito!

Cantemos por última vez... ya podemos, hermanos, ir hacia la sala de pases, la oración está terminada. «El Señor es mi Pastor», cantemos cerrando nuestro encuentro... nuestra noche de amor.

Jesús predicando a la multitud, Paul Gustave Doré

Perdón
Décimoprimera palabra amiga

La vida es un acto de perdón

¡Perdonar es perder... perder el dolor!
BN 1 - 07/03/1997

Vamos todos a mentalizar a Jesús, en un sol. Hoy en esta sala, está dibujado un lirio blanco en un pantano. Un pantano verdoso de luz y, en medio, un lirio blanco, abierto, claro, oloroso, traído por la espiritualidad como un presente para nosotros, esta semana.

¡O sea, por mayor que sea el charco o el lodo donde nuestros pies estén, por mayor que sea el dolor que se cargue en este momento, viene de Él! Porque es Él el que traerá, de ese mismo charco, de ese mismo lodo, de ese mismo dolor, el vestido blanco de tu alma. Traerá el lirio que brota de ese lugar angustiante, de ese lugar a veces tenebroso, de ese lugar a veces terrible, que cargamos en nosotros.

Cada uno mentalizando ese lirio en medio de un sol dorado...Vamos sintiendo las vibraciones de amor de este momento.

*****

Con esta paz eterna, abrimos en este instante, el cáliz interno del alma, para recibir de la espiritualidad de esta casa de amistad y de amor, la plegaria, la oración sencilla.

Bienvenidos aquellos que entran en este recinto en busca de la paz eterna.

Eterna porque, la paz, nosotros no queremos perderla.

Eterna porque ese es un sentimiento que no queremos dejar de tener en nuestro corazón. Persigamos pues esa paz, en todas nuestras actitudes, sabiendo que es como el lirio, a ser plantado bien hondo en nuestra alma, durante nuestra vida.

11.ª Palabra amiga - Perdón

¡No tengamos miedo de colocar la mano en este pantano, muchas veces fétido, de nuestro corazón!

¡No tengamos miedo de mirar a esas almas terribles, que nos aturden en nuestras noches más profundas!

¡No tengamos miedo de los bosques!

¡No tengamos miedo del piar de las lechuzas en medio de la madrugada!

¡No tengamos miedo de nada, porque aquel que tiene a Dios en su corazón no puede tener al miedo como compañero, en nuestro pasaje, en nuestra travesía, en esa larga y gran plegaria viva de la reencarnación!

*****

Amados hermanos y amigos, esta es una casa espírita que trae la reencarnación, esa palabra encantada en el diccionario y en el alfabeto divino.

Tenemos otra palabra, maravillosa, tal vez la mayor palabra dicha por todas las iglesias, por todos los sabios, por todos los santos de nuestra historia humana... se llama: ¡*perdón*!

¡Ah!, ¡si supiésemos la extensión de esa palabra! ¡Si tuviésemos ya, dentro de nuestros ojos, de nuestra alma, la extensión de fuerza de esa palabra en nuestra vida, mucho del terror con el que caminamos, mucho de ese charco y de ese pantano se habría transformado en campiñas verdes, en plantíos soleados del centellear fugaz de la vida humana!

La reencarnación es una flor que Dios dio al alma, al espíritu viajero, para que él encuentre su perdón.

¡La vida es un acto de perdón!

¡Ah!, ¡si supiésemos la extensión de ese gesto para traernos definitivamente, la alegría y la gracia por estar aquí hermanados, vivos!

*****

Hermanos queridos y amados, no dejéis fuera esta oportunidad única, sencilla, de vivir en el perdón ¡No dejéis pasar por dentro de este cuerpo, de estas arterias, de esta sangre, esa oportunidad de vivir el perdón! Dentro de tu cuerpo, en esas células más íntimas, pulsan las palabras: ¡*te perdono!* ¡Es la palabra de Dios para nosotros! Él nos perdonó, olvidó nuestras ofensas...

Hace dos mil años, Él nos dijo, mirando hacia lo alto con intenso dolor: «Padre, perdónalos, no saben lo que hacen».

¡Y el Padre perdonó!...

¡Perdonar es perder!...

Perder las angustias que cargamos y llevamos en nuestro pecho.

Perder la soledad en la cual estamos inmersos.

Perder el miedo al que estamos aterrados, impedidos de caminar rectos en dirección a nuestro destino, realizando rápido aquel sueño mayor para el cual reencarnamos, cuando Dios nos dio este vestido para la encarnación.

Nacer es un testimonio del perdón del Padre.

Nacer es en sí mismo, hermanos, la palabra de Dios diciendo: «¡Te perdono, hijo mío!».

*****

No nos engañemos en pensar que necesitamos andar, cuando ya andamos…

Estamos perdidos en la noche de la ignorancia de la conciencia…

Es como si no supiésemos la palabra amorosa que puede abrir, en nosotros, mundos maravillosos, nos puede hacer salir de los pantanos para los lirios, pues a pesar de mantener el lirio su raíz en el pantano, abre su cáliz claro hacia el cielo, no se dobla hacia abajo.

¡Grande es el dolor humano! ¡Porque volvemos nuestros ojos hacia abajo! Andamos cual animal, con la cabeza hacia abajo, queridos hermanos.

¡Pero Dios nos hizo erectos! Colocó al hombre de pié para que pudiese erguir su cabeza y admirar las estrellas y saber que, en el Más Allá, algunos pasos más adelante, se puede volar como un ave, brillar como una estrella… superar condiciones, en fin…

¡Bienvenidos hermanos, a esta casa de amigos, esta casa de amor, esta casa espírita, esta casa espiritual! Queremos dejar estas simples palabras: *¡soy una palabra llamada perdón!… ¡muestra en mi cuerpo, en mis arterias, en mi sangre, en mis células, en el sudor y lágrimas, una palabra llamada perdón!*

Y Dios perdonó…

*****

¿Por qué no perdono a aquel hermano que me ofendió?

¿Por qué no olvido aquella afrenta?

¿Por qué guardo, con tanta vehemencia, aquella palabra ruda que el amigo me dijo?

¿Y por qué olvido tan rápidamente, aquella palabra de amor que oí el viernes de un amigo, allá donde estuve?

11.ª Palabra amiga - Perdón

¿Por qué olvido tan rápidamente, la palabra de amor que mi madre me dice? ¿O un amigo? ¿O la palabra que me dice la Biblia cuando la abro? ¿La que el Libro Sagrado me enseñó, o que alguien me sopló?

¿Por qué guardo y sujeto en mi mano, tan ferozmente, todas las penas y angustias, dejando perdidas en mi memoria las bellezas pujantes que Él coloca continuamente en mi vida?

*****

¡Hermanos queridos, memorias de luz!...

¡Dejemos las memorias de sombras atrás!

¡Como el lirio, dejemos el pantano a nuestros pies y levantemos nuestra cabeza para el futuro, para el blanco vestido de nuestra alma, para el perdón que ya habita en nosotros!

Y veréis que todo se transformará en bálsamo...

¡El espíritu no dolerá más!

¡El fuego no quemará más!

¡El agua no ahogará más!

Dios estará con vosotros y viviréis como transportados en un raro sentimiento de eternidad y superioridad moral y espiritual.

Imaginad un hombre rico, muy rico... ¡Alguien que tiene millones! Si alguien toma de él un euro, una peseta, un céntimo, ¿reclamará? ¡No! Mirará ese hecho y sonreirá... Tiene millones. Sed como ese hombre: rico de cualidades morales y espirituales.

*****

Dios habita... ¡El tesoro está dispuesto en nuestro corazón! ¿Por qué dar tanta importancia a aquella palabra ruda, aquel gesto de traición, aquella aura que nos persigue? ¿Por qué prenderse a aquel gesto de rudeza, transitorio, finito?

¡Perdonar... perdonar... siempre!

¿Setenta veces siete? ¿Por qué Cristo dice eso? Tanto hace setenta veces siete veces; setecientas veces siete veces, que siete mil veces siete veces: el perdón es, el perdón está, siempre estuvo. Perdona siempre, olvida todas tus angustias y gana siempre tu paz eterna...

¡Esto es, la paz eterna!

Quien perdona tiene esa paz eterna en su corazón. Tiene un tesoro. Sonríe y entrégate a la vida como un niño: ¡confiado y pleno!

Hermanos queridos, Jesús está aquí... Él está. ¡Está aquí y en todas partes, porque el bien, lo bello, la verdad y la vida están por todas partes!

Yo soy el camino, la verdad y la vida, dice Él.

Y aquí está. ¡Es verdad! Jesús está tan cerca de nosotros como yo estoy hablando y como vosotros estáis oyéndome a mí. ¡Él está aquí, tan cerca como hablo y me oís!

*****

Dios, ¿cómo alguien puede estar tan cerca de ti y no verte?

¡Mirad la proximidad de esa cara de amor, como cada uno aquí mira mi cara! Pero no hacemos así; dejamos detrás esa cara de amor; giramos a los lados y miramos la cara de dolor...

Esa es la dolencia del mundo: ¡quedarse preso al pantano, dispensar al lirio, hacer llorar a la luz, dejar a Dios en soledad para mezclarse a un estado doloroso de ser!

¡Que esa dolencia salga! Es esa la intención de esta casa espírita. Trabajamos para que perdonéis y perdáis ese estado enfermizo del alma, para que os abráis como el lirio... para que permanezcáis cerca de la vida, de la verdad, de lo bello, de la fraternidad...

*****

Que todos los sueños soñados juntos... que un mundo mejor comience aquí y ahora, en nuestro corazón.

Que seas un hombre mejor, una persona mejor.

Que no mientas, ni finjas.

Que no uses dos pesos y dos medidas.

Que te olvides de ti mismo. Aléjate de ti, para acordarte del otro y de Dios...

Y Dios se acordará de ti y hará por ti lo que cualquier padre, cuidar y velar por su hijo.

Pero si dejas de ser hijo, el Padre deja de ser padre.

Vuelve a ser hijo de este Padre de amor... y verás que tu vida será como la del hombre rico que tiene millones, cuya paz, cuya ternura, cuya confianza, son tesoros tan grandes que si alguien le roba un instante, o le atormenta, o le habla mal, o le dirige un mal gesto, ese hecho no es más que un pequeño céntimo, dentro de aquel baúl inmenso de joyas preciosas de sus virtudes.

¡Ah!, hermanos, ¡Dios habita en nuestra alma! ¡Él está por todas partes, rostro anónimo, innombrable, indescriptible, y sin embargo perceptible!

11.ª Palabra amiga - Perdón

Viendo los astros girando, viendo los animales andando… nosotros lo sentimos traspasando nuestra vida… ¡Nosotros vivimos este Dios! Dios mío, ¡oh, Dios, siento que tú estás!

¡Que estas palabras, hermanos queridos, puedan traeros la paz! *¡Jesús nos ilumine!*

«Padre nuestro, que estás en los cielos…»

El espíritu de espera

¡Nadie te amó como yo te amé!
BN 34 - 27/03/1998

Nos encontramos con el Plano Mayor, con la Espiritualidad Mayor, que trae en sus labios palabras de apoyo, palabras de bendición, palabras de fe, palabras de esperanza para cada uno de nosotros.

Sentimos aquí, en este ambiente, aquí, dentro de este recinto... la paz que vinimos a buscar.
Muchas veces buscamos la paz fuera de nosotros, sin embargo está dentro de nosotros.
Siempre buscamos respuestas fuera de nosotros: es incluso una tendencia natural, buscamos fuera de nosotros, pues somos seres hacia fuera. Solo que dentro de nosotros, habita un espíritu, y es ese espíritu el que nos trae la respuesta que necesitamos. Dentro de nosotros habita un ser que señala lo que nos rodea: el universo que nos rodea está en consonancia con el universo que habita dentro de nosotros.
Un ejemplo sencillo: muchas veces no conseguimos venir a la casa de caridad. Hay impedimentos serios. No tiene importancia si no conseguimos llegar a la hora o no tenemos forma de llegar. Lo importante es que pensé en venir. Un pensamiento puede atravesar millares de distancias y estar aquí dentro. Y lo opuesto no siempre es real. Una persona que está aquí dentro, puede no estar aquí. Una persona que vino a la casa, pero cuyo pensamiento y corazón están en otro lugar, ni siquiera recibirá asistencia de la espiritualidad, ni siquiera una caricia, porque su corazón está lejos de aquí.
A veces la desesperación hace que la gente salga y vaya a una casa de caridad, y traiga al hijo pequeño, en horarios impropios para la asistencia fraterna de los hermanos, en la etapa infantil.

11.ª Palabra amiga - Perdón

Necesitamos aprender que lo que cuenta, no es el tratamiento espiritual, es la esencia íntima, es lo que somos en lo más íntimo, y no lo que parecemos ser. Un corazón que realmente quiere estar aquí, está aquí. Basta que en el horario de la palabra o del intercambio espiritual de la lectura del Evangelio, del comentario, de la transmisión del mensaje —generalmente a las ocho de la noche—, basta con que te sientes en tu casa y pienses en el local, en la sala, y sentirás la presencia socorrista, de los socorristas desencarnados, que son los espíritus amigos que asisten a toda casa de caridad.

*****

Acordémonos de Jesús y Jairo que, teniendo este una hija enferma, fue hasta Jesús dejándola en casa... y crezcamos en el amor un poco más. Los niños necesitan aprender a acostarse con el Sol y a levantarse con él, para aprender la belleza de obedecer a la naturaleza, nuestra Madre llena de sabiduría y bondad, ¡materia encantada de Dios!

Buscamos el remedio fuera, es natural. Nos ponemos enfermos, vamos al médico, el médico nos envía a la farmacia y la farmacia, observad, nos devuelve a nosotros. Y volvemos a casa con el remedio en la mano, sujetando ese paquete, tan solitarios como salimos, ¿no es cierto?

Es una peregrinación hacia nosotros mismos, salimos de un punto y volvemos hacia nosotros.

Necesitamos desarrollar el coraje para soportar la enfermedad.

La enfermedad necesita ser vivida con paciencia; *el dolor necesita ser aceptado con el espíritu de espera...* Esa sería la palabra de esta noche para que los que se encuentran aquí puedan desarrollar, dentro de sí, esta modalidad poco experimentada por nuestra vida materializada, y materialista, que nos empuja a la prisa, a una velocidad en que paramos poco, y cuando paramos es porque un choque, un puñetazo, una enfermedad o alguna cosa violenta nos detiene.

La misma prisa con que vivimos, también la aplicamos a las emociones, cuando nos encontramos en estados alterados de vida, ya sea por una dolencia física, o una dolencia moral, afectiva: tenemos prisa de que pase, prisa de que aquel estado se transmute... ¿Dónde está el tiempo de espera? ¿La espera para que las cosas cumplan su tiempo, maduren y florezcan?

*****

El dolor es un portal a través del cual nos liberaremos, recordadlo siempre: *¡Ah! ese dolor; ¡ah! ese impedimento; ¡ah! esa bofetada que recibí; ¡ah! esa grosería; ¡ah! ese golpe de discordia en mi vida. ¡Ah! ¡Dios mío!, este es el camino mediante el cual podré liberarme.*

La visión espiritual nos devuelve esta sabiduría de vivir el dolor. La visión espiritual nos devuelve la vida, como habló la hermana en la palabra de la semana pasada: la vida después de la muerte; y la comprensión de que somos espíritus eternos nos trae, crea en nosotros nuevas categorías emocionales como esta: la paciencia en el dolor.

Corremos a tomar un sedante, dominados por un desarrollo íntimo en la no espera.

Claro que el sedante es importante, vamos a tomarlo, pero espera un poco más, porque el dolor a veces demorará, y la demora es útil, la demora está impidiéndote hacer cosas que no deberías hacer, porque ocupado con aquella dolencia, no estás haciendo otras cosas, ocupado con aquel impedimento...

*****

Breve historia de sabiduría del dolor: un ejemplo.

Aquí tuvimos un bonito caso, un hermano que está hoy presente en la sesión, pero al que se le había suprimido el derecho de ir y venir, su libertad, vamos a decirlo así. Y ese juicio fue hecho en el Más Allá, construido en el Más Allá, en una especie de persecución espiritual que está sufriendo, que reencarnó sufriendo, que siguió sufriendo y que, a día de hoy, todavía sufre. Llegó a la casa espírita y estamos trabajando juntos, en la caridad, en el crecimiento espiritual para superar esa trama de dolor plantada por él en un pasado remoto. Fue condenado en un juicio espiritual, y su derecho a la vida fue suprimido. Premeditaron un accidente de tráfico, una salida violenta de la vida, contando con que este ser caería en la venganza espiritual al infringir las leyes de tráfico. Contaban con el carácter colérico y poco moral de ese hermano que aún no había comprendido que las leyes están para ser cumplidas: *¡No vine a revocar la ley, sino a cumplirla!*

La única forma que su ángel amigo, espíritu amoroso, tuvo para impedir un accidente más grave, fue quitarle el derecho de locomoción, de ir y venir libremente. Era motorista, y en cierto viaje no se dio cuenta de que había vencido la fecha del permiso de circulación y fue interceptado por un guardia, que le retiró el carnet de conducir durante mucho tiempo.

El accidente estaba programado, porque el proceso en el que había sido juzgado en el campo astral era todo sobre desobediencia. Las consecuencias habían sido funestas para seres que aún sufrían en cadenas demoradas de odio y amargura *post mortem*.

El proceso aquí en la Tierra, cuando el guardia le paró, era por desobediencia a la ley.

Podemos no comprender inmediatamente la similitud entre la ley del Cielo y la de la Tierra… ¿una ley de tráfico puede guardar el mandamiento divino? Sí, en la ley de tráfico tenemos el inmenso principio superior y sublime que enseña que el grano de arena está presente en el Todo. ¡Tenemos un pedazo de obediencia a la ley de Dios en la obediencia a la regla elegida por la cultura de un pueblo, como regla de vida y de respeto a la vida!

En el código moral culturalmente establecido por la legislación terrena existe un pedazo de la ley divina, un aspecto, una semejanza… la desobediencia a ese código es la desobediencia a los códigos celestes… Por eso, entonces, estamos arrodillados en un pantano de dolor, en una dificultad creciente de ajustarnos a nuestra vida en comunidad, en paz. Y es curioso que mientras buscamos la paz y la felicidad, caminamos sobre nuestros talones, como si cada vez que anduviésemos lo hiciéramos hacia atrás, al contrario que la felicidad y la paz.

En el afán de conseguir aquel tesoro, vamos destruyendo el propio tesoro, como alguien que destruye la jarra donde vierte el agua que iría a tomar.

Ese es el espíritu de la prisa que impera en nuestra alma, que domina nuestros gestos, que trae infelicidad a nuestros corazones, que excita nuestras pasiones y trae mucho dolor.

✶✶✶✶✶

Caminamos en dirección opuesta…

Sin embargo, *si estuviésemos en el espíritu de espera*, si nos envolviera ese espíritu de Providencia Divina, si tuviésemos la certeza de la providencia del Padre que garantiza mi felicidad, si me invadiera esa certeza, obraría de forma diferente, esperaría que pasaren las horas, tendría calma, paciencia, tendría paz, resolvería, analizaría la vida con paz y atraería días mejores y consecuentemente horas mejores, horas afables, horas de ternura para todos los que me rodeasen en la vida, para todos los que formasen parte de mi intimidad: mis hijos, esposo, marido, en la relación de trabajo, de los amigos donde trabajo. ¡Por todas partes se oiría el eco de esa pacífica voz!

La vida no tiene misterios, a pesar de que ella es el misterio infinito, porque es pura dádiva, es la gracia. ¡Aquí estamos hablando del poema de la gracia, de la creación de la gracia, la vida! Dios es gracia, gracia inexplicable, porque algunas veces nos encontramos en una situación desesperante y al cabo de dos horas cambia, ya no está.

Y no sé qué fuerzas actuaron y digo: «¡Fue Dios!»

¡Él es intangible, imponderable, imprevisible, inenarrable, indescriptible, no hay palabras!

¡En la negación de las cosas encuentro a Dios! Voy a la nada, a la nada absoluta, y entonces encuentro el eje vital de la vida. ¡Encuentro el Todo!

Vamos preparando nuestro corazón para cantar la oración del Padrenuestro. Esta espiritualidad está agradecida por la presencia de cada uno de nosotros, profundamente agradecida ante cada uno de nuestros corazones.

Hoy se abre la orientación espiritual más temprano, para que cada uno pueda beber de ese Cáliz de Vida Eterna, una palabra o una pequeña gota de esperanza.

Esta casa va creciendo, componiéndose así de muchos sueños, de muchas manos, muchos pedacitos luminosos que van aprendiendo su lugar, que van aprendiendo a amar, mucho más servir que ser servido, mucho más dar que recibir.

Esta casa va aprendiendo el poema de Francisco, va aprendiendo el poema de Dios, va aprendiendo que esta es la ley de Dios: puro amor, *yo te amé... ¡Nadie te amó como Yo te amé!*

¡Ah!, ¡si pudiéramos decir esa frase!

*****

Es maravilloso que podamos cantar esta frase: «Nadie te amó como yo... Porque fue un amor hasta la muerte...». Estamos en la Cuaresma, estamos viviendo el Cristo nuevamente, llegaremos a la Pascua.

Los días se terminan y nosotros crecemos en su aprendizaje.

Entonces, hijitos del corazón, permanezcamos resueltos en la fe, firmes en el camino y habremos de vencer, porque la lucha ya está vencida.

Muchas veces todavía no aprendemos que somos vencedores. Porque el Amor es vencedor. Y somos hijos del amor. ¡Dios es amor!

¡Las estrellas ya lo contaron, los designios ya lo susurraron a través de los misterios, y quienes saben oír los misterios, saben que el amor es

11.ª Palabra amiga - Perdón

inevitable, que el camino será hecho por todos, que más pronto o más tarde, con o sin lágrimas, todos sonreirán y estará establecida la comunidad de felicidad, también la comunidad de regeneración, también la comunidad de paz!

Es una historia ya escrita por Dios en medio del Cosmos.

Ya fijó el objetivo, ya disparó la flecha; estamos recorriendo un camino que nos conduce a un lugar. No hay forma de no ir a este lugar. Esta certeza trae coraje, trae fuerza, trae fe.

Si ahora el dolor es muy grande, y si en este momento bailan las tempestades, y si ahora cae el puente y no puedo pasar, y si las cosas se cortan de forma que no consigo continuar, no tiene importancia... el mañana tiene mañanas... en el futuro hay futuro... en el día que vendrá habrá días... la vida... nadie puede negarla, desde que los espíritus, por las voces proféticas llegadas de todas partes lo revelaron; y he aquí que nos revelaron la ley, nuevamente, la Tercera revelación, ¡la vida es eterna!

Traed vuestras dudas y dejadlas sobre esta mesa, podéis entrar y ponerlas directamente, no es necesario entregarlas en mano a nadie.

Vamos a dialogar con esta Espiritualidad Mayor, vamos a conversar con ella, vamos a abrir una larga conversación en este recinto de oración para que cada uno salga alimentado, porque la duda de Dios, la duda en la Fe, en esta Fuerza de puro misterio, nos lleva al desaliento, nos lleva a la descompensación emocional, nos trae la cólera y la ira, nos trae la envidia y los celos, daña nuestros mejores propósitos.

*****

A veces tenemos el feliz propósito de ser mejores, pero la duda de que Dios está en mí me desalienta...

Me olvido, me olvido de que Dios está en mí, de que soy un espíritu.

El vicio y el automatismo retiran y cortan muchas veces los mejores propósitos que podamos traer en nuestra alma de ser mejores, más bondadosos, más caritativos...

Allá donde esté nuestro espinar, nuestro pantano, en la familia, en el trabajo, en ese lugar donde soy cuestionado y se me pide que mejore: ¡es en ese lugar donde comienza la transformación del mundo!

Ser mejor aquí dentro es fácil, ser mejor aquí entre los amigos también es posible, ser mejor donde las personas se juntan para un proyecto común, también es fácil.

Lo difícil es llevar ese proyecto de esperanza a los lugares donde los pinchazos y los arañazos están esperando, donde rondan las serpientes, donde al menor descuido, nos inoculan el veneno que llevan y retiran de nuestro corazón la savia viva divina que nos deja leves y felices, como transportados desde nosotros mismos a regiones inefables y bellísimas en las que planea la paz… ¡y donde habita *el espíritu de espera!* Cuando menos lo esperamos, llega el ataque, la negatividad, esa sensación que nos invade: *Dios Mío, no quiero este mundo.*

Esta es la palabra: *¡Dios Mío, no quiero este mundo, este mundo no es mi mundo!*

Y en el momento en que dices esto, dices junto a Jesús: «Mi reino no es de este mundo». Las experiencias de agonía, la negación de nuestros más amados propósitos son para que lleguemos a este lugar del alma: *no, no, mi reino no es así, no formo parte de este río donde un hombre analiza a otro, donde uno no tiene pelos en la lengua, no se para a pensar lo que dice, no… no echa mano de lo más bonito que tiene dentro de sí para darlo al prójimo.*

Dices: «¡No, me cansé, estoy exhausto, quiero un reino diferente!». Empiezas a construir. Es por el agotamiento, es por la saturación de experiencias negativas por lo que puedo llegar a mi liberación, por lo que puedo dar el salto y avanzar en la construcción del hombre nuevo dentro de mí.

Por el momento es una idea, una invitación… sólo se transustanciará en las repetidas experiencias que me llevan a negar las experiencias a las que estoy acostumbrado.

El orgulloso será colocado entre orgullosos, y las experiencias de orgullo serán su cena abundante, hasta que ya no aguante alimentarse más del propio orgullo.

El vanidoso será expuesto a las vanidades, a la crítica ácida, hasta que no aguante más las apariencias y busque la esencia, y no solo lo que parece ser.

El colérico será expuesto a la violencia, a la cólera ajena… a veces en la calle, en el trabajo, hasta que aprenda que gritar, berrear, hablar, patalear, decir tacos, improperios, no es el camino que llevará la paz a su corazón.

*****

Este otro será visitado por experiencias de infidelidad constante, hasta que perciba que su infidelidad con el prójimo, con Dios, con la ley, con el amor, le lleva a tal punto de saturación que él mismo dice: «Dios mío, no aguanto más a las personas infieles, no aguanto más mi propia infidelidad, Dios mío, necesito, quiero un reino de fidelidades, de amigos fieles, de amigos con los que pueda contar».

11.ª Palabra amiga - Perdón

Y entonces da comienzo el hombre nuevo: por la saturación y por el anhelo profundo, visceral, casi material de nuevas sintonías energéticas en nuestro campo vibratorio.

Sino continuaremos con ideas que no alimentan ideas, porque son anémicas, con movimientos que se inician, pero son muy frágiles.

Hijos queridos, cuando Kardec pregunta a los Espíritus por qué vence el mal, la respuesta es simple, ya la hemos dicho, ya la dijimos en otros lugares; ellos responden: «¡Porque los buenos son frágiles!».

La espiritualidad no critica a los malos, ni da fuerza a los malos, ni dice que los malos son muy potentes, solo responde: «…por la debilidad de estos» refiriéndose a los buenos.

Oh Dios mío, tienen razón al decir que la bondad es frágil en nuestro corazón, que no ponemos fuerza en la vivencia de las cosas buenas.

La responsabilidad que tengo en este proceso se llama dejadez: velar mal, velar la maldad, cuido del mal, de mi vanidad, ¡no me olvido de cuidar mis intereses materiales!

Pero las cosas buenas que tengo, no las abono, no las riego, no las soplo; son como un fuego que dejo abandonado, no velo por esa llama; como una casa que dejo entregada a las polillas, como una ropa que tiro, que no lavo; en fin, todo lo que hay de bueno en mí y que no cuido, no pongo vallas, entonces entran los chacales y me roban lo que era una futura experiencia de bendiciones, de paz, de alegría y de ternura.

Que todos juntos podamos cantar el Padrenuestro, y algún día cantar *Nadie te ama como yo te amo*. Esta Casa del Espíritu Amigo os acoge para deciros: «Esta casa os ama, y pretende amaros…». Este es nuestro proyecto de amor: el amor de Cristo.

Venid, os damos este abrazo con mucho cariño, cantad juntos con amor.

¡Que Jesús nos bendiga!

«¡Padre nuestro, que estás en los cielos!…»

Jesús caminando sobre el mar, Paul Gustave Doré.

Fe
Decimasegunda palabra amiga

La fe guiando nuestros días

¡La fe, es el movimiento de Dios en el corazón!
BN 31 - 06/03/1998

Hermanitos, hijitos y hermanos de camino, amigos de caminata, qué importante es esta palabra, ¡cómo trae ella para nosotros todo lo que necesitamos!... ¡Fe! Todo lo que necesitamos está incluido en estas dos letras de este alfabeto tan intenso del hablar humano, del lenguaje. Dos letras, la consonante *F* y la vocal *E*, reúnen en su movimiento, en su escritura, todo lo que necesitamos para que esta esperanza que brota tímidamente, se fortalezca y nos vuelva nuevamente dignos, felices, valientes, absolutamente desprovistos de nuestras miserias humanas, absolutamente limpios como un terreno, limpios de todas las hierbas dañinas que impiden que florezcan las rosas, que impiden que florezcan los lirios, que impiden que florezcan las margaritas, que impiden que florezcan, en fin, lo que hay de más esencial dentro de la vida inspirada por el gran Creador.

*****

Envueltos en este halo amoroso, cual semilla minúscula del árbol palo rosado,[1] envuelta en el algodón sencillo que vuela por el espacio buscando la tierra, así es nuestra alma emigrando... emigrando de siglo en siglo, buscando la tierra de encarnar para hacer su experiencia de entrega, de abandono y de reencuentro con Dios.

Y para este camino de reencuentro solo hay un camino: es la puerta estrecha, estrechísima, tanto, que está hecha de dos letras: ¡fe!

¡La fe es el movimiento de Dios en el corazón!

Las rosas sobre la mesa, los pases y los fluidos recibidos, las ropas fluidificadas, el té que tomamos, el lava pies, la fluidoterapia, todo eso no es nada si no va acompañado de esta palabra: fe.

---

1 Árbol brasileño de la familia *malvaceae*, conocido en Brasil como *paineira*.

12.ª Palabra amiga - Fe

Fe en el Gran Creador que está en todas las cosas, en la rosa que se lleva de esta casa, en el baño de luz que se hace en casa y en la oración de los que creen en la Madre Tierra y en la naturaleza como espíritus sanadores de nuestra angustia.

Hijos queridos, es importante que durante el tratamiento y durante este encuentro con Dios, abráis los corazones para que la fe sea la madre dirigente de nuestra plegaria, para que sea la guía por excelencia de nuestro día a día; para que sea el aura, el ángel más luminoso de nuestras oraciones.

Que durante esta noche, en que las estrellas brillan independientes de nuestros ojos o de nuestra percepción, esta noche en que el planeta gira independiente de lo que estamos mirando, viendo o sintiendo, hagamos una pausa y pensemos juntos: el universo late, late seguidamente, y en medio de ese latido de Dios y de la vida, en medio de esa luminosa experiencia divina de creación , nosotros, reunidos en este instante, hacemos la singular experiencia de sentirnos por un momento superior en nuestros caminos. ¡A través de la vibración espiritual, a través de la plegaria reunida, a través de la comunión, a través de estos silencios, sentimos la fe! La fe es un momento superior en nuestros caminos.

*****

Hagamos la experiencia de la fe.

Hemos dicho las verdades superiores a lo largo de las charlas pequeñitas e introductorias; hemos hablado de la reencarnación, continua y exhaustivamente, para que descienda este conocimiento a los niveles orgánicos de nuestra vida, para que no perdamos esta lumbre, esta guía esencial: *Soy un espíritu, en una experiencia que pasará, en una experiencia que no durará eternamente, en una experiencia que tiene sus causas en los ayeres y, que determinará el futuro, el mañana de mi vida.*

¡El espíritu es el eterno sobreviviente rumbo a la casa de Dios!

Como consecuencia lógica de ese hecho, la vida es un viaje. Paso a percibir cuán importante es vivir hoy y paso a detener la mirada para ver cómo estoy viviendo hoy.

Hermanos queridos, estamos presos en el planeta Tierra, en una expiación profunda. Nuestra aura energética es demente. A pesar de ser milenario y antiguo nuestro espíritu, vivimos como ajenos, alienados de la verdad espiritual de que somos un espíritu reencarnante, viajando de retorno a la verdadera casa de donde vinimos. Es como si tuviésemos dos ojos y una cara de la cual necesitáramos cuidar exhaustivamente, para que no envejeciese. ¡Es locura imaginar que el espíritu es materia que se consume como grano de arena y que las aguas pulverizan! Es como si tuviésemos en casa un guardarropa y necesitásemos comprar ropa continuamente, porque la ropa se fuese a acabar... ¡La insana concepción de que el espíritu es ropa que la polilla roe! Es como si tuviésemos alimentos guardados y necesitásemos comprar alimentos, porque, preocupados, consideramos que no tenemos para comer mañana... ¡El espíritu es la semilla eterna de vida!

Reducimos la existencia a las preocupaciones estrictamente materiales, como si solo hubiésemos sido hechos para las alegrías sensoriales; como si el hombre fuese reducido a los cinco sentidos; como si estuviese reducido a su fase oral; como si tuviese que degustar y alimentarse continuamente. Percibid cómo se come: acordarse, comer, pasar el día, comer; comer por la tarde, comer de noche, dormir, comer... Hermanos, percibid que el silencio de este *chakra* solar[1] es necesario, a fin de que pare y se alimente de otras estructuras alimenticias, de otros nutrientes que están en el *prana*, que están en el invisible cuerpo que cubre la Tierra.

¡Unos mueren porque no tienen que comer, otros están muriendo, simbólicamente, porque comen en exceso, olvidándose de que una oración alimenta, de que una sonrisa alimenta, de que un silencio alimenta!...

*****

Estamos cual un grano pequeñito del palo rosado, envueltos en el halo del Gran Creador, y movidos por la brisa y el viento del soplo de ese Creador; Él sabe dónde nos depositará. Y el día de hoy ya está todo en manos de Él...

Esta confianza, esta fe que pacifica el corazón, que pacifica la mente, es la cura de esta demencia degustativa, de esta alienación de los sentidos... ¡cómo si el placer fuese la reducción del alma sensorial a coger, tocar, masticar! Hermanos, el placer, para ser intenso y profundo y satisfacer, necesita estar tocado por el espíritu y por la llama de la eternidad. Necesita estar inspirado por la grandeza humana y divina. Necesita estar guiado por el soplo del espíritu, del gran espíritu.

Eso fue lo que Jesús dijo:

—Mujer, el agua del pozo de Jacob no te quita la sed; tendrás que volver a él continuamente, para llenar tu vasija. El agua que traigo, una única vez que bebieras de ella, te saciarás para siempre.

—¿Y dónde tienes esa agua?

---

[1] La palabra *chakra* procede del sánscrito. El chakra solar también es conocido como plexo solar.

12.ª Palabra amiga - Fe

—Esta es el agua de mi Padre que está en el Cielo... esta es el agua de la eternidad... este es el pozo de la verdad eterna... Conocerás la verdad y ella os libertará.

Y la vida de Él, de este excelso peregrino, de esta poesía excelsa de Dios en la Tierra, ¡es el pozo cuya agua de vida eterna quita la sed hasta hoy a los sedientos!

Dice la mujer:

—Señor, no tengo con qué sacar el agua y el pozo es profundo, ¿dónde tienes, pues, esa agua viva? ¿Por ventura es mayor que nuestro padre Jacob que nos dio el pozo del cual bebieron él, sus hijos y los rebaños?

Jesús le respondió, diciendo:

—Quien bebe de esa agua volverá a tener sed, pero quien bebe del agua que yo le dé, jamás tendrá sed. El agua que yo le dé será en él una fuente que brota para la vida eterna.

Le dice la mujer:

—Señor, dame de esa agua para ya no sentir sed, ni necesitar venir aquí para buscar agua.

*****

Hermanos queridos, no confundáis el agua del pozo de Jacob con el agua del pozo de Jesús o pozo de las verdades espirituales. Con el primero, el agua no me sacia, me encuentro vacío y desesperado, la vida material es el pozo de Jacob. Trabajo, gano dinero, hablo con los amigos, viajo, y cuando vuelvo de vacaciones, estoy cansado... Acabo de pasar treinta días de vacaciones y vuelvo exhausto, nervioso, irritado; paso el fin de semana descansando y me encuentro cansado; nada me sacia, todo me angustia... Me encuentro irritado, nervioso, colérico, insatisfecho. ¿Por qué?

Porque el alimento no estaba consagrado por la canción de Dios... aquella cena no estaba tocada por las manos de las estrellas que centellean en el cielo, por el viento y por la brisa que pasa y habla de la esperanza que habita en este cuerpo profundo de solidaridad divina con nuestra condición humana. ¿Cómo puedo alimentarme, comer, dormir, vestir, cuando a mi alrededor miles mueren porque no comen, no se alimentan, ni se visten? Imposible... imposible que el hombre pueda dormir y tener un sueño de paz, cuando miles duermen y tienen sueños de terror. Y es por eso que las angustias nos visitan.

En el capítulo XV, de *El Evangelio según el Espiritismo*, está escrito: «*Fuera de la Caridad no hay salvación*», porque el Creador nos envolvió en su halo para que fuésemos hermanos, para que lo amásemos y amásemos a nuestro prójimo. Una vida sin caridad, sin cariño, sin caricia, sin amor al otro, es una vida a medias, es una cena en que pones los platos pero no está el alimento real.

*****

Dos letras: ¡fe! Dos letras que, secundadas y guiadas por la esperanza, conducen al alma a la solidaria presencia en la Tierra. Y veréis que la alegría se multiplicará, que los problemas se irán disolviendo con el tiempo, que la paz irá estabilizando vuestros caminos.

¡El Creador, en su grandeza, nos dio alas!

¡Alas para volar más allá de los sentidos! ¡Alas para volar sobre las montañas! No nos dio solo pies para subir a las montañas; pero sí alas para volar más allá de ellas.

Usemos esas alas, no las atrofiemos, no dejemos que digan que no las tenemos, no dejemos que las tijeras de la crítica ácida corten nuestras alas y nuestros sueños de un mundo mejor, de una sociedad nueva, de la reconstrucción de este orbe, de la reconstrucción de la interioridad íntima, de la esperanza y de la paz.

¡Reencontrar la voluntad de ser bueno!

No dejes que ningún agua nefasta y maléfica, que ninguna palabra afilada como cuchillo, corte de tu corazón la voluntad de hacer algo mejor. La voluntad de ser bueno, la voluntad de dar la mano a quien no puede, y sacarlo de su oscuridad. Este sentido de amor está en nuestras vísceras. Este sentido de encuentro con el otro está en el orden interno de la creación.

¡El árbol crece hacia fuera y no hacia dentro! ¡Las ramas se yerguen hacia el cielo y hacia los lados! ¡Las estrellas centellean hacia fuera y nosotros vemos! ¡El Sol nace y extiende sus rayos! ¿Cómo es que el hombre, una de las criaturas, podría crecer al contrario, crecer al revés?

No, eso es estar enfermo, y es eso lo que tenemos que curar. Como árbol, crezcamos hacia fuera; como rama nos extendemos hacia los lados; encontremos a Dios en su grandeza y vamos a dar las manos a los que están a nuestro alrededor, para ayudarlos en sus caminos.

Y así nace esta *Casa do Pão*,[1] y así nacen los grupos de comunidades que crecen cada vez más para testimoniar a Dios, ya no en el discurso, ya no en la soledad de la palabra, pero sí en la realidad y en la verdad.

---

1 Por orientación de la espiritualidad, organizando así una tendencia natural, dentro del movimiento espírita, de consolidación de una sociología de la tercera era: aquella vivida por el médium Chico Xavier, y seguida por aquellos que comprenden el mensaje del capítulo XV de *El Evangelio Según el Espiritismo*.

12.ª Palabra amiga - Fe

¡Paz a todos! Dejamos en esta plegaria, en esta oración, en esta comunicación, un pedacito de nuestros sueños de amor... *Te amo, hermano querido. Te amo, hermana querida.* Nosotros, desde la espiritualidad, amamos a todos los que estáis presentes. No os olvidéis de este amor, nunca. Por más que se os burlen, por más que os ridiculicen, por más que os digan que estáis locos, es necesario, a veces, salir para ver allá fuera la grandeza del Padre.

Buenas noches.

Que la paz de este ser eterno nos acompañe en esta semana.

Hagamos juntos en este silencio la plegaria del Padrenuestro cantada...

Padre nuestro, que estás en los cielos... que estás en mí, que estás en todas partes...

«Padre nuestro, que estás en los cielos...»

Jesús: pan de vida

¡El espíritu planea más allá de los cinco sentidos!
BN 32 - 13/03/1998

En este silencio amoroso y primoroso, envuelto así en este recinto de plegaria, en este cenáculo pequeñito en medio de este jardín y de estas flores sobre la mesa, abrimos el corazón para orar de verdad al Padre Celestial, al Creador de todas las criaturas, de toda la existencia.

María, ¡oh, Madre! Si nos paramos para mirar esa cara femenina que gestó y engendró este amor infinito entre nosotros, que fue el amor de Jesús, que es el amor de Jesús, veremos estampada en esa cara un libro de una sabiduría inaudita e inesperada. Este siglo y este final de tiempo necesita abrir el libro de esa alma femenina, como si fuera abrir el libro de las flores y leer lo que está escrito en las hierbas, o lo que está escrito en las estrellas.

El cuerpo de Dios, en la criatura, revela amor igual. Necesitamos abrir el libro de la Madre Tierra, necesitamos abrir el libro del Creador, necesitamos entender la doctrina revelada en la palabra carne de la criatura cuando Dios la sopló. Desde su materia quintaesenciada, desde su materia fluida, hasta la materia tangible, visible, cuerpo, materia amada, esencia amada, necesitamos leer la palabra escrita por Dios en este libro de la naturaleza.

*****

El Creador, en su afán amoroso, en su lírica amorosa no separó a sus hijos y no los colocó unos encima, otros abajo y otros al lado. Para el Creador, desde el simple tallo hasta el gran Sol es obra tan querida y tan amada, con igual valor.

Así somos amados por Dios.

12.ª Palabra amiga - Fe

No os quejéis y no dejéis arrastrar por la imagen desfavorecida de vosotros mismos. El Cordero de Dios vino a salvarnos de nuestros pecados, así es enseñado en las iglesias, así fue traída la enseñanza pura del pasaje del Maestro: para salvarnos.

El dulce Rabí, sabiduría infinita, no escribió ningún libro, no trajo ninguna letra: su vida era el libro para ser leído por todos nosotros, sus analfabetos discípulos, sus ignorantes siervos. Ojos de ver no los tenemos, oídos de oír no los construimos. ¡María, miramos la cara de la mujer que gestó este verbo vivo, este libro misterioso, esta obra infinita de miles y miles y miles de tomos que aún no leemos! María, miramos esa cara y no vemos el libro de sabiduría que Dios escribió para que nuestras almas crecieran en el amor.

Examinemos ese vientre humildísimo, pesebre humilde de María, donde Dios gestó su mensaje, donde Dios puso el mensaje más primoroso de todas las historias, de toda la historia de nuestra humanidad. Siete mil años, cinco mil años, tres mil años, dos mil años, año cero… entra en el planeta este Sol de primera grandeza y ¿qué fue lo que hicimos con esta belleza? ¿qué fue lo que nosotros, humanidad, hicimos con esa grandeza?

*****

Algunos lo siguieron fascinados, otros no lo comprendieron y lo difamaron, otros lo traicionaron, otros lo amaron silenciosamente, como las Marías: María madre y María Magdalena, dos mujeres que a sus pies lloraron el abandono de la humanidad a esta luz excelsa.

Sobre la mesa, hoy, hay una pregunta: *¿Por qué dicen que Jesús, al morir en la cruz, nos salvó?*

¿Será que la respuesta no está escrita en la propia cruz? ¿En la sangre que corrió? ¿Será que un amor tan amoroso, tan grandioso no nos salvó de nosotros mismos? ¿Y de nuestra vanidad, de nuestro orgullo y pequeñez? ¿Será que la vida misma de este ser y de este amor inaudible, inolvidable, no es la respuesta para esa pregunta? Un tal amor salva a todo y a todos; nos salva de todos los modos posibles, nos arranca de toda miseria.

Estamos asediados *del mal de no ver;* no paramos para ver la historia de esta luz y de cuánto cambia nuestra vida si nos dejamos guiar por ella. No reflexionamos sobre el paso por la Tierra de un hombre que era todo amor, y sirvió todos los días de su vida, y todas las horas y minutos, curó; la bondad en vida, la grandeza en carne, la belleza hecha cuerpo… Tú Dios mío, a través de tu hijo, andando entre nosotros… ¡tan próximo!

¿Será que esto no nos salva de imaginarnos solos y perdidos en abandono por el Padre?

¿Cuál es el mayor dolor que traemos en nuestra vida, sino aquel de la orfandad? Jesús nos devuelve la condición de hijos y nos hace retornar a la casa del Padre.

Me siento huérfano, dolorido... solo en mi dolor, porque el dolor nos vuelve dementes. Los procesos obsesivos, los crueles procesos obsesivos, nos vuelven enfermos, ciegos; no vemos que la salvación está a un paso de nuestras manos. ¡La primera metáfora, la primera palabra de liberación de esos procesos, es Jesús!

¡Jesús es la desobsesión natural de todos nosotros!

Jesús es el medicamento. No resistáis al mal. No. No miréis hacia el mal con el sentimiento de superioridad, como si fueséis capaces de vencerlo... el mal, a veces, es pintado como una mujer cuyos cabellos son serpientes seductoras que nos miran y nos petrifican: el mito de la Medusa.

¡Fuerza midiendo fuerza, el mal te dice: «¡Soy mayor!».

Mira hacia el mal y te quedarás petrificado porque él es inmenso... cuanto más mires al mal, más te dominará. No resistas al mal, enseñó el Maestro. Camina en dirección al bien, edifícate en el bien. Piensa en Jesús; es una luz que entra en ti. Piensa en Dios; es una plegaria dicha en profundidad. Una plegaria que alivia, limpia las energías deletéreas, miasmáticas, dolorosas, que destruyen y destruyen en ti la experiencia divina de la vida que debería ser.

*****

¡Tú no estás huérfano, Dios es tu escudo, tu lanza, tu fortaleza que te guarda de todo mal! Camina en la dirección del bien. Acuérdate de Él que pasó por aquí: belleza viva, bondad indescriptible, sabiduría que hasta hoy leemos, y nos inclinamos, y volvemos a leer... y nuestros ojos penetran la profundidad de los misterios que Él dijo, en tono coloquial y poético, una de las más bellas poesías de la Tierra, el libro llamado Jesús, llamado María. Escritura sagrada que nos indica el camino de la mansedumbre y de la tierna oración para liberarnos del mal.

*****

Sin embargo, ¿qué hicimos con el mayor y el más bello poema de Dios y de toda la historia humana? Nosotros lo crucificamos. ¿Qué hicimos de Él? Lo crucificamos.

¿Qué hacemos con el bien, dentro de nosotros? Lo crucificamos.

12.ª Palabra amiga - Fe

El bien continúa crucificado en nuestro corazón. Jesús continúa clavado en nuestra cruz íntima. Es hora de descenderlo, de darle descanso. Es hora de descansarnos a nosotros mismos, porque somos hijos dilectos de este Padre de amor. Somos corderos de este aprisco, ovejas de este rebaño.

¿Por qué ya estamos salvados? Necesitamos construir ojos de ver... basta ver que ya fuimos salvados. Su Evangelio es una fuerza viva que nos conduce hacia la paz. Y como si no bastase, nos envió el Paráclito, nos envió la Tercera Revelación, nos envió a los espíritus para que repitieran las lecciones que había dejado.

Amor... ¿será que el amor no nos salva del dolor, del orgullo, de la vanidad?

El amor nos salva del mal; ¿y por qué el amor salva? Porque el bien es la vibración opuesta al mal. El mal tiene nombre, el mal no es como lo pintan: un demonio con cuernos, alas, pies de cabra; esta es una representación del mal, a pesar de la existencia de almas tan animalizadas y bestializadas en sus instintos que adquieren formas de animales; la forma horrorosa de los demonios, descrita por los profetas, es el vehículo divino deformado por el oficio de deshumanización de ciertas almas, oficio de desamor.

¿Qué es el mal, qué es ese oficio?

El mal tiene nombre, son los siete pecados capitales: gula, avaricia, lujuria, vanidad, perjurio o mentira, codicia y odio.

No miramos, no nombramos. ¿Cómo nos vamos a salvar, si no sabemos de qué salvarnos?

¡Ah!, El espiritismo nace con esta fuerza inolvidable: para hacernos recordar el bien y para eso necesitamos nombrar el opuesto del bien, conocerlo, para trazar el camino del bien y del amor; para salvarnos del mal. Si él se encuentra a dos pasos de nosotros, adelantemos tres pasos. Si acaso se aproxima para caminar algunas leguas, caminemos apenas, ¡pues se cansará de nuestra persistencia en el bien!

—¡Jesús, el Señor, me salvó de mí!

*****

En el próximo encuentro, tal vez hablemos de las tres tentaciones básicas que asediaron a Jesús en el desierto, antes de que Él saliese por Cafarnaúm, antes de que descendiese al lago, antes de que encontrase a Simón, a los hermanos y comenzase su camino de la Buena Nueva, e instaurase la piedra fundamental de donde nos erguimos y de donde nos levantamos. Él nos salvó en esos millares de días y de libros escritos en el anónimo amor con que nos continúa amando, ofreciéndonos una experiencia innovadora de paz para enseñarnos a no atizar fuego con fuego, a enseñarnos... a ejemplificar el dar la otra cara para la cara del mal; ¡la cara de la mansedumbre y del amor para la cara de la cólera, odio y desamor!

Quien anda el camino con Jesús sabe responder a la pregunta: ¿por qué Jesús nos salvó? Llora, a veces emocionado, agradecido y dice: «¡Jesús el Señor, me salvó de mí!»

Es una respuesta construida con la evangelización de la propia alma, con el crecimiento evangélico de cada uno, con la percepción de que Dios existe, de que somos un principio inmaterial y en breve tránsito por este planeta; iremos a tener, al final del viaje, el regazo amado de este pastor inolvidable, cuya sangre viva hicimos derramar, por estar insensibles a su llamada, insensibles a su clamor en medio del desierto.

¡Mucha paz a todos! Cantemos el Padrenuestro en el fondo de nuestro corazón. Traigamos esta noche la imagen de Jesús orando; mentalicemos en este instante, en esta sala, los labios de Jesús diciendo el Padrenuestro. Imaginemos que Él está dibujado en medio de las estrellas, su cara inolvidable; imaginemos que Él nos mira, imaginemos que sus labios murmuran el Padrenuestro, y vamos como el niño que mira al Padre a orar, vamos a orar como un niño, imitándole, oyendo el sonido de la oración que viene directamente de los labios serenos del cariñoso Rabí.

¡Oh, dulce existencia!, que tal amor tuvo por toda la humanidad, que fue ¡al máximo sacrificio! ¡Qué dolor no sentiste, Maestro! Perdónanos Jesús, de nosotros mismos, porque sabemos que dirigiste a Dios la petición de perdón por nosotros, por entender y ver en tu grandeza, cual un Padre ve la pequeñez de su hijo, por entender nuestra ignorancia. ¡Y aún hay, Jesús, quienes ni preguntan, ni tuvieron aún la noticia de que viniste para salvarnos!

Dos mil años después, aún nos preguntamos: «Jesús, ¿por qué tu muerte me salvó o nos salvó?» ¡Dos mil años, y aún hay quienes ni saben que viniste para salvarnos!

Cantemos el Padrenuestro buscando en el fluido universal, buscando en la espiritualidad caritativa, la respuesta para nuestros dolores. Lo alto desciende en copos de luz, los labios de Jesús murmuran frases de amor. María, madre, santísima Madre, abogada nuestra, aboga nuestra causa frente a Él, diciendo: «¡Oh, cariñoso hijo!, ¡oh, Jesús!, he aquí a tus corderos que vuelven a tu rebaño y recomienzan la historia de amor».

Eso nos cura.

12.ª Palabra amiga - Fe

No resistáis al mal, caminad en el bien. Venid, cantad, orad, dividid el pan, compartid la alegría, daos la mano, bañad el enfermo, reuníos con el enfermo, acariciad las flores, mirad las estrellas, haced una plegaria... Ese es el camino, la verdad y la vida, y ninguno irá al Padre sino a través de mí... Y nosotros en la Doctrina Espírita, estamos dentro del cuerpo de Él, dentro del cuerpo de la verdad excelsa. Aquí estamos, bajo la mirada dulcísima de María, bajo la mirada apasionada del cariñoso Rabí. Cantemos la plegaria que Él enseñó cuando le preguntaron: «¿Cómo debemos orar, Maestro?»

Bajito, oyendo, como si Él estuviese orando aquí, o como si aquí estuviese su cenáculo de oración: ¡Padre nuestro! Meditemos en la afirmación: «no nos abandones a la tentación, ¡mas líbranos del mal!». Que humildad, ¡Él pide al Padre que nos libre del mal!

Pedid, ved, muchos se enarbolan en combatientes del mal, y Jesús deja escrito cuál es el camino para vencer el mal: pedir a Dios, utilizar la oración petitoria. Cuando Kardec divide la plegaria en petición, muchos no comprenden lo que es pedir... como si Dios tuviera la obligación de saber de nuestras necesidades. Él enseña la salida: no resistáis al mal, pedid al Padre para liberaros, porque solo Dios —y Dios es amor—, entonces solo el amor puede liberarnos del mal.

Y Jesús fue el amor hecho verbo, hecho carne, que Dios colocó andando por aquí, para ejemplificar cómo es vivir en Él, cómo es vivir en el amor, y por eso estamos salvados. Estamos salvados de vivir en el dolor de la duda, en la miseria de la fraternidad, salvados del mal moral del siglo: ¡la indiferencia!

Jesús nos mandó pedir a Dios para liberarnos del mal y tenemos, en el principio de la caridad, el amor que hace que caminemos para el bien, y el mal se va quedando en el olvido. La caridad es el modo de pedir a Dios la liberación de los males que nosotros mismos amontonamos sobre nuestras cabezas. En la oración del Padrenuestro, Él dice: «No nos abandones a la tentación y líbranos de todo mal».

Jesús pide al Padre por nosotros... Como dijo a Publio Léntulus, el senador romano, una de las vidas de Emmanuel, cuando encontró a Jesús y le pidió la sanación de su hija Flavia: «Yo no vine al mundo para derogar las leyes de la naturaleza... no vengo a buscar al hombre orgulloso, que solo los siglos de sufrimiento pueden encaminar al regazo de mi Padre. [...] Vengo para atender las súplicas de un corazón desdichado y oprimido y, aún así, mi amigo, no es tu sentimiento lo que salva a la hijita leprosa y desvalida por la ciencia del mundo, porque tienes aún la razón egoísta y humana; es sí, la fe y el amor de tu mujer, porque la fe es divina... Basta solo un rayo de sus energías poderosas para que se pulvericen todos los monumentos de las vanidades de la Tierra...».

Jesús nos enseña, así, a pedir a Dios para abreviar los siglos de sufrimiento que nos esperan, si no cambiamos nuestros mundos íntimos para la verdad amorosa de la realidad espiritual.

¡Dios tiene el poder de liberarnos! ¡El amor libera!

¡Un abrazo enorme a todos!

«Padre nuestro, que estás en los cielos...»

12.ª Palabra amiga - Fe

Del encuentro de Emmanuel, cuando reencarnado como Publio Léntulus, recurre a Jesús para salvar a su hija Flávia

Publio Léntulus no tuvo dificultad en identificar a aquella criatura impresionante. [...] Lágrimas ardientes le rodaron de los ojos, que raras veces habían llorado, y una fuerza misteriosa e invencible lo hizo arrodillarse en el césped, bañado por la claridad lunar. Deseó hablar, pero tenía el pecho sofocado y oprimido. Fue entonces cuando, en un gesto de dulce y soberana bondad, el tierno Nazareno caminó hacia él, cual visión concreta de uno de los dioses de sus antiguas creencias y, posando cariñosamente la diestra en su frente, exclamó en lenguaje encantador, que Publio entendió perfectamente, como si oyese el idioma patricio, dándole la inolvidable impresión de que la palabra era de espíritu a espíritu, de corazón a corazón:
—Senador, ¿por qué me buscas? —y, extendiendo la mirada profunda en el paisaje, como si desease que su voz fuese oída por todos los hombres del planeta, remató con serena nobleza.
—¡Fuera mejor que me buscases públicamente en la hora más clara del día, para que pudieses adquirir, de una sola vez y para toda la vida, la lección sublime de la fe y de la humildad... Pero, yo no vine al mundo para derogar las leyes supremas de la Naturaleza y vengo al encuentro de tu corazón desfallecido!...
Publio Léntulus nada pudo expresar, aparte de sus copiosas lágrimas, [...] mas el profeta, [...] continuó:
—Sí... no vengo a buscar al hombre de Estado, superficial y orgulloso, que solo los siglos de sufrimiento pueden encaminar al regazo de mi Padre; vengo a atender las súplicas de un corazón desdichado y oprimido y, aún así, mi amigo, no es tu sentimiento que salva a la hijita leprosa y desvalida por la ciencia del mundo, porque tienes aún la razón egoísta y humana; es, sí, la fe y el amor de tu esposa, porque la fe es divina... Basta un solo rayo de sus energías poderosas para que se pulvericen todos los monumentos de las vanidades de la Tierra...
[...]
¡Pastor de las almas humanas, desde la formación de este planeta, hace muchos milenios, vengo procurando reunir a las ovejas perdidas, inten-

tando traer a su corazón las alegrías eternas del reinado de Dios y de su justicia!...

Extraído de la obra *Hace 2000 años,*
capítulo v El mesías de Nazaret,
por el espíritu Emmanuel,
médium Francisco Cândido Xavier

www.ingramcontent.com/pod-product-compliance
Lightning Source LLC
LaVergne TN
LVHW051728080426
835511LV00018B/2935